U0516077

权威·前沿·原创

皮书系列为
"十二五""十三五"国家重点图书出版规划项目

BLUE BOOK

智 库 成 果 出 版 与 传 播 平 台

社会金融蓝皮书

BLUE BOOK OF SOCIAL FINANCE

社会影响力金融研究报告（No·1）

RESEARCH REPORT ON SOCIAL IMPACT FINANCE IN CHINA (No.1)

主 编 / 李国武　李忠东　房 涛

副主编 / 艾 云　胡晓燕　曾亚琳

社会科学文献出版社

SOCIAL SCIENCES ACADEMIC PRESS（CHINA）

图书在版编目（CIP）数据

社会影响力金融研究报告. No.1 / 李国武，李忠东，
房涛主编. ——北京：社会科学文献出版社，2021.12
（社会金融蓝皮书）
ISBN 978-7-5201-9246-0

Ⅰ.①社… Ⅱ.①李… ②李… ③房… Ⅲ.①金融业
-经济发展-研究报告-中国 Ⅳ.①F832

中国版本图书馆 CIP 数据核字（2021）第 218603 号

社会金融蓝皮书
社会影响力金融研究报告（No.1）

主　　编／李国武　李忠东　房　涛
副 主 编／艾　云　胡晓燕　曾亚琳

出 版 人／王利民
责任编辑／杨桂凤
责任印制／王京美

出　　版／社会科学文献出版社·群学出版分社（010）59366453
　　　　　地址：北京市北三环中路甲29号院华龙大厦　邮编：100029
　　　　　网址：www.ssap.com.cn
发　　行／市场营销中心（010）59367081　59367083
印　　装／三河市东方印刷有限公司

规　　格／开本：787mm×1092mm　1/16
　　　　　印张：17　字数：277千字
版　　次／2021年12月第1版　2021年12月第1次印刷
书　　号／ISBN 978-7-5201-9246-0
定　　价／128.00元

主编、副主编简介

主编简介

李国武　中央财经大学社会与心理学院院长，社会学系教授、硕士生导师；研究方向为经济社会学、组织社会学、金融与社会。2004 年获北京大学社会学系博士学位，2009～2010 年为美国杜克大学亚太研究中心访问学者；兼任中国社会工作教育协会金融社会工作专业委员会理事长、中国社会学会经济社会学专业委员会理事等。在《社会》《社会学评论》等期刊上发表论文 60 余篇，出版学术著作、译著 10 余部，担任《金融与社会》（集刊）主编。

李忠东　中国建设银行总行产品创新与管理部总经理；曾任中国建设银行深圳市分行副行长、湖北省分行副行长。多年来深入探索大数据、区块链、5G 等科技与金融产品的创新融合，在以金融科技改善普惠金融服务、推动科技创新、助力慈善事业发展、搭建产业共享与合作创新平台等方面有丰富的实践经验和深度的理论思考。

房　涛　中国人民政治协商会议第七届深圳市委员会常委，深圳市第七届人民代表大会常务委员会社会建设工作委员会委员，深圳市慈善会执行副会长；曾获"中国慈善百人""责任中国慈善公益人物"等荣誉。现代慈善和有效公益的倡导者与践行者，在推动中国慈善公益跨界人才培育、企业战略慈善、社区基金会、公益金融、社会服务供给侧改革等方面有相当的社会影响力和行动力；主编《2014 社会影响力在中国》研究报告。其领导的深圳市慈善会是深圳最大规模的公募慈善组织，历年来捐资逾 48 亿元，多次获得"中华慈善奖"。

副主编简介

艾　云　中央财经大学社会与心理学院社会学系副教授，金融与财政社会学研究所所长；研究方向为经济和组织社会学、国家治理与地方政府行为等。2011 年获北京大学社会学系博士学位，2008～2011 年为斯坦福大学亚太研究中心访问学者，2011～2018 年历职中国社会科学院社会发展战略研究院博士后、助理研究员和副研究员；研究成果发表于《中国社会科学》、《社会》、《社会学评论》、*The China Quarterly*、*Research in the Sociology of Organizations* 等。主持翻译《牛津金融社会学手册》，担任《金融与社会》（集刊）执行主编；主持国家社科基金青年项目 1 项、国家社科基金一般项目 1 项、国家社科基金重大项目（子课题）1 项等。

胡晓燕　中国建设银行私人银行产品中心主任，中国政法大学法学博士，浙江大学管理学院管理科学与工程硕士，四川大学经济学院国民经济管理学学士，高级经济师、会计师、认证私人银行家（CPB）、注册财富规划师（CFP）。曾任中国建设银行深圳市分行私人银行部总经理，先后在企业、股份制商业银行、大型国有商业银行工作，熟悉银行运营，创建"善建益行"金融慈善服务体系；曾获深圳市金融创新奖、"鹏城慈善典范项目奖"等。熟悉各类金融投融资产品、生命周期资产规划、家族传承与管理，为多家企业提供了财富传承与慈善规划服务。

曾亚琳　深圳市创新企业社会责任促进中心主任；致力于公益金融的研究、实践与人才培养，推动银行、信托、保险、基金、证券等在全国多地多业态的公益金融战略实践，参与制定佛山市顺德区慈善组织联合会团体标准《慈善组织保值增值活动指引》；担任《善经济：如何以企业社会责任制胜》副主编，发表《银行业务突围探索：社会影响力金融》《捐赠人建议基金（DAF）：服务高净值客户的新工具》《慈善与金融：探寻美国财富家族的慈善模式》《家族慈善信托，让公益更有力量》等文章。

序

宫蒲光

（全国人大社会建设委员会副主任委员、中华慈善总会会长）

实现全体人民共同富裕，是社会主义的本质要求，是我们党坚持全心全意为人民服务根本宗旨的重要体现。党的十八大以来，习近平总书记多次强调，"共同富裕是中国特色社会主义的根本原则""实现共同富裕，不仅是经济问题，而且是关系党的执政基础的重大政治问题。"党的十九大报告明确提出，到本世纪中叶全体人民共同富裕基本实现，党的十九届五中全会强调"全体人民共同富裕取得更为明显的实质性进展"。追求共同富裕已成为一条强国之路、民族复兴之路，也是中国特色社会主义的必由之路。实现全体人民共同富裕，不仅要持续把"蛋糕"做大，通过贯彻新发展理念、构建新发展格局推动高质量发展，还要进一步把"蛋糕"分好，在推动全民共享、全面共享、共建共享、渐进共享中，实现好、维护好、发展好最广大人民的根本利益，让发展成果最大限度地惠及全体人民。在这一历史进程中，以慈善事业为主渠道的第三次分配必将发挥越来越重要的作用。

当前，我国经济社会发展面临的国内外环境正在发生深刻而复杂的变化，我国社会主要矛盾也已经发生历史性转变，党和国家对慈善事业的重视程度前所未有，为慈善事业发展开辟了广阔前景。2017 年，党的十九大报告指出："要完善社会救助、社会福利、慈善事业、优抚安置等制度，健全农村留守儿童和妇女、老年人关爱服务体系。"党的十九届四中全会提出，"要统筹完善社会救助、社会福利、慈善事业、优抚安置等制度""重视发挥第三次分配作用，发展慈善等社会公益事业"，不仅将慈善事业作为我国多层次社会保障体系的重要组成部分进行安排部署，还首次以"第三次分配"确立慈善事业在

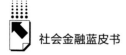

我国经济和社会发展中的重要地位。党的十九届五中全会进一步强调，"发挥第三次分配作用，发展慈善事业，改善收入和财富分配格局"，明确将慈善事业定位为我国基本经济制度特别是收入分配制度的重要组成部分。2021 年 3 月国务院《政府工作报告》和 2021 年 4 月党中央、国务院印发的《关于加强基层治理体系和治理能力现代化建设的意见》，将慈善事业作为社会治理大格局的重要制度安排。2021 年 8 月习近平总书记主持召开的中央财经委员会第十次会议，强调坚持共同富裕发展方向，提出构建初次分配、再分配、三次分配协调配套的基础性制度安排。"三次分配"正是党中央在新时代大力发展慈善事业释放出的重大信号，为开创中国特色慈善事业、走向社会主义共同富裕道路提供了更为明确、更加具体的指引。

金融是现代经济的核心，在促进共同富裕的道路上扮演着关键的角色。新时代金融与慈善有着高度的价值共鸣，慈善赋予金融向善向上的价值内涵，金融助力慈善实现共建共享的价值追求。"慈善＋金融"作为公益慈善与金融创新融合发展的重要形式，日益受到党和国家的高度重视及社会各界的广泛关注。2014 年 11 月国务院印发的《关于促进慈善事业健康发展的指导意见》明确提出公益慈善与金融创新相结合的政策命题，倡导金融机构根据慈善事业的特点和需求创新金融产品与服务方式，积极探索金融资本支持慈善事业发展的政策渠道。2016 年颁布实施的《慈善法》也明确指出，国家为慈善事业提供金融政策支持，鼓励金融机构为慈善组织、慈善信托提供融资和结算等金融服务。近年来，"慈善＋金融"呈现蓬勃发展的良好态势：一方面，慈善领域积极引导社会资本运用商业化手段解决社会问题，广泛运用公益理财、慈善信托、公益创投和社会影响力投资等现代金融方式，拓宽慈善资金来源渠道，促进慈善资源整合；另一方面，在资本向善和金融向善的大趋势下，社会影响力金融摒弃传统商业金融对财务回报的唯一追求，不断创新传统金融工具的应用方式，以更公平、更有效率、更可持续的方式解决社会问题，把对社会价值目标的追求作为金融价值回归的重要体现。

当前，越来越多的慈善组织开始与金融部门进行跨界合作。2020 年，中华慈善总会与中国建设银行、中国光大银行、中国证券业协会、中国证券投资基金业协会签署战略合作协议，旨在运用"慈善＋金融"的方式，动员更多社会力量参与社会治理、解决社会问题，为推动慈善与金融跨界融合发展做出了积极探索。2019 年 11 月中央财经大学社会与心理学院、深圳市慈善会、中国建设银行深圳市分行、深圳市创新企业社会责任促进中心合作成立社会影响力金融创新实验室，开展社会影响力金融系列前瞻性课题研究。这些努力对激励社会资本规模化地进入公益慈善领域，助力慈善组织盘活慈善资源，建构自我支持、自我运作、自我发展的公益生态链，推动慈善事业与现代金融业携手并进、创新发展具有重要意义。

全面建设社会主义现代化国家的新征程已经开启，党中央、国务院对发挥慈善事业第三次分配作用，在高质量发展中促进共同富裕提出明确要求，发展慈善事业责任重大、使命光荣。我相信，在党和政府的高度重视下，在社会各界的共同努力下，慈善与金融的跨界融合发展将为实现人们对美好生活的向往提供更多路径，也为慈善事业可持续发展、实现全国人民的共同富裕和中华民族伟大复兴做出新的更大的贡献！

摘　要

为解决发展不平衡不充分问题，近年来政府与市场对社会影响力金融的重视程度不断提升。社会影响力金融是一种同时追求财务回报和社会价值的双目标金融活动，主要包括普惠信贷、普惠保险、社会影响力债券、社会影响力投资基金、公益理财产品、慈善信托等，正日益成为现代金融体系的有机组成部分。作为国内首本以社会影响力金融为主题的蓝皮书，本报告旨在对我国社会影响力金融的发展历程和现状进行系统梳理，分析存在的问题和面临的挑战，并对未来发展趋势进行研判，同时提出相关对策建议，以推动社会各界共同关注并深入探索适应我国经济社会发展阶段的社会影响力金融。本报告主要分为总报告、分报告、专题篇、技术篇、案例篇和国外借鉴篇六个部分。

总报告从宏观层面界定了社会影响力金融的内涵，区分了几种主要的表现形式，分析了其发展现状和趋势。分报告分别对我国普惠信贷、普惠保险、社会影响力债券、社会影响力投资基金、公益理财产品和慈善信托等社会影响力金融主要业态的现状、存在的问题和发展趋势进行了梳理和分析。专题篇分析了我国金融社会工作促进居民金融素养提升的实践；从全景图谱和典型案例两个层面，呈现社会影响力金融在助力新冠肺炎疫情防控的过程中所起的作用。技术篇基于中国金融科技企业的具体实践案例总结了金融科技创造社会价值的四种主要模式；对我国金融科技领域中信息无障碍的政策体系和业界实践的现状进行了梳理，分析存在的问题和面临的挑战。案例篇梳理了中国建设银行的新金融战略和服务体系；对"顺德向善"集合信托计划和"深圳慈善共同基金"集合信托计划两个案例做了比较分析。国外借鉴篇回顾了社会金融在西方社会兴起的历史背景，介绍了不同类型的投资方式和金融工具，并从制定中国标准、加强基础设施建设及出台支持政策和相关法律法规三个方面提出了促

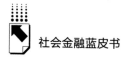
进社会金融在中国发展的建议。

总之，近些年来，在国家相关政策的指导和推动下，社会影响力金融在银行、保险、证券、基金、信托等金融业态中都有了不同程度的发展，为脱贫攻坚、社区发展、疫情防控和服务民生等做出了重要贡献。同时，受制于诸多因素，我国社会影响力金融的发展仍面临一些问题和挑战，且远远滞后于美英等发达国家。随着社会主要矛盾的转变和共同富裕社会建设的推进，我国社会影响力金融的发展空间巨大，将为促进共同富裕提供强有力的金融支持。

目 录

Ⅰ 总报告

Ⅱ 分报告

Ⅲ 专题篇

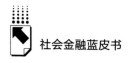
Ⅳ 技术篇

Ⅴ 案例篇

Ⅵ 国外借鉴篇

皮书数据库阅读**使用指南**

总 报 告

General Report

B.1

中国社会影响力金融：现状、挑战与趋势研判

李国武[*]

摘　要：　社会影响力金融是一种同时追求财务回报和社会价值的双目标金融活动。为解决发展不平衡不充分问题，政府与市场对社会影响力金融的重视程度不断提升，普惠金融得到长足发展，社会影响力债券形成了独特发展模式，社会影响力投资基金开始探索起步，公益金融发展初见成效。但与此同时，我国社会影响力金融的发展也面临一系列挑战：普惠金融产品的风险控制和可持续经营问题仍需重视、投资者和金融机构对社会影响力金融的认知水平和参与程度仍有待提高、尚未形成统一公认的社会影响力测评体系和数据管理平台、社会影响力金融的生态系统仍不够健全。未来应进一步完善支持社会影响力金融发展的政策法规；建立标准体系、开发测

* 李国武，中央财经大学社会与心理学院社会学系教授；研究方向为经济社会学、组织社会学、金融与社会。

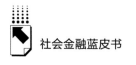
评工具，夯实促进社会影响力金融发展的行业性和智力性基础设施；加强社会影响力金融产品和服务模式的创新；提升居民金融能力，引导高净值人群的财富价值观。

关键词：　社会影响力金融；社会价值；共同富裕

习近平总书记在党的十九大报告中指出，"中国特色社会主义进入新时代，我国社会主要矛盾已经转化为人民日益增长的美好生活需要和不平衡不充分的发展之间的矛盾"（习近平，2017）。新时代呼唤新金融，新金融必然产生并服务于新时代，大力发展同时追求财务回报和社会价值的社会影响力金融正当其时。

发展社会影响力金融是响应"准确把握新发展阶段，深入贯彻新发展理念，加快构建新发展格局"（习近平，2021）这一政策导向的需要。发展社会影响力金融也是解决新时代社会主要矛盾、促进更平衡更充分的发展、改善民生福祉和建设共同富裕社会的现实需要。中国特色社会影响力金融的兴起是金融行业和慈善事业顺应新发展理念要求和新一轮科技革命浪潮、主动谋求变革的结果。近年来，为推动可持续发展目标的实现，我国金融行业主动在解决社会痛点中发现新机遇，探索金融产品和服务模式的创新；慈善事业也在积极引导社会资本和慈善资本运用社会投资理念和商业化手段解决社会问题。

当前我国正在从全面小康社会迈向共同富裕社会，促进全体人民共同富裕和改善人民生活品质将成为未来一段时期我国面临的主要任务。实现美好生活和建设美好社会需要义利兼顾、和谐共生的新金融思维和方案，在此过程中，兼顾财务回报与社会价值的社会影响力金融大有可为。党领导下的金融机构和国有企业是我国以公有制为主体的经济基础的重要体现，这种制度优势为发展社会影响力金融奠定了坚实的基础。然而，目前国内外对社会影响力金融的内涵和表现形式均没有给予系统的阐释，也未厘清其与其他概念的区别和联系，社会各界对于社会影响力金融还没有形成统一的认识。本报告旨在在辨析相关概念的基础上界定社会影响力金融的内涵和表现形式，梳理中国社会影响力金融的现状、特征，分析其面临的挑战和发展趋势，进而提出相关建议。

一 社会影响力金融的内涵界定和表现形式

（一）社会影响力金融的内涵界定

社会影响力金融（Social Impact Finance），或简称社会金融（Social Finance），是一种同时追求财务回报和社会价值的资本配置活动。这种金融活动追求的影响力并不是媒体影响力，而是以解决特定的社会或环境问题为出发点，强调在主动创造可衡量的社会或环境效益的同时，争取实现正向的财务回报。社会影响力金融是在应对社会不平等和气候变化等重大挑战的背景下出现的金融工具和金融服务，其指向的社会价值目标主要有改善低收入群体或其他弱势人群的教育、医疗健康、就业创业和住房状况，以及应对气候变化，支持节能减排、环境保护和生态平衡。

广义的社会影响力金融概念包括普惠金融和绿色金融。自从我国先后于2015年和2016年印发了《推进普惠金融发展规划（2016~2020年）》《关于构建绿色金融体系的指导意见》之后，普惠金融和绿色金融的政策体系逐渐完善，相关产品不断丰富。绿色金融属于广义的社会影响力金融的一部分，聚焦生态环境领域的金融服务。相对而言，绿色金融当前在我国发展较好，且得到更多认可，自2017年以来已有相关研究报告（马中等，2018；中国人民银行研究局，2019，2020；朱信凯等，2020；王遥、徐洪峰，2020）出版，所以本报告主要侧重于研究社会领域的社会影响力金融。另外，普惠金融也属于社会影响力金融的一部分，社会影响力金融的社会价值目标要比普惠金融更广泛，并不仅限于提高特殊群体的金融可得性，还包括利用创新性的金融工具满足特殊群体对健康、住房、教育、就业、养老、助残等其他服务的需求。更重要的是，社会影响力金融要为有社会价值追求的投资者提供可选择的金融工具或产品。

根据财务回报和社会价值双目标，我们构建了一个金融类型谱系图（见图1），借助这个谱系图可以在与其他类型金融的区分中理解社会影响力金融的含义。传统商业金融只追求市场水平的财务回报，不考虑社会价值目标。ESG（环境、社会、公司治理）金融虽然将环境、社会和公司治理方面的责任纳入投资

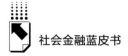

考量，但它对社会价值追求的底线通常是投资组合不会产生重大的负面影响及投资对象对 ESG 的风险管理得当，而且它追求尽可能高的财务回报。与 ESG 金融不同，社会影响力金融尝试用提供正向财务回报的市场化方案有效解决社会或环境问题，主动追求特定且有形的社会价值，对财务回报的要求没有 ESG 金融那么高。社会影响力金融也不同于金融企业先赚钱而后拿出一部分来履行社会责任或做公益慈善的行为。传统公益慈善是以不计财务回报的拨款或捐赠来实现社会价值目标，而社会影响力金融则是把正向的财务回报和社会价值追求同时纳入金融活动的目标函数。社会影响力金融与公益创投在积极追求社会价值目标方面是相似的，但有些形式的公益创投是放弃对财务回报率甚至本金的要求的。

根据对财务回报和社会价值双目标的不同追求，可把社会影响力金融分为两类：一类是"财务回报优先"的社会影响力金融，行动者对所要获得的社会价值回报设置底线，在底线之上最大化财务回报；另一类是"社会价值优先"的社会影响力金融，行动者对财务回报设置底线，在底线之上最大化社会价值。

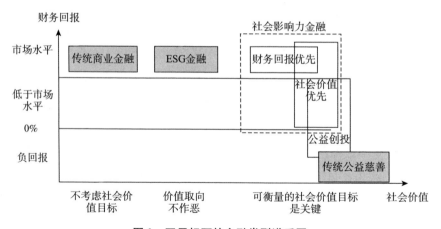

图 1　双目标下的金融类型谱系图

我们可以通过三个准则（动机、可衡量的社会价值及正向的财务回报）来把握社会影响力金融（雅基耶，2020）。首先，在动机或意图上要主动且明确地把解决某个特定的社会或环境问题作为目标。如果缺乏对特定社会影响力目标的锚定，则不能被称作社会影响力金融。在实践中，这种社会价值目标往往被纳入金融机构的宗旨或者被写入金融合约。

其次，在产出和结果上要对金融服务带来的社会价值进行衡量、评估及管理。社会影响力金融不仅要为特定人群的福祉改善提供某种金融支持或服务，还要评估这种支持或服务给个体、群体或社区带来的改变（比如个体收入的增加、群体辍学率的降低、社区凝聚力的增强）。社会影响力金融追求的社会价值目标并不是笼统的口头宣称，而是要对其进行切实的衡量、评估及管理。社会绩效的衡量和评估是社会影响力金融健康发展的重要基础，尽管它并不像财务绩效那样易于衡量。

最后，社会影响力金融并不放弃对财务回报的追求。不过，它既不像传统商业金融那样只追求高额的财务回报，也不像传统公益慈善那样只要社会影响而不计财务回报。社会影响力金融的财务回报要求，视投资项目、资产类别、投资人的价值取向等因素而定，从高市场回报率到低市场回报率不一而足，但通常把至少收回本金作为财务回报的最低目标（Höchstädter and Scheck，2015）。

社会影响力金融的发展需要有一个包括资金供应者、金融媒介和中介服务提供者、资金需求者和实现社会影响力的组织，以及政策制定者和监管者、行业研究者和人才培养者等诸多行动者在内的完整生态系统。这些行动者虽然对财务回报和社会价值可能有不同的偏好，但相关各方能够通过分工协作实现金融资源的配置和社会影响力的创造。

（二）社会影响力金融的表现形式

近年来，社会影响力金融在银行、保险、证券、基金、信托等各种金融业态中都有了不同程度的发展，具体表现为普惠信贷、公益理财产品、普惠保险、社会影响力债券、社会影响力投资基金、慈善信托等金融产品或金融工具。而且，在公益慈善领域，也出现了捐赠人建议基金、股权捐赠、公益创投等表现形式（见表1）。

表1　从事社会影响力金融的行业/领域、工具类别和典型案例

行业/领域	工具类别	典型案例
银行	普惠信贷	普惠型小微企业贷款、普惠型涉农贷款、扶贫小额信贷、中和金服·极速贷
	公益理财产品	中国建设银行"乾元–爱心捐赠"系列公益理财产品、光大银行"母亲水窖"公益理财产品

续表

行业/领域	工具类别	典型案例
保险	政策性小额保险	政府补贴的农业险
	商业性小额保险	益宝·平安"心智障碍者保险保障项目"、腾讯微保"药神保·抗癌特药保障计划"
	公益性小额保险	中国乡村儿童大病医保公益基金、"顶梁柱"健康扶贫公益保险项目
证券	社会影响力债券	扶贫债券、乡村振兴专项债券、疫情防控债券
	社会价值主题股票价格指数	社会价值投资联盟（深圳）与 Wind 资讯联合编制的义利 99 指数
基金	社会影响力投资基金	禹闳资本设立的影响力投资专项基金——"禹禾基金"
信托	慈善信托	万向信托·鲁冠球三农扶志基金慈善信托
公益慈善	捐赠人建议基金	深圳市慈善会·心睿捐赠人建议基金、上海市慈善基金会大爱福（DAF）专项基金
	股权捐赠	曹德旺夫妇将所持福耀集团 3 亿股股权捐赠给河仁慈善基金会
	公益创投	爱佑慈善基金会"爱佑公益 VC 支持计划"

1. 银行业

银行业提供的社会影响力金融产品主要有普惠信贷和公益理财产品。惠普信贷是以可负担的成本为小微企业、低收入人群和残疾人、老年人等特殊群体提供无担保无抵押的小额信贷服务。在我国，普惠信贷具体包括商业性小额信贷、扶贫小额信贷和公益性小额信贷三种类型。商业性小额信贷主要指在政府普惠金融政策引导下商业银行推出的针对小微企业和涉农的、利率较低的普惠信贷。扶贫小额信贷主要指面向贫困户提供的 5 万元以下、3 年以内、免担保免抵押、基准利率放贷、财政贴息（大部分实现零利率）的扶贫小额信用贷款。公益性小额信贷主要指一些社会组织或社会企业以市场利率向低收入群体和贫困群体提供的小额度信贷服务，及综合性的社会支持与发展服务。这些不同类型的普惠信贷都试图为特殊群体提供低成本、包容性的信贷服务，并通过信贷机会的增加来促进他们的生计发展。公益理财产品是银行为客户推出的兼具财务回报和社会价值的理财产品，银行和/或客户让渡一定的投资收益捐赠给特定的社会影响力项目。

2. 保险业

保险业提供的社会影响力金融工具主要是普惠保险。普惠保险是一种依据保险经营原理为低收入人群、残疾人和大病患者等特殊人群提供的风险保障型产品，其主要特征是保费较低、保险期限较短、投保和理赔手段比较简洁，基本属于微利经营。普惠保险可分为政策性小额保险、商业性小额保险和公益性小额保险三种，这三种类型的保险都是由商业保险公司承保，但政策性小额保险由政府对保费提供部分财政补贴，而公益性小额保险通常由公益慈善组织筹集保费或由保险公司直接进行保险捐赠，不需要被保险人自己支付保费。政策性小额保险主要针对农业领域风险及贫困人口和残疾人意外伤害与医疗，商业性小额保险主要针对"三农"、医疗健康和残障等领域，公益性小额保险主要面向最为弱势的低收入人群和特殊人群。这些不同类型的普惠保险旨在减轻低收入人群和特殊人群的生计脆弱性，增强其抵御风险的能力。

3. 证券业

证券业提供的社会影响力金融工具主要有社会影响力债券（Social Impact Bonds）和社会价值主题股票价格指数。自 2010 年起在英美等国家兴起的社会影响力债券是指由私人投资者为某一个社会服务项目提供资金，用于实现特定社会价值目标。这种模式是政府先以非公开方式定向从私人投资机构筹资，然后根据服务结果来确定投资回报。如果实现目标，政府向私人投资者返还资金，同时给予一定收益；如果没有实现目标，则政府不做任何返还。截至目前，这种"为成功而付费"的社会影响力债券在中国只有零星探索，比如深圳市福田区共青团福田区委员会为解决大龄单身青年的婚恋问题而开展的"心动魔方"社会影响力债券项目。不过，中国拥有独特的社会影响力债券，比如扶贫债券、乡村振兴专项债券、疫情防控债券，这些债券分别指向脱贫攻坚、乡村振兴、新冠肺炎疫情应对等社会影响力目标。不同于西方国家的做法，中国的这些债券基本上是在公开市场发行，发行主体以财政部、地方政府、政策性金融机构、国有商业银行和国有非金融企业等为主。这些债券虽然并非按结果付费，但监管机构对资金用途、分配和项目效果评估通常有明确规定。社会价值主题股票价格指数是基于对上市公司社会价值评级的结果，选取社会价值最高的若干上市公司编制的股票价格指数，以引导投资者的投资行为，比如社会价值投资联盟（深圳）与 Wind 资讯基于中国 A 股上市公司数据联合编制并发布的全球首个社会价值主题股票价格指数——义利 99 指数。

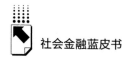

4. 基金业

基金业提供的社会影响力金融工具主要是社会影响力投资基金。社会影响力投资基金是通过有财务回报的投资来解决社会和环境问题的私募性风险投资基金或股权投资基金。这类基金的投资对象是社会影响力驱动组织，这些组织可能是营利性的，也可能是非营利性的。社会影响力驱动组织通过市场活动来实现社会价值目标，它们要偿还社会影响力投资基金投资的资本，并予以一定的回报。如果放宽对社会影响力金融的界定，那么也可以把 ESG 主题的公募基金（股票型基金和混合型基金）包含进来，这类公募基金的投资对象是符合 ESG 标准的公司发行的股票或债券。

5. 信托业

信托业提供的社会影响力金融工具主要是慈善信托。它是委托人基于慈善目的，依法将其财产委托给受托人，由受托人按照委托人意愿，以受托人名义进行管理和处分、开展慈善活动的行为。① 慈善信托具有保值增值的优势，使得永续型慈善信托成为可能。万向信托·鲁冠球三农扶志基金慈善信托是目前国内最大的慈善信托。

6. 公益慈善领域

公益基金会也可以参与社会影响力投资基金的创办，除此之外，公益慈善领域提供的社会影响力金融工具还有股权捐赠、公益创投、捐赠人建议基金等。捐赠人建议基金（Donor-Advised Fund，DAF）是一种帮助捐赠人开设专属账户、享受税收优惠、让捐赠人在善款使用和投资方面长期享有建议权的基金。20 世纪 90 年代，美国富达投资集团、嘉信理财、先锋集团等资产管理公司相继开展 DAF 管理业务。不过，目前在中国单独由资产管理公司来管理的捐赠人建议基金在税收优惠上仍存在政策障碍，国内为数不多的捐赠人建议基金都是由公益基金会和金融机构共同管理。股权捐赠是股权（或股票）的所有权人出于公益或慈善目的将其持有的公司股权的所有权捐赠给社会组织，用股权做慈善不仅有利于保持公司股权的稳定性，而且有助于保证慈善资源的连续性。国内的典型案例是曹德旺夫妇将所持福耀集团 3 亿股股权捐赠给河仁慈善基金会。公益创投

---

① 《中华人民共和国慈善法》第五章，http://www.gov.cn/zhengce/2016 - 03/19/content_5055467. htm，2016 年 3 月 19 日。

（Venture Philanthropy）是针对公益创业组织进行的风险投资，投资者为创业中的社会企业或公益组织注资，帮助其成功创业，并通过投资间接地解决社会问题。公益创投的资金来源有政府、商业机构、非营利组织，不同资金来源的公益创投项目对是否收回本金和投资的回报率有不同的要求。

二　中国社会影响力金融的现状和特征

（一）银行业全面参与普惠信贷并积极探索公益理财产品，成为社会影响力金融的主力军

1. 在政府引导下，银行业全面参与普惠信贷，各类普惠贷款余额持续增长

中国的金融体系是以商业银行为主导的，商业银行特别是大型国有商业银行是中国特色社会影响力金融的主力军，而针对小微企业和弱势群体的普惠信贷是当前我国社会影响力金融的主体部分。

自 2015 年国务院印发《推进普惠金融发展规划（2016～2020 年）》以来，中国人民银行通过准备金率优惠、购买普惠小微信用贷款等货币政策工具，银保监会通过健全差异化监管的激励机制，各级人民政府通过财政补贴和税收优惠政策，引导和支持银行业金融机构全面参与普惠信贷。普惠型小微企业贷款、普惠型涉农贷款、扶贫小额信贷等各类普惠贷款余额持续增长，为决胜脱贫攻坚、应对新冠肺炎疫情冲击、做好"六稳"、落实"六保"和全面建成小康社会提供了强有力的金融支持。

截至 2020 年末，银行业金融机构发放的普惠型小微企业贷款余额共计 15.27 万亿元，比 2019 年增长 30.9%。国有大型商业银行、股份制商业银行、城市商业银行和农村金融机构等各类银行业金融机构都参与到普惠型小微企业贷款中，其中国有大型商业银行和农村金融机构占比分别为 32% 和 34%。[①] 五家国有大型商业银行均成立了专门的金融科技公司，通过数字化转型助力开拓普惠金融新局面。特别是中国建设银行充分发挥科技和数据优势，创建"小

---

① 《2020 年银行业金融机构普惠型小微企业贷款情况表（季度）》，http://www.cbirc.gov.cn/cn/view/pages/ItemDetail.html? docId = 966736&itemId = 954&generaltype = 0，最后访问日期：2021 年 8 月 2 日。

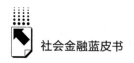

微快贷""裕农快贷"等线上业务模式，创新推出了一系列普惠金融专属服务方案。截至 2020 年末，中国建设银行普惠贷款余额为 1.45 万亿元，较上年增加 4892 亿元，普惠贷款余额和新增普惠贷款均居行业首位。①

以中国农业银行和中国邮政储蓄银行为代表的服务"三农"的银行"国家队"积极构建数字服务平台，不断创新产品和服务。农村商业银行、农村合作银行和农村信用社等机构立足县域、充分发挥支农主力军作用。截至 2020 年末，普惠型涉农贷款余额为 7.56 万亿元，增速为 17.84%，高于各项贷款平均增速 5.11 个百分点，近三年持续高于银行业各项贷款平均增速（欧阳洁，2021）；其中，农户经营性贷款余额为 5.99 万亿元，同比增长 11.5%。②

扶贫小额信贷是我国为建档立卡贫困户和边缘贫困户获得发展资金而量身定制的扶贫贷款产品。"5 万元以下、3 年期以内、免担保免抵押、基准利率放贷、财政贴息、县建风险补偿金"的科学设计，使贫困群众"贷得到"、"用得好"、"还得上"和"可持续"。2020 年末，全国建档立卡贫困人口贷款余额为 1427 亿元，建档立卡贫困人口及已脱贫人口累计贷款余额为 7881 亿元。③

此外，还有中和农信、格莱珉有限公司（中国）、农村资金互助社、村社内置金融组织等主体开展的乡村社会金融实践，这些社会金融实践虽然总体规模不大，但将普惠性小额信贷服务与综合性的社区发展服务相结合，为乡村发展探索另一种可能的普惠金融方式。

2. 广覆盖、低成本的普惠信贷体系初步形成

"十三五"时期，我国农村地区金融机构和服务的覆盖率持续提升，一个广覆盖、低成本的普惠信贷体系初步形成，普惠型小微企业信贷的覆盖率和可获得性已有实质性提高。截至 2020 年末，银行业金融机构覆盖全国 3.02 万个乡镇，覆盖率达 96.68%；基础金融服务覆盖 53 万个行政村，覆盖率达

① 《中国建设银行股份有限公司 2020 年年度报告摘要》，http://epaper.zqrb.cn/html/2021 - 03/27/content_712119.htm? div = -1，2021 年 3 月 27 日。
② 《2020 年金融机构贷款投向统计报告》，http://www.pbc.gov.cn/goutongjiaoliu/113456/113469/4180902/20210129 16035124207.pdf，最后访问日期：2021 年 8 月 2 日。
③ 《2020 年金融机构贷款投向统计报告》，http://www.pbc.gov.cn/goutongjiaoliu/113456/113469/4180902/20210129 16035124207.pdf，最后访问日期：2021 年 8 月 2 日。

99.96%（欧阳洁，2021）。普惠信贷服务的群体规模不断扩大，信贷成本明显下降。2020年末，全国普惠型小微企业贷款在贷客户数已达2573万户，比上一年增加了461万户（葛孟超，2021）。

随着数字技术的普遍应用和节约交易成本能力的提升，银行业金融机构普惠型小微企业贷款利率持续下降，平均利率2018年为7.39%，2019年为6.7%，2020年为5.88%。[①] 截至2020年9月末，全国扶贫小额信贷累计发放5038亿元，累计支持建档立卡贫困户1204.3万户次，覆盖全国建档立卡贫困户的40%以上，比2019年末增加了168万户次（张丽敏，2020）。

3. 以股份制商业银行为主探索各类公益理财产品

公益理财产品是中国银行业推出的一种将投资理财与公益慈善相结合的社会影响力金融工具。中国最早的公益理财产品诞生于2008年，汶川地震后中国建设银行、招商银行、中信银行等纷纷推出支持抗震救灾的公益理财产品。此后，参与发行公益理财产品的银行越来越多，支持的公益领域也越来越多元化。

截至2020年末，共有9家银行（分支行统一纳入主体行统计）发行过公益理财产品，其中以股份制商业银行为主，占比达到56%；公开发行的公益理财产品数量达565只，多数面向全国发行，购买的个人投资者主要集中在北京、上海、深圳等一线城市。产品支持的公益领域主要为救灾、扶贫、助残、环保、青少年发展、文化传承等。这些产品多为一年内的短期产品，但也有以中国建设银行、江苏银行、浦发银行为代表的少数银行探索连续发行的公益理财产品，在产品设计和宣传、与投资者互动、与慈善组织合作、信息披露等方面积累了宝贵经验，形成了品牌效应，产生了良好的社会影响力。

（二）多方广泛探索，普惠保险稳步发展

1. 政策性农业保险和贫困人口商业补充医疗保险规模不断扩大

在政府的支持指导下，保险业积极落实普惠金融要求、履行社会责任，主动为脱贫攻坚和乡村振兴、疫情防控、健康中国、应对人口老龄化等国家重大战略提供高质量的保险保障和金融服务，各保险公司积极创新保险服务模式，政策性、商业性和公益性小额保险产品和服务供给能力大为增强，成为社会影

---

① 此为综合中国银行保险监督管理委员会网站信息得出的数据。

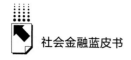
响力金融的重要组成部分。

政府提供不同程度补贴的政策性农业保险规模不断扩大。2019 年，农业保险保费收入为 672.48 亿元，承保的农作物品种超过 270 类，基本覆盖常见农作物，备案扶贫专属农业保险产品 425 个，价格保险、收入保险、"保险＋期货"等新型险种快速发展，为 1.91 亿户次农户提供风险保障 3.81 万亿元，向 4918 万户次农户支付赔款 560.2 亿元（王玉祥，2020）。

我国扶贫保险保障水平大幅提升，覆盖面不断扩大。2015～2019 年，扶贫类农业保险保额从 18.63 亿元增加到 1.13 万亿元，增长了约 606 倍；参保贫困户从 2015 年的 40.57 万户次，增加到 2019 年的 443.28 万户次，增长了约 9.93 倍。① 2016～2019 年，保险业累计为 9840 万户次建档立卡贫困户、不稳定脱贫户提供风险保障资金 9121 亿元，累计为 3031 万受灾农户支付赔款 230.38 亿元，极大地解决了农村贫困群体"因病因灾致贫返贫"的突出问题（王玉祥，2020）。

为切实减轻贫困群体医疗负担，政府对贫困人口大病保险进行定额补贴，保险公司积极开展贫困人口商业补充医疗保险。截至 2019 年末，保险业在 1000 多个县（市）承办了面向贫困人口的商业补充医疗保险业务，覆盖贫困人口 4000 多万人。②

2. "三农"、医疗健康、残障等领域的商业性小额保险惠及人群规模不断扩大

自 2008 年农村小额人身保险试点工作开展以来，针对农村各类人群的人身保障产品覆盖不断扩大。保险业开发专属产品线，推出的小额人身保险覆盖寿险、意外险、健康险等多种产品类型，提供疾病身故、意外身故、意外伤残、医疗费用等多种风险保障。截至 2019 年末，农村基础保险服务覆盖全国 3.07 万个乡镇，覆盖率超过 95%。③

---

① 《扶贫类农业保险保额 5 年增长超 600 倍》，http：//politics. people. com. cn/n1/2020/1208/ c1001－31958706. html，2020 年 12 月 8 日。
② 《中国保险行业协会发布〈2019 年中国保险业社会责任报告〉》，http：//www. iachina. cn/art/ 2020/9/29/art_22_104660. html，2020 年 9 月 29 日。
③ 《中国保险行业协会发布〈2019 年中国保险业社会责任报告〉》，http：//www. iachina. cn/art/ 2020/9/29/art_22_104660. html，2020 年 9 月 29 日。

在地方政府的指导支持下，由商业保险公司承保的普惠性补充医疗保险和商业健康险在近五年得到快速发展。城市定制型商业医疗保险（又称"惠民保"）于2015年由深圳率先推出，2018年后又有南京、珠海、广州等地跟进。2020年"一城一险"形式的城市定制型商业医疗保险开始爆发式增长，呈现"多地开花、逐步下沉"的趋势，从一、二线城市向其他城市扩散。截至2020年底，全国共有23个省（自治区、直辖市）的179个地市上线111款产品，全国范围内累计超4000万人参保，保费收入超50亿元（罗葛妹，2021）。与此同时，很多地方政府积极推动职工用医保个账余额购买"惠民保"和商业健康保险的实践。据不完全统计，目前已有浙江、山东、福建、云南、江苏、广东、辽宁、安徽、湖南、广西、陕西等13个省份70多个地市相继出台文件，通过甄选入围商业保险机构，精选健康保险产品，鼓励职工用医保个账余额购买商业健康保险（冯鹏程、朱俊生，2021：24）。

作为一款高保额、低保费、免赔额高的报销型医疗费用险产品，"百万医疗险"① 自2015年在我国诞生以来持续快速发展，有效填补了基本医保与高端医疗保险之间的空缺。2019年，中国"百万医疗险"市场总规模达到345亿元，2020年突破500亿元，同比增长50.7%；2019年用户规模达到6300万人，市场渗透率达5.2%，2020年用户规模突破9000万人，渗透率提升至7.4%。②

3. 公益性小额保险在探索中前行，网络互助平台在野蛮生长后相继关停

2012年前后，我国开始有公益人士和慈善基金会探索通过筹集捐赠资金为特定人群购买公益性小额保险的公益模式。截至2020年底，据不完全统计，我国正在运作的这类公益性小额保险项目大约有10个，公益性小额保险筹集善款总额在4亿元以上，服务人数累计超千万。比较典型的案例有中华少年儿童慈善救助基金会发起的"中国乡村儿童大病医保公益基金"、浙江省妇女儿童基金会发起的"康乃馨女性健康关爱计划"、中国扶贫基金会发起的"顶梁

---

① 基于其"保费较低且承诺百万元及以上的保额"的特征，一般称之为"百万医疗险"。

② 艾瑞咨询：《2021年中国百万医疗险行业发展白皮书》，http://report.iresearch.cn/report_pdf.aspx? id=3716，最后访问日期：2021年7月31日。

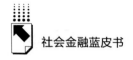

柱"健康扶贫公益保险项目等。

网络互助是一种利用互联网的信息撮合功能，会员之间通过协议承诺承担彼此的风险损失的新型大病风险互助形式。自 2011 年首个网络互助平台"抗癌公社"成立至今，互助平台数量和会员数量急速增长。自 2018 年起，苏宁、美团、奇虎 360 等互联网公司纷纷加入网络互助保险的战局。相关数据显示，截至 2020 年 5 月底，我国已有大约 3.3 亿人参加了网络互助，累计互助金规模约 92.39 亿元。① 网络互助由于加入门槛较低，受到很多人的欢迎，但由于没有合法身份而处于监管真空，同时分摊费用激增难以实现盈亏平衡，存在很大的风险隐患。2020 年 12 月，银保监会发布《互联网保险业务监管办法》，明确持牌经营要求，禁止非保险机构开展互联网保险业务。自 2020 年 8 月以来，一些互联网互助保险平台陆续关停。

（三）社会影响力债券呈现独特发展模式，社会影响力投资基金仍处于起步阶段

1. 扶贫债券、乡村振兴专项债券和疫情防控债券代表了中国特色的社会影响力债券

诞生于英美等国家的"为成功而付费"的非公开发行的社会影响力债券在中国只有零星尝试。中国政府和金融监管部门利用市场公开发行的债券工具来支持脱贫攻坚、乡村振兴和疫情防控，发行了以扶贫债券、乡村振兴专项债券和疫情防控债券等为主的具有中国特色的社会影响力债券。

2016 年证监会发布《中国证监会关于发挥资本市场作用服务国家脱贫攻坚战略的意见》，同年为扶贫债券发行开通绿色通道。我国的扶贫债券主要包括金融债券、公司债券、企业债券、债务融资工具、资产支持证券以及地方政府扶贫专项债券等，主要用于易地搬迁扶贫项目。根据 Wind 数据库的统计，2020 年我国发行扶贫债券 53 只，金额为 459.25 亿元；截至 2020 年底，累计发行扶贫债券 196 只，累计金额为 2719.81 亿元。

2018 年，中共中央、国务院印发的《国家乡村振兴战略规划（2018 ~

---

① 李昆昆、李正豪：《互助平台关停潮背后：身份危机和难赚钱》，http://www.cb.com.cn/index/show/zj/cv/cv135119641264/p/s.html，最后访问日期：2021 年 7 月 31 日。

2022 年）》提出，规范地方政府举债融资行为，支持地方政府发行一般债券用于支持乡村振兴领域公益性项目。自 2018 年 8 月 20 日四川省发行全国首只乡村振兴债券——泸县乡村振兴专项债券——以来，全国各地相继发行了多只乡村振兴专项债券，所支持的项目主要涵盖基础设施、农产品种植（养殖）和销售、公共服务配套、乡村旅游等。截至 2020 年底，全国累计发行乡村振兴专项债券 241.44 亿元，发行主体均为省级地方政府。2021 年 6 月，国家开发银行也发行了首期乡村振兴主题人民币金融债券 100 亿元，主要用于污水处理、美丽乡村建设等。

为应对新冠肺炎疫情，2020 年我国发行了抗疫特别国债和疫情防控债券，发行总量为 15419.99 亿元。由中央财政统一发行的特别国债，不计入财政赤字，纳入国债余额限额，全部转给地方，主要用于公共卫生等基础设施建设和抗疫相关支出，利息全部由中央财政承担。从 2020 年 6 月 18 日至 7 月 30 日，财政部分四期一共公开发行了 1 万亿元抗疫特别国债，分为五年期、七年期和十年期三种，都可上市转让，利率通过国债承销团成员招投标确定，随行就市。为保障抗疫特别国债顺利发行使用，财政部印发《抗疫特别国债资金管理办法》，明确了资金使用范围、分配办法、下达流程、资金监管等要求，为地方分配使用资金提供了基本原则。抗疫特别国债资金中 90% 的额度用于基础设施建设，10% 的额度用于抗疫相关支出。除 1 万亿元的抗疫特别国债之外，2020 年中国进出口银行、国家开发银行，以及一些地方国有企业也发行了 4243.77 亿元的疫情防控债券。

2. 民间资本发起的社会影响力投资基金仍处于探索起步阶段

社会影响力投资是通过主动且有策略的投资行为，以产生切实的社会或环境效益为目的，同时试图获取正向的财务回报。虽然影响力投资这一概念最早由美国洛克菲勒基金会于 2007 年提出，但实际上早在此之前中国的一些社会企业和金融机构就结合中国实际情况探索了类似的投资方式。比如，2002 年成立的北京富平学校（2010 年又注册了北京乐平公益基金会），尝试在就业与社区服务、小额信贷、早期教育等领域进行社会投资；再如，2002 年青云创投发起成立的中国环境基金，致力于能源与资源、生态环保、新材料和智能技术等绿色发展领域的股权投资。2008 年以后，受国外影响力投资理念的影响，在国内从事影响力投资的机构明显增多。

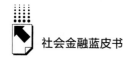
据全球影响力投资网络（GIIN）估计，2019 年底全球影响力投资市场规模为 7150 亿美元（GIIN，2020）。相比于国际领先市场，当前中国的影响力投资生态体系尚不成熟，国内影响力投资正处于由较为分散的点式创新活动向市场初步建立过渡的阶段。[①] 我国从事社会影响力投资的机构主要有三类：公益基金会、传统金融机构、专门做影响力投资的机构。总体而言，明确采用社会影响力投资策略的本土机构仍为数不多。据不完全统计，截至目前，我国的各类社会影响力投资基金有 43 家，主要分布在北京、上海、广东等经济发达地区，投资主要分布在环保、教育、医疗健康、养老、普惠金融服务等民生领域。投资的资产类别相对单一，以股权、债权投资为主；对影响力的衡量及管理较为少见，在相关实践上还不成熟；将不同风险、影响力、财务回报目标的资本进行搭配组合的做法并不常见。[②] 更为完善的社会影响力投资生态系统正在形成中，认同社会影响力投资的公益基金会、主流金融机构和高净值人士日益增多。

（四）《慈善法》实施以来，慈善信托呈现爆发式增长，慈善组织资产保值增值的金融服务探索多元化

1. 政策环境不断优化，慈善信托的备案数量持续快速增长

2016 年出台的《慈善法》、2017 年银监会和民政部联合印发的《慈善信托管理办法》以及一些地方政府据此出台的地方性慈善信托管理办法基本构建起我国的慈善信托规制体系，为慈善信托的运行提供了政策依据，我国慈善信托事业的发展开始驶上快车道。

慈善信托备案的数量持续增长，2020 年备案 261 单，同比增长 107.14%；截至 2021 年 4 月底，备案的慈善信托已经达到 566 单，慈善信托财产累计达到 33.77 亿元。[③] 不过，慈善信托年度备案总财产规模和平均财产规模自 2019 年以来却持续大幅下降。2020 年备案的慈善信托财产规模为 39279.92 万元，

---

① 曾惠子、卢轲：《可持续发展梦想照进现实：影响力投资共识、生态与中国道路》，https://www.casvi.org/h-col-269.html，最后访问日期：2021 年 8 月 2 日。
② 曾惠子、卢轲：《可持续发展梦想照进现实：影响力投资共识、生态与中国道路》，https://www.casvi.org/h-col-269.html，最后访问日期：2021 年 8 月 2 日。
③ 资料来源于慈善中国信息平台（https://cszg.mca.gov.cn/biz/ma/csmh/e/csmheindex.html）公开信息，最后访问日期：2021 年 5 月 10 日。

同比下降57.21%。①

截至2021年4月底，虽然慈善信托在我国的27个省（区、市）都有备案记录，但也呈现明显的地域发展不平衡特点。在备案单数上，排名最高的甘肃和浙江两省占全国的37.46%；在财产规模上，排名最高的浙江、甘肃和广东三省占全国的74.08%。慈善信托涵盖领域较为广泛，涉及教育、扶贫、卫生健康、恤病、济困、生态环保、助残、文化、扶老、儿童救助、优抚、科学、救灾等领域，其中以教育与扶贫领域为主。

2. 慈善信托发展呈现小额化、短期化且委托人以企业和社会组织为主的特征

慈善信托小额化的趋势和特征较为明显。大部分备案金额小于10万元的小型慈善信托是2019～2020年设立的。截至2021年4月底，小于100万元、大于10万元（含10万元）的慈善信托有279单，占49.29%。

当前我国的慈善信托也呈现明显的短期化特征。截至2021年4月底，期限为5年及以下的慈善信托共有264单，占总备案数的46.64%；明确为永续型慈善信托的只有106单，占比为18.73%。

当前我国慈善信托的委托人以企业和社会组织为主，分别占总备案数的36.57%和31.45%。以信托公司为单一受托人的慈善信托占绝大多数（90.10%），按规定，慈善组织不能在银行开立信托专户，这阻碍了慈善组织担任受托人的角色。

3. 各类金融机构多元探索慈善组织资产保值增值的金融服务

虽然中国基金会数量仍保持增长势头，但基金会参与保值增值活动并不积极。根据基金会中心网的数据，截至2020年底，我国慈善基金会已有8400多家，非公募基金会占比为81%，85%左右是净资产规模在3000万元以下的小型基金会。② 2018年进行投资活动的基金会占比仅为28%，投资收益占基金会总收入的比例很低，平均只有5%。2018年我国基金会的非限定性资产为782亿元，占净资产的53%，加上可投资的限定性资产，基金会存在可观的资

① 资料来源于慈善中国信息平台（https://cszg. mca. gov. cn/biz/ma/csmh/e/csmheindex. html）公开信息，最后访问日期：2021年5月10日。
② 《数说基金会 | 基金会2020最新发展趋势》，http://www. foundationcenter. org. cn/report/content? cid = 20210108171436，最后访问日期：2021年8月2日。

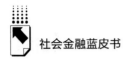

产投资空间。2018 年，我国基金会投资资产占净资产总额的比例平均为
46.9%，投资回报率平均为 5.3%。① 基金会的投资方式主要包括短期投资、
长期股权投资和长期债权投资，其中以短期投资为主。

自《慈善组织保值增值投资活动管理暂行办法》于 2019 年实施以来，银
行、信托、基金等各类金融机构纷纷探索慈善组织资产保值增值的金融服务。
银行主要提供的是存款类和理财类产品；信托公司主要提供可购买的资产管理
产品、专户管理和慈善信托等服务；基金管理公司主要提供一对一或一对多的
专户理财服务。也有些慈善基金会为了弥补资金体量小的不足，联合起来建立
共同基金，寻找合适的信托公司进行资产保值增值。

三　中国社会影响力金融面临的挑战

（一）普惠信贷和保险的产品风险控制和可持续经营问题仍需重视

软预算约束、逆向选择和道德风险是发展社会影响力金融必须防范的主要
问题。在以普惠信贷和普惠保险为代表的普惠金融迅猛发展的背景下，也要警
惕潜在的经营风险和产品可持续问题。

针对小微企业、"三农"和贫困人口的普惠信贷基本上都是信用贷款，具
有无担保无抵押、保本微利的特征，这些特征给风险控制和可持续经营带来很
大挑战。尽管当前我国普惠信贷的风险水平总体可控，但仍不可掉以轻心。首
先，因为普惠信贷的对象本身是相对高风险的群体，银行的风控成本高，再加
上新冠肺炎疫情的冲击，所以在保证完成"两增"目标的同时，要警惕普惠信
贷的对象出现大规模的经营风险和违约风险。其次，在难以做到完全监管的前提
下，利用普惠贷款的低利率进行违规套利，改变普惠信贷资金用途和违规使用的
情况比较突出，普惠信贷资金变相流入资本市场和政府融资平台、房地产等限制
性领域的情形时有发生。最后，扶贫小额贷款也存在借贷户还款逾期和违约的风

① 2018 年我国基金会资产保值增值相关资料来源于基金会中心网发布的《数说基金会｜中国基金
会保值增值现状》，http://www.foundationcenter.org.cn/report/content? cid = 20191210175405，
最后访问日期：2021 年 8 月 2 日。

险，财政贴息和风险补偿金也给一些财力不足的地方政府造成很大的压力。

"百万医疗险"和城市定制型商业医疗保险等新兴的普惠保险也同样面临可持续发展的问题。近几年因"低保费、高保额"而走红的"百万医疗险"在续保、停售、虚高保额等方面存在巨大的争议。很多保险公司把连续投保作为宣传点，误导消费者将连续投保与保证续保混为一谈。实际上，购买短期的"百万医疗险"无法获得长期的保障，消费者在续保时可能因费率变化、停售和健康状况变差而被停保。有些保险公司为了在短期内吸引更多客户，设定了严重背离理赔经验数据基础的、虚高的保险金额，这种做法要么会损害保险消费者的合法权益，要么会导致产品不可持续。针对这些问题，银保监会办公厅于 2021 年 1 月发布了《关于规范短期健康保险业务有关问题的通知》。城市定制型商业医疗保险因统一保费待遇、投保门槛低、保重特大疾病等特点而在全国各地迅速扩张，但也暴露出操之过急、缺乏必要的数据基础、恶意压价竞争或承保价格低于成本、投保者的逆向选择和道德风险等潜在问题。不限投保人特征而统一保费的定价策略可能会导致严重的逆向选择，另外，在线索赔的做法也可能导致保险欺诈的比例上升。鉴于此，2021 年 6 月 2 日，《中国银保监会办公厅关于规范保险公司城市定制型商业医疗保险业务的通知》正式下发。

（二）投资者和金融机构对社会影响力金融的认知水平和参与程度仍有待提高

社会影响力金融的发展需要资本价值观的变革。尽管从全球范围来看我国高净值人群的数量和金融机构的资产规模都较大，但总体而言，投资者和金融机构对社会影响力金融的认知水平和参与程度仍处于起步阶段。

数据显示，2020 年可投资资产在 1000 万元人民币以上的中国高净值人群数量达 262 万人，2018～2020 年年均复合增长率为 15%；2020 年个人持有的可投资资产总规模达 241 万亿元人民币，2018～2020 年年均复合增长率为 13%。[①] 2021 年高净值人群的需求中，家庭需求（子女教育、代际传承、

---

① 《2021 中国私人财富报告（招商银行）》，https://www.sohu.com/a/467231044_407401，最后访问日期：2021 年 8 月 2 日。

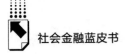
家族税务法律咨询、家风建设）占比最高，达58%；其次是企业需求（企业投融资、并购增值、税务法务），占比为34%；社会需求（包括社会责任投资方案、公益慈善基金、慈善服务在内的慈善需求）占比为28%。①《2019年度中国慈善捐助报告》显示，2019年中国内地接收款物捐赠共计1509.44亿元，人均捐赠107.81元；其中，企业款物捐赠931.47亿元，占捐赠总量的61.71%；个人捐赠达398.45亿元，占捐赠总量的26.40%。② 而2019年美国共捐赠了约3.18万亿元人民币（4496.4亿美元），人均捐赠9665.65元，其中个人捐赠占比约为70%，是捐赠的最大来源，企业捐赠仅占5%。③ 通过对中美社会捐赠状况的比较可发现，中国人均捐赠水平和个人捐赠占比相对较低。以上数据表明，在我国，无论是普通民众还是高净值人群，在资产和财富的投资管理方面对社会价值与社会责任的认知水平仍有待提高，"义利兼顾""达则兼济天下"的财富价值观仍未深入人心。

另外，作为资本配置的中介和引导者，金融机构对社会影响力金融产品的开发力度有待加大，服务水平也有待提高，金融保障民生的力度需进一步加大，深度和广度还需进一步拓展。"十三五"期间，在国家政策的引导下，我国的普惠金融和绿色金融有了很大发展，但社会影响力投资和公益金融仍未形成气候。低收入人群和弱势人群在教育、就业、医疗健康、住房、养老、意外保障等方面的社会服务需求缺口仍很大，金融机构主动开发解决这些社会痛点和难点问题的金融产品与服务的意识仍不够强。公益理财产品、针对特殊人群的普惠保险产品、慈善信托、社会影响力投资基金、社会影响力债券、捐赠人建议基金等创新性的社会影响力金融工具在我国要么处于初步发展阶段，要么处于探索尝试阶段，商业资本和慈善资本持有者参与社会影响力投资的认知水平有待提升、渠道有待拓宽。

---

① 《2021中国私人财富报告（招商银行）》，https://www.sohu.com/a/467231044_407401，最后访问日期：2021年8月2日。

② 王勇：《中慈联发布〈2019年度中国慈善捐助报告〉我国慈善捐赠的主要来源依然是企业》，http://www.gongyishibao.com/html/yanjiubaogao/2020/09/15648.html，最后访问日期：2021年8月2日。

③ 《美国施惠基金会发布2019年美国捐赠总额：4496.4亿美元》，http://www.chinadevelopmentbrief.org.cn/news-24389.html，最后访问日期：2021年8月2日。

（三）尚未形成统一公认的社会影响力测评体系和数据管理平台

社会影响力金融与传统商业金融的根本不同在于对社会影响力目标的追求不同。对金融活动带来的社会影响力的测量、评估和管理是社会影响力金融健康发展的关键。虽然已有一些机构开发出多种社会影响力评估工具，但仍存在看重金融工具/产品的发行而轻社会影响力评估、测量和评估工具缺乏通用性和一致性、不同社会议题领域的社会影响力难以统一衡量和比较，以及尚未有一套统一的社会影响力测评体系等问题。对社会影响力评估的忽视可能导致社会影响力金融流于形式、名实不符，损害投资者和公众对社会影响力金融的信任。对社会影响力评估缺乏共识不仅不利于投资者与需求者之间的匹配，而且也不利于不同投资之间的比较和投资权益的交易。另外，社会影响力的测量、评估和管理需要相关数据的积累，而社会影响力金融兴起的时间相对较短，社会影响力金融实践者对测评工作不够重视，再加上没有统一公认的数据管理平台，因此尚未积累起公开透明、精细化、历时性和可比较的大数据，无法据此跟踪、对比和提升金融投资活动的社会影响力。缺乏统一公认的社会影响力测评体系和数据管理平台已成为制约我国社会影响力金融健康发展的主要瓶颈。

（四）社会影响力金融的生态系统仍不够健全

社会影响力金融的发展需要有一个完整的生态系统，而我国在政策性、行业性和智力性基础设施等方面的支撑环境仍不够健全。

就政策性基础设施而言，相关领域的已有政策呈现碎片化的特征，涉及的部门很多，缺乏系统的设计，支持社会影响力金融的组织注册类别、税收政策、投资管理等方面的政策仍不完善。首先，相关立法工作较为滞后。比如，社会影响力金融的发展非常依赖社会企业这种双目标的组织形式，这种组织形式需要在业务范围、利润分配、税收优惠、资产限定等方面有专门的规定，遗憾的是，当前在我国还没有专门针对社会企业的注册类别。其次，鼓励社会影响力投资基金、慈善信托、捐赠人建议基金等发展的税收政策仍不完善，这在一定程度上阻碍了社会资本流向社会影响力金融和公益慈善领域。最后，当前《慈善组织保值增值投资活动管理暂行办法》对于引导慈善资本进入社会影响力投资领域仍不够友好，例如，不能向社会企业或社会

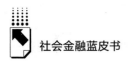

组织提供贷款、投资亏损被列入基金会管理费而不是投资费等。

就行业性基础设施而言，目前我国在社会影响力金融方面还缺乏专门的行业组织和中介服务机构。银行、保险、信托、基金、证券等金融业态关于社会影响力金融行业组织的建设相对滞后。虽然我国已成立社会价值投资联盟（深圳）、中国社会企业与社会投资论坛（CSEIF）以及中国影响力投资网络（CIIN）等行业性组织，但关于社会影响力金融的通用语言、行业标准、数据平台和统计体系尚未建立起来。为社会影响力金融提供支持性和中介性服务的律师事务所，会计师事务所，各类孵化器、加速器和咨询机构，评估机构，数据平台还相对较少。

就智力性基础设施而言，目前围绕社会影响力金融进行行业研究和人才培养的研究机构与教育机构数量仍不多，尚不足以为社会影响力金融的发展提供足够的智力支持和人才保障。既精通商业投资又熟悉社会创新的行业人才远远不能满足社会影响力金融高质量发展的需求。

四　中国社会影响力金融的发展趋势

（一）建设共同富裕社会对社会影响力金融的发展提出更高要求

在全面建成小康社会、实现第一个百年奋斗目标之后，党的十九届五中全会提出了"全体人民共同富裕取得更为明显的实质性进展"的目标。2016年印发的《"健康中国2030"规划纲要》中提出"健全以基本医疗保障为主体、其他多种形式补充保险和商业健康保险为补充的多层次医疗保障体系"。2021年6月起实施的《乡村振兴促进法》明确指出，"国家建立健全多层次、广覆盖、可持续的农村金融服务体系，完善金融支持乡村振兴考核评估机制，促进农村普惠金融发展，鼓励金融机构依法将更多资源配置到乡村发展的重点领域和薄弱环节"。

在"十三五"期间，金融行业通过大力发展普惠金融和绿色金融，为消除绝对贫困、全面建成小康社会和生态文明建设做出了积极贡献，而《中华人民共和国国民经济和社会发展第十四个五年规划和2035年远景目标纲要》提出"要深化金融供给侧结构性改革，健全具有高度适应性、竞争力、普惠性的现代金融体系"。这意味着在"十四五"时期乃至未来更长的一段时间内，国家将引导金融资源流向制约实现共同富裕的主要领域和薄弱环节，助力共同富裕社会建设将是金融行业面对的重大主题。建设共同富裕社会的主要任务是提高低收入群体的收入增长速度，提高低收入群体收入水平，扩大中等收入群体规模，合理调节过高收入，适度引导高净值人群的财富流向社会影响力投资和公益慈善领域。可以预见，社会影响力金融将迎来更大的发展机遇，成为现代金融体系的有机组成部分。金融行业不仅要继续提高金融服务的覆盖率、可得性和满意度，更要引导金融资本主动解决地区、城乡和居民之间的收入分配差距问题。

"十四五"时期，国家对发展普惠金融的重视程度会进一步提高，增加首贷户和客户下沉将是行业发展大趋势，针对小微企业和"三农"的普惠贷款将进一步增量扩面，同时政府对普惠贷款规范化使用的监管会更加严格。面向农村居民、城镇低收入群体、残疾人的普惠保险将继续扩大覆盖范围，保险在提升中低收入群体和各类弱势群体的抗风险能力、助力提升养老保障水平和服务质量、延伸健康管理服务等维度上将发挥更加积极的作用。

除了提高弱势群体的金融服务可得性之外，国家还鼓励社会影响力金融的发展，开发兼顾商业回报与社会价值的创新型金融工具，为数量庞大的先富群体乃至有心力的普通人提供通过投资回报社会的途径，积极引导商业资本和慈善资本更多地流向缩小地区、城乡和居民之间收入分配差距的主要领域，完善欠发达地区在医疗、养老、教育等社会服务领域的基础设施，提高弱势群体的社会服务和保险保障水平。民生环境的改善和弱势群体的生存发展及相关的社会热点、难点和痛点问题受到各级党委和政府的高度关注，各种社会资源将进一步向这些领域聚集。可以预见，在"十四五"期间，社会影响力投资基金、基础设施领域不动产投资信托基金（REITs）、养老金融、补充性商业医疗保险、公益理财、社会影响力债券、慈善信托等形式的社会影响力金融将获得长足发展。

（二）金融行业追求社会价值投资的主动性和创新性进一步增强

金融承担着经济发展和社会治理中最重要的资源配置功能，是诸多经济社会难点与痛点问题的直接面对者。随着"把握新发展阶段、贯彻新发展理念、构建新发展格局"要求逐渐深入,"创新、协调、绿色、开放、共享"的发展理念必将贯穿金融发展全过程和金融服务全领域。金融行业会主动顺应社会主要矛盾变化、经济发展模式升级、国家治理现代化和数字化转型的新形势,改变以往过于追求绩效、过于强调对资本负责、过于追求规模的做法,以新发展理念重塑金融体系,实现商业价值与社会功能的有机统一。以中国建设银行为代表的金融机构践行的新金融行动是中国特色社会影响力金融的最佳实践。新金融是顺应新时代新发展理念要求,以服务人民和经济社会发展为目标,以数据为关键生产要素、以科技为核心生产工具、以平台为主要生产方式的普惠、共享、开放的新的价值观金融体系(田国立,2019)。可以预见,"十四五"期间金融行业在服务内涵、服务能力和服务方式等方面会进一步升级迭代,追求社会价值投资的主动性和创新性明显增强。社会影响力金融将逐渐从边缘变为主流,成为更多金融机构的主动追求。

首先,服务内涵进一步拓展。金融机构会更注重其社会属性和社会功能,主动用好金融这把"温柔的手术刀"去破解经济社会发展的痛点,从单纯追求商业回报向创造共享价值的方向转变。金融机构会主动把实现人与自然之间的和谐、人与人之间的共生作为服务追求,推动绿色发展,服务"双碳"目标,实现人与自然环境的协调、不同群体之间利益的协调,巩固脱贫攻坚成果,全面推进乡村振兴和城市更新改造,促进社会服务和公共服务的提质增效与均衡发展。

其次,服务能力进一步升级。金融机构不再局限于融资等传统服务提供者的角色,而是成为融智赋能的资源整合者,主动为解决社会痛点、难点问题提供整合式解决方案和创新性金融工具。金融机构因其资源汇聚、整合和配置的功能而在整个现代服务业体系中处于基础性和枢纽性地位,这就必然要求其不能仅仅满足于金融中介服务的功能,还要升级服务能力,主动为保障性安居工程、创新创业、大病保险、乡村振兴、城市更新改造、公益慈善等提供包括金融服务在内的整合式解决方案,以降低融资成本、提高投资收益。

最后,服务方式更加灵活多元。随着数字化转型和金融科技应用在金融行业的逐渐深入,金融机构创造社会价值的服务方式将更加能动多元。数字金融技术的创新和应用使得金融机构的服务渠道从线下网点转向线上和线下融合,这进一步促进了金融服务的精细化、差异化和场景化。金融机构将依托其物理网点和数字平台延伸与拓展其服务方式，"互联网 + 金融 + 政务 + 多场景便民应用""互联网 + 金融 + 慈善"等更多融合性的服务平台或 App 将被开发出来，金融机构管理财富、服务大众、创造价值的方式更为灵活多元。

（三）金融、公益与科技协同创造社会影响力的趋势更加明显

随着物联网、生物识别、大数据、云计算、区块链和人工智能等数字技术的迅猛发展及其在金融、公益领域的广泛应用，金融、公益与科技协同创造社会影响力的趋势越发明显。

首先，随着金融与科技进一步深度融合，普惠金融逐步实现从传统普惠金融向数字普惠金融的跨越式发展。数字技术和金融科技将为普惠金融的大规模、可持续发展奠定坚实的技术基础，降低普惠金融的交易成本，提升普惠金融风险识别能力，并拓展普惠金融服务的供给范围（黄国平，2021）。金融机构将以数字化转型为突破口，打造集差异化定位、线上化获客、智能化风控于一体的普惠金融发展新模式（陈卫东，2021）。

其次，金融科技将为公益慈善赋能，促进跨界数据的整合、公益场景的营造、公益信任的重构和公益意愿的挖掘。金融科技的应用能够迅速拓宽公益领域的联动场景，将公益目标融入其他平台的场景活动中，将社交数据、运动数据、消费和支付数据、众筹数据、搜索数据等各种场景的行为数据联结起来并转化为公益慈善资源或金融服务资源的互联网科技创新平台将不断增多。

最后，数字化技术将被更广泛地应用于社会影响力投资领域，专门的社会影响力投资数据平台将出现。借助数据平台，把寻求社会影响力投资合作机会的投资者、中介机构和社会影响力投资项目聚合在一起，更容易实现社会影响力投资的供求匹配、不同类型资本的投资组合及对社会影响力的量化评估，从而降低投资壁垒、提高投资效率。

五 对中国社会影响力金融发展的建议与思考

（一）进一步完善促进社会影响力金融发展的政策法规

政府可考虑从以下五个方面进一步完善促进社会影响力金融发展的支持性

政策和相关法律法规。

第一，发展社会影响力金融需要加强跨部门沟通协同，在国家层面达成共识并进行顶层设计。社会影响力金融是致力于解决社会不平等和生态环境问题的金融服务活动，国家应在普惠金融和绿色金融政策的基础上，研究出台更具统合性的促进社会影响力金融发展的指导意见。社会影响力金融涉及诸多主管部门和行业领域，需要加强财政部、国家发改委、中国人民银行、银保监会、证监会、民政部、教育部、科技部、国家卫生健康委员会、住房和城乡建设部、生态环境部、农村农业部、国家乡村振兴局、中国残联、全国妇联、全国老龄委等相关政府部门之间的沟通协调，由国务院金融稳定发展委员会统筹社会影响力金融发展的政策框架设计。

第二，鼓励地方政府在社会企业评定、认证和注册登记方面进行创新探索，为社会企业立法积累经验。社会企业是社会影响力金融生态系统中的重要组织主体，社会影响力投资的对象和主体大多适合以社会企业的形式存在。从国际经验看，很多国家有关于社会企业或类似组织的法律规定和注册类别。在我国，目前北京市政府、成都市政府、深圳市福田区政府、佛山市顺德区政府等多个地方政府出台了培育社会企业的相关政策，具有较强的示范效应。下一步应鼓励更多的地方政府在社会企业评定认证和注册登记方面进行探索创新，在组织目标、治理结构、利润分配、资产处置、信息披露、监督管理、税收优惠等方面做出明确规定。在借鉴国外相关立法、总结地方发展经验的基础上，尽早启动社会企业的立法工作。

第三，完善引导社会影响力金融发展的税收政策。通过优化个人所得税制度、开征房地产税甚至考虑远期开征遗产税和赠与税，以及完善设立慈善信托和捐赠人建议基金的税收优惠制度，引导高净值人群进行社会影响力投资，设立慈善信托、捐赠人建议基金或公益基金会。另外，对符合认定标准的社会企业、社会影响力投资基金在政策上给予一定的税收减免。

第四，健全公益理财产品的相关管理规定，进一步优化慈善组织保值增值投资活动的相关管理办法。针对公益理财产品，建议监管部门就产品设计、产品发行、产品风险、接受捐赠的慈善组织的资质要求、公益项目资金使用信息披露、公益项目进展的报告等做出明确规定。按照现行的《民间非营利组织会计制度》及其补充规定和相关会计核算原则，基金会的投资亏损应计入当年的管理费用。这个规定不利于基金会开展投资活动，建议把投资亏损计入投资费用而不是管理费用。

第五，政府可考虑设立社会影响力投资引导基金，引导社会资本流入社会事业和民生保障领域。政府资金在社会影响力投资的资本组合中可以充当催化性的第一损失资本。在总结以往产业投资引导基金运营经验的基础上，鼓励地方各级人民政府设立社会影响力投资引导资金，采取参股、融资担保、跟进投资、按结果付费等多种方式，引导更多的社会资本流向教育、养老、医疗、健康、乡村振兴、环保、助残、社区服务等领域。

（二）建立标准体系、开发测评工具，夯实促进社会影响力金融发展的行业性和智力性基础设施

随着社会影响力金融获得越来越多的行业共识，现有行业组织应该在相关监管机构的指导下，改变行业分割、碎片式发展的局面，打破行业界限，加强跨部门协同，把普惠金融、绿色金融、社会影响力投资、公益金融等细分领域统一起来，加强顶层设计和基础工作。我国应该尽快建立涵盖公益基金会、金融机构、社会企业等更广泛成员的社会影响力金融行业组织或成员网络，研究建立统一通用的行业语言和指标体系，在规范和共识中推进中国社会影响力金融健康发展。

对社会影响力的测量、评估和管理是社会影响力金融发展的关键，统一的测评工具和指标体系有助于投资者评估和管理其社会影响力目标，积累量化清晰和可比较的社会影响力数据。GIIN 开发的影响力报告和投资标准（IRIS＋）是目前该领域最重要、最广泛使用的评估体系，我国需要在借鉴 GIIN 做法的基础上，投入必要的资源建立符合中国国情和行业特点的指标体系和数据管理平台，改变当前没有统一公认的测评体系的局面。

除行业组织、测评体系和数据管理平台外，还需要加强其他基础设施建设，完善支持社会影响力金融发展的生态系统。大力发展为社会影响力金融提供支持性和中介性服务的律师事务所，会计师事务所，各类孵化器、加速器和咨询机构，征信评级机构，评估机构，智库，媒体和网络平台；优化对社会影响力投资基金和社会企业的孵化、培训服务，加强能力建设，提升社会企业和社会组织以商业手段解决社会问题、创造社会影响力的能力；鼓励大学、研究

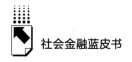

机构、社会组织、智库和媒体加大对社会影响力金融领域的教育、人才培养、研究、咨询和舆论支持的力度，加强社会影响力金融的理论研究和行业研究，培养专业的社会影响力投资人才。

（三）加强社会影响力金融产品和服务模式的创新

在新发展阶段，金融系统的重要任务是为解决发展不平衡不充分问题、实现联合国提出的 17 个可持续发展目标①提供有效的金融解决方案，这需要金融机构加强社会影响力金融产品和服务模式的创新，大力开拓下沉市场和细分市场，特别是运用大数据、物联网、云计算、生物识别、人工智能等科技手段赋能业务创新、产品创新和模式创新。与此同时，要加强对社会影响力金融相关产品的合规审查和风险监管，促进其可持续发展。

在普惠信贷方面，银行业要积极探索新型供应链融资服务、政府增信融资服务、线上大数据融资服务、投贷联动融资服务、批量融资服务等模式的创新。在普惠保险方面，要针对健康、医疗、养老、助残、小微企业等重点领域，在产品设计、定价、缴费、销售、核赔、理赔等各环节加强创新，积极探索"普惠保险＋社会组织"、"定寿＋年金"、"带病投保"、"保险＋医药"、"城市定制型商业医疗保险"、保费月缴等各种产品和服务创新。进一步优化无障碍金融服务，为残疾人提供便利。

在绿色金融方面，要积极促进绿色债券和绿色信贷资产证券化，稳妥开展环境权益、生态补偿抵押融资，依法合规设立绿色发展基金，探索碳金融、气候债券、蓝色债券、环境污染责任保险、气候保险等创新型绿色金融产品，扩大绿色金融改革创新试验区范围，支持绿色、低碳、循环经济发展，坚决打好污染防治攻坚战，积极参与全球气候变化治理。②

在公益金融方面，拓展公益事业与金融行业的跨界合作方式，进一步加强

---

① 2015 年 9 月 25 日，联合国可持续发展峰会在纽约联合国总部召开，联合国 193 个成员国在峰会上正式通过 17 个可持续发展目标（SDGs）：消除贫穷，消除饥饿，良好健康与福祉，优质教育，性别平等，清洁饮水与卫生设施，廉价和清洁的能源，体面工作和经济增长，产业、创新和基础设施，减少不平等，可持续城市和社区，负责任的消费和生产，气候行动，水下生物，陆地生物，和平、正义与强大机构，促进目标实现的伙伴关系。

② 《中国银保监会关于推动银行业和保险业高质量发展的指导意见》，http://www.gov.cn/zhengce/zhengceku/2020 – 03/26/content_5495757.htm，2020 年 3 月 26 日。

公益理财产品和公益保险产品的设计创新和服务创新；创新慈善信托业务模式，大力发展家族慈善信托和以股权为代表的非货币性财产慈善信托；加强公益基金会与信托机构的合作，创新慈善组织资产保值增值的金融服务模式。

在社会影响力投资方面，要鼓励建立社会影响力投资基金，探索按结果付费的社会影响力债券的发行，加强政府引导资金、慈善资本、不同回报要求的社会资本之间的投资合作，以私募股权投资、风险投资、债权投资等多种方式进行社会影响力投资，支持社会企业和社会组织发展，为民生和社会服务等领域痛点、难点问题提供创新性解决方案。

（四）提升居民金融能力，引导高净值人群的财富价值观

社会影响力金融通过资本的配置及其效率影响居民的福祉，其发展从根本上取决于居民的金融素养，广大居民是社会影响力金融的最终需求者和供给者。

首先，通过推广金融教育和拓展金融机会，提升居民的金融素养，让居民通过金融赋能来提升个人福祉。政府部门、金融机构和慈善组织加大对金融教育的投入力度，充分发挥金融社会工作者的作用，通过多种渠道、线上线下相结合的方式开展形式多样的金融教育，普及基础金融知识，提高居民对金融科技服务的基本认知水平和使用技能，培育理性、健康的投资理财心态和行为。大力发展普惠金融，为小微企业及低收入人群、残疾人、老年人等群体提供广覆盖、低成本的金融服务，提高特殊群体对普惠信贷、惠普保险的认知度和可得性。

其次，通过社会影响力金融发挥初次分配在缩小收入差距中的作用，加强中低收入群体的资产建设，提高其财产性收入所占比重。充分认识到资产的多重福利效应，使社会福利政策从以收入为基础转变为以资产为基础，政府和社会组织有针对性地引导和帮助低收入人群进行资产建设，低收入者依靠自身积累的资产进行特定目的的投资，逐步提高财产性收入的比重，从而实现内生性发展。

最后，引导高净值人群形成义利兼顾的财富价值观，积极投身社会影响力投资和公益慈善事业。国家通过税收制度和宣传教育，引导高净值人群从和谐共生、公平正义的高度认识资本使命和财富价值，认同社会影响力投资的理

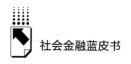

念，在让渡一定资本回报的基础上追求社会价值的实现，主动为缩小收入分配差距贡献资源和智慧，推动全体人民走向共同富裕。

参考文献

陈卫东，2021，《打造普惠金融发展新模式》，《经济日报》3月15日，第9版。

冯鹏程、朱俊生，2021，《普惠补充医保：特征、方案比较与可持续发展》，《中国保险》第5期。

葛孟超，2021，《金融加把力，小微增活力》，《人民日报》2月8日，第18版。

黄国平，2021，《数字技术推动普惠金融高质量发展》，《金融时报》5月31日，第11版。

罗葛妹，2021，《惠民保元年，缘何"超常"发展》，《上海保险》第1期。

马中、周月秋、王文主编，2018，《中国绿色金融发展报告2017》，中国金融出版社。

欧阳洁，2021，《银保监会：持续加大"三农"信贷投放支持》，《人民日报》3月25日，第12版。

史英哲、吉余阿衣、陈梓安、孙小妹，2020，《中国扶贫债市场现状及展望》，《债券》第7期。

田国立，2019，《拥抱新金融》，《中国金融家》第10期。

王遥、徐洪峰，2020，《中国绿色金融研究报告（2020）》，中国金融出版社。

王玉祥，2020，《我国农业保险覆盖范围不断扩大，保险服务机构全面下沉》，http://finance. sina. com. cn/money/insurance/bxdt/2020 - 11 - 12/doc-iiznctke1035961. shtml。

习近平，2017，《决胜全面建成小康社会　夺取新时代中国特色社会主义伟大胜利——在中国共产党第十九次全国代表大会上的报告》，http://www. xinhuanet. com/2017 - 10/27/c_1121867529. htm。

习近平，2021，《论把握新发展阶段、贯彻新发展理念、构建新发展格局》，中央文献出版社。

雅基耶，2020，《影响力投资》，唐京燕、芮萌译，中信出版集团。

张丽敏，2020，《推动银行业保险业巩固拓展脱贫攻坚成果》，《中国经济时报》11月23日，A3版。

中国人民银行研究局编著，2019，《中国绿色金融发展报告2018》，中国金融出版社。

中国人民银行研究局编著，2020，《中国绿色金融发展报告2019》，中国金融出版社。

朱信凯、周月秋、王文主编，2020，《中国绿色金融发展研究报告2020》，中国金融出版社。

Global Impact Investing Network（GIIN）. 2020. "2020 Annual Impact Investor Survey." https：∥thegiin. org∕research∕publication∕impinv-survey – 2020.

Höchstädter，A. K. and Scheck，B. 2015. "What's in a Name：An Analysis of Impact Investing Understandings by Academics and Practitioners." *Journal of Business Ethics*，132（2）：449 – 475.

分 报 告
Topical Reports

B.2
中国普惠信贷发展的现状、
挑战与建议

程士强*

摘　要：　普惠信贷是一种秉持普惠金融理念，立足平等、包容和商业
可持续原则，为小微企业和社会各阶层提供的信贷服务。顶
层设计强化了银行社会责任，银行业全面参与普惠型贷款发
放工作。普惠型小微企业贷款余额及服务客户数量持续增
长，利息成本稳中有降。普惠型涉农贷款也增长迅速，面向
农村市场经营主体的信贷服务力度明显加大，信贷资源进一
步向农户倾斜。扶贫小额信贷在精准扶贫背景下探索出行之
有效的信贷资金供给模式，投放力度不断加大，为大量贫困
户提供了信贷支持。公益性小额信贷也在逐步探索符合中国
国情的本土化模式。与此同时，中国普惠信贷行业也面临不
少问题和挑战，需要在加大监管力度的同时，完善普惠信贷

* 程士强，社会学博士，中央财经大学社会与心理学院副教授；研究方向为金融社会学、城乡
社会学。

的政策体系，改善市场环境。

关键词： 普惠信贷；普惠型小微企业贷款；普惠型涉农贷款；扶贫小
额信贷；公益性小额信贷

一 中国普惠信贷概述

（一）概念界定与核心特征

普惠信贷具体是指立足平等、包容和商业可持续原则，为小微企业和社会
各阶层提供的成本较低、可得性较高的信贷服务。

普惠信贷具有如下三个核心特征。

第一，较高的包容性与可得性。在传统的商业信贷模式下，小微企业、农
民和低收入群体的贷款规模小，且没有价值优良的抵押物，放贷业务的利润
低、成本高、风险大。因此，商业金融机构对他们的贷款需求存在"金融排
斥"。普惠信贷则将过去被排斥在主流金融体系之外的借款者作为主要的服务
对象，极大地扩大了信贷服务的覆盖范围。

第二，较低的成本。普惠信贷不以营利为主要目标，不按商业利益最大化
原则来筛选客户、收取利息回报，而是具有一定的福利性、公益性特点。普惠
信贷旨在为小微企业、农民和低收入群体提供成本可负担的信贷服务，为此，
金融机构可能会部分或全部地放弃利润，偶尔需要依靠政府补贴来覆盖成本。
此外，优化业务模式和采用新的信息技术手段也是降低普惠信贷服务成本的基
本路径。

第三，商业可持续性。普惠信贷虽然具有成本低的特点，但它不是无偿
的慈善活动，而是保持了信贷业务"有借有还""有偿使用"的基本形式。
普惠信贷追求商业上的可持续性，收回本金是底线要求，利率补贴也不应该
是常态。服务对象的特征决定了普惠信贷要承担较高的风险和成本，可以覆
盖成本的利率定价有利于实现长远的商业可持续发展。因此，在部分或全部
放弃利润的情况下，普惠信贷也应该追求收支平衡，"保本微利"应该是其

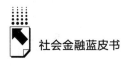

理想状态。

普惠信贷在发展过程中存在概念被误用和泛化的问题。一些 P2P 贷款产品和网络平台发放的贷款产品也自称为"普惠信贷"，但这些网络贷款产品存在过度引导超前消费、收取高额利息甚至金融诈骗等问题。它们虽然也经常将信贷业务的范围扩展至过去享受不到主流金融服务的弱势群体，但其却只是为了实现商业利益的最大化。这种业务模式的发展和业务范围的扩大往往会损害客户的利益，还会导致金融风险增大。因此，我们需要明确普惠信贷的内涵，防止概念的误用和泛化给普惠信贷的有序、健康发展带来不利影响。在提供普惠信贷服务的过程中，既不能背离包容、普惠的原则，也要考虑客户和金融机构的风险承受能力，防止出现金融风险。

（二）中国普惠信贷的业态形式

根据具体服务对象和供给主体的不同，可以形成不同的普惠信贷服务模式和产品。近年来，我国在脱贫攻坚、乡村振兴和扶持小微企业发展等领域，逐渐形成了多样化的普惠信贷业态形式。

1. 普惠信贷的服务对象

普惠信贷以被传统信贷排斥在外的弱势群体和弱势机构为主要服务对象，具体包括三个部分：一是小微企业；二是普通农民、其他各类农业经营主体和农村组织；三是贫困户和低收入群体。这些服务对象之所以被传统信贷所排斥，是因为他们有一些共同点：一是信贷服务风险较高，难以获得良好的抵押物和规范的财务信息；二是信贷服务成本较高，对信贷资金的需求具有"额小、量大、面广、分散"的特点，导致收益难以覆盖成本和风险损失。但是，这些弱势群体和弱势机构客观上存在信贷需求，他们中的绝大多数也是有信用的，在合适的信贷模式下可以按时偿还贷款。为了改变这种局面，需要信贷服务的供给主体创新业务模式，为他们制定可行的信贷方案。

小微企业是普惠信贷的重点服务对象之一。在新冠肺炎疫情背景下，小微企业对稳就业和保民生具有重要意义。但小微企业的经营和融资面临诸多困难，需要更加普惠的信贷服务来支持小微企业发展。

"三农"问题是中国最大的经济社会问题之一，"三农"也是信贷服务的薄弱环节。加大对农业、农村和农民的信贷支持力度，是普惠信贷的内在要求，也是实现乡村振兴的重要途径。随着农村经济发展和农业结构调整，农户和各类涉农经营主体的资金需求持续增加，面向"三农"的信贷服务存在较大缺口，需要以普惠信贷的方式助力乡村振兴。

低收入群体是最需要帮助的弱势群体，也是普惠信贷的重点服务对象。普惠信贷很早就被作为一种扶贫减贫的手段。在我国胜利完成脱贫攻坚任务的过程中，金融扶贫也发挥了关键作用，其中，扶贫贴息贷款、扶贫小额信贷、公益性小额信贷等普惠信贷成为金融扶贫的重要组成部分。

2. 普惠信贷的供给主体及主要产品

为了满足上述弱势群体与弱势机构的信贷需求，实现信贷服务普惠化的目标，需要各种金融机构与非金融机构提供不同的信贷服务。普惠信贷的主要供给主体包括各类银行、相关政府机构、社会组织与社会企业等。

银行业金融机构是普惠信贷服务的主力军，提供普惠信贷服务的银行业金融机构具体包括政策性银行、大型商业银行、股份制商业银行、城市商业银行、农村商业银行、农村信用社等。

政府虽然不是普惠信贷资金的直接提供者，但在整个普惠信贷服务供给体系中发挥着核心作用。政府是普惠信贷政策的制定者和推动者，在宏观上对各类金融机构和非金融机构提供的普惠信贷服务进行引导和监督。在微观上，政府在部分普惠信贷服务中也直接提供财政补贴，从事服务对象的动员、筛选、确认等具体工作，原扶贫办、全国妇联等都曾直接主导和推动过很多普惠信贷服务项目。

中国最早的小额信贷探索者是社会组织。为了提高专业化水平，实现可持续发展，很多公益性小额信贷组织进行了转型，从而成为以更加商业化和市场化原则运作的社会企业。社会企业是以社会进步、解决社会问题为目标，采用商业化、市场化原则运作的组织，这样的组织可以将经营的利润用于组织的可持续发展，长期服务于社会目标的实现。

根据普惠信贷服务的供给主体、服务对象和具体产品的不同，目前我国主要有普惠型小微企业贷款、普惠型涉农贷款、扶贫小额信贷和公益性小额信贷四种业态形式（见图1）。

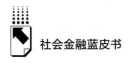

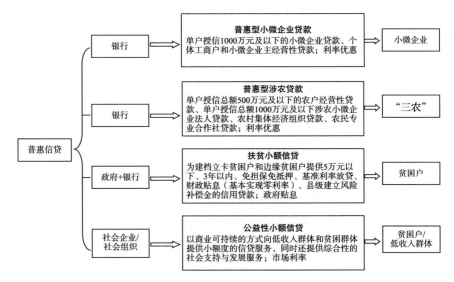

图1 中国普惠信贷的主要供给主体、服务对象和产品类型

二 中国普惠信贷发展现状

（一）银行业全面参与普惠型贷款发放工作

1. 顶层设计强化银行社会责任

银行在信贷服务体系中占据主导地位，也应该是普惠信贷的主要提供者。但在传统的信贷模式下，为了规避风险和实现商业利润最大化的目标，商业银行往往具有将小微企业、"三农"等对象排斥在外的倾向。为了改变这种局面、充分发挥银行业在普惠信贷中的主导作用，我国通过一系列制度安排，完善了普惠信贷发展的顶层设计，充分激励银行参与普惠信贷，履行社会责任。

根据国务院《推进普惠金融发展规划（2016～2020年）》的统一部署，政府和金融监管机构主要从四个方面进行政策引导，促进银行的信贷资源向普惠型小微企业贷款、普惠型涉农贷款倾斜。

第一，完善货币信贷政策。积极运用差别化存款准备金等货币政策工具，鼓励和引导金融机构更多地将新增或者盘活的信贷资源配置到小微企业和"三农"等领域。中国人民银行自2018年起建立普惠金融定向降准年度考核制度，对普惠金融领域贷款占比达到一定比例的银行给予准备金率优惠。① 中国人民银行还制定了普惠小微企业信用贷款支持计划，给相应银行发放的普惠小微企业信用贷款给予优惠资金支持。在2020年上半年金融统计数据新闻发布会上，中国人民银行货币政策司负责人表示，截至2020年7月初，中国人民银行运用该政策工具支持了1598家地方法人银行，为109万户企业发放普惠小微企业信用贷款160万笔，共1326亿元。②

第二，健全金融监管差异化激励机制。以正向激励为导向，从业务和机构两方面实行差异化监管政策，引导银行业金融机构将信贷资源更多地投向小微企业、"三农"、特殊群体等普惠金融弱势群体、领域和弱势机构。2020年，中国银行保险监督管理委员会（以下简称"银保监会"）制定了银行业小微企业贷款"增量、扩面、提质、降本"的总体目标。"增量"是单户授信总额1000万元（含）以下的普惠型小微企业贷款确保实现贷款增速和在贷客户数"两增"。"扩面"是指增加获得银行贷款的小微企业户数，着力提高当年新发放小微企业贷款户中"首贷户"的占比。"提质"是指提升小微企业信贷服务便利度和满意度，努力提高信用贷款和续贷业务占比。"降本"是指进一步推动降低普惠型小微企业贷款的综合融资成本。为实现这一目标，银保监会制定了差异化的考核指标。为提高基层"敢贷、愿贷"积极性，银保监会要求各银行业金融机构进一步细化小微企业不良贷款容忍度和授信尽职免责的要求，明确"普惠型小微企业贷款不良率不高于各项贷款不良率3个百分点以内"的容忍度标准。2021年银保监会基本保持上述目标要求，仍要求实现普惠型小微企业贷款较年初增速不低于各项贷款增速，有贷款余额的户数不低于年初水平的"两增"目标，五家国有大型商业银行要实现普惠型小微企业贷款全年增长30%以上；并要求大型商业银行要将小型微型企业"首贷户"占比纳入内部绩效考核指标，要求银行业金融机构落实"普惠金融类指标在内部绩效考核指标中权重占比10%以上"的政策要求。

第三，发挥财税政策作用。用好普惠金融发展专项资金，重点针对普惠金

---

① 《中国人民银行决定对普惠金融实施定向降准政策》，http://www.pbc.gov.cn/goutongjiaoliu/113456/113469/3393332/index.html，最后访问日期：2021年9月1日。

② 《2020年上半年金融统计数据新闻发布会文字实录》，http://www.pbc.gov.cn/goutongjiaoliu/113456/113469/4055207/index.html，最后访问日期：2021年8月28日。

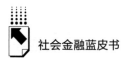
融服务市场失灵的领域，对普惠金融相关业务或机构给予适度支持。发挥财政资金的杠杆作用，支持和引导地方各级人民政府、金融机构及社会资本支持普惠金融发展，更好地保障困难人群的基础金融服务可得性和适用性。落实小微企业和"三农"贷款的相关税收扶持政策。税收政策通过免税、减计收入、准备金税前扣除、简易计税等多种方式，以农户和小微企业为重点对象，鼓励金融机构加大对扶贫开发的信贷支持力度。具体措施包括金融机构对农户小额贷款利息收入免征增值税、金融企业涉农和中小企业贷款损失准备金税前扣除、金融企业涉农和中小企业贷款损失税前扣除等。

第四，强化地方配套支持。地方各级人民政府加强政策衔接与配合，形成政策支撑合力。鼓励地方财政通过贴息、补贴、奖励等措施，激励和引导各类机构加大对小微企业、"三农"和民生尤其是精准扶贫等领域的支持力度。为支持普惠金融发展，中央财政向地方提供专项转移支付资金，包括创业担保贷款贴息及奖补、财政支持深化民营和小微企业金融服务综合改革试点城市奖励、农村金融机构定向费用补贴。很多地方政府也出台了相应的财政贴息政策，普惠型涉农贷款、普惠型小微企业贷款均可申请财政贴息支持。

通过一系列制度安排和政策引导，银行业全面参与普惠信贷的局面基本形成，普惠型小微企业贷款和普惠型涉农贷款笔数和余额均大幅增加，信贷服务覆盖率、可得性得以有效提升，信贷服务的成本显著下降。

2. 普惠型小微企业贷款发展现状

普惠型小微企业贷款是单户授信1000万元及以下的小微企业贷款、个体工商户和小微企业主经营性贷款。贷款客户将享受利率优惠，2021年一季度新发放普惠型小微企业贷款平均利率为5.6%。银保监会要求大型商业银行、股份制商业银行执行"内部转移定价（FTP）优惠力度不低于50个基点"的要求，地方性法人银行也要结合自身实际，完善成本分摊和收益分享机制，对小微信贷业务实施内部转移定价优惠或经济利润补贴。根据银保监会网站信息，截至2021年3月末，银行业金融机构发放普惠型小微企业贷款余额共计16.81万亿元，同比增长33.87%，在贷客户数超过2740万户，平均单笔额度61.35万元，为做好"六稳""六保"工作和普惠金融服务做出了重要贡献。

（1）普惠型小微企业贷款余额持续高速增长

新冠肺炎疫情背景下，大量小微企业经营陷入困境。中国银行业金融机构秉持普惠金融理念，为小微企业提供延期还本付息支持和信用贷款支持等多项扶持政策。普惠型小微企业贷款作为疫情防控期间支持小微企业的主要金融手段，其投放力度同样有所加大（见图2）。银保监会网站信息显示，与2019年同期相比，2020年各季度银行业金融机构普惠型小微企业贷款余额同比增幅分别是：一季度25.88%、二季度28.32%、三季度30.50%、四季度30.85%，而2021年一季度同比增幅达到33.87%。① 普惠型小微企业贷款余额保持了总量与增速"双增长"，实现了持续高速增长。其中，五家大型国有商业银行发挥了领头羊和主力军的作用，2021年一季度普惠型小微企业贷款同比增速为55.78%。

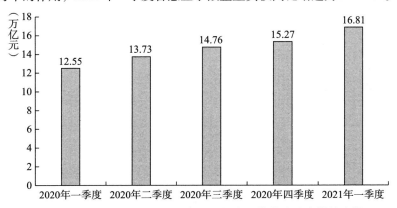

图2 全国银行业金融机构普惠型小微企业贷款分季度贷款余额

资料来源：《2021年银行业金融机构普惠型小微企业贷款情况表（季度）》，http://www. cbirc. gov. cn/cn/view/pages/ItemDetail. html？docId = 1001072&itemId = 954，最后访问日期：2021年8月28日；《2020年银行业金融机构普惠型小微企业贷款情况表（季度）》，http://www. cbirc. gov. cn/cn/view/pages/ItemDetail. html？docId = 966736&itemId = 954&generaltype = 0，最后访问日期：2021年8月28日。

2021年第一季度，中国工商银行、中国农业银行、中国银行、中国建设银

---

① 《中国银保监会2021年一季度新闻发布会》，http://www. cbirc. gov. cn/cn/view/pages/Item-Detail. html？docId = 977770&itemId = 920&generaltype = 0，最后访问日期：2021年8月28日；《2021年银行业金融机构普惠型小微企业贷款情况表（季度）》，http://www. cbirc. gov. cn/cn/view/pages/ItemDetail. html？docId = 1001072&itemId = 954，最后访问日期：2021年8月28日；《2020年银行业金融机构普惠型小微企业贷款情况表（季度）》，http://www. cbirc. gov. cn/cn/view/pages/ItemDetail. html？docId = 966736&itemId = 954&generaltype = 0，最后访问日期：2021年8月28日；《银行业监管统计指标季度情况表（2019年）》，http://www. cbirc. gov. cn/cn/view/pages/ItemDetail. html？docId = 890468&itemId = 954&generaltype = 0，最后访问日期：2021年8月28日。

行、交通银行和中国邮政储蓄银行（以下简称"邮储银行"）六家银行的普惠型小微企业贷款在全国普惠型小微企业贷款余额中占33.37%的份额，首次超过全国农村金融机构的普惠型小微企业贷款在普惠型小微企业贷款余额中所占的份额（32.75%）。当然，各类银行业金融机构在普惠型小微企业贷款领域全面发力，表1是近两年来各类银行业金融机构发放的普惠型小微企业贷款情况。

表1　2019年至2021年一季度银行业金融机构普惠型小微企业贷款情况

单位：亿元

	2019年	2020年	2021年一季度
银行业金融机构合计	116671.1	152672.3	168067.0
其中：大型商业银行	32570.7	48327.6	56083.0
股份制商业银行	21611.9	27660.2	30233.0
城市商业银行	17414.8	22174.8	23702.0
农村金融机构	43207.2	51781.5	55045.0

资料来源：《2021年银行业金融机构普惠型小微企业贷款情况表（季度）》，http://www.cbirc. gov.cn/cn/view/pages/ItemDetail.html? docId=1001072&itemId=954，最后访问日期：2021年8月28日；《2020年银行业金融机构普惠型小微企业贷款情况表（季度）》，http://www.cbirc.gov.cn/cn/view/pages/ItemDetail.html? docId=966736&itemId=954&generaltype=0，最后访问日期：2021年8月28日；《银行业监管统计指标季度情况表（2019年）》，http://www.cbirc. gov.cn/cn/view/pages/ItemDetail.html? docId=890468&itemId=954&generaltype=0，最后访问日期：2021年8月28日。

注：（1）自2019年起，将邮储银行纳入大型商业银行汇总口径；（2）农村金融机构包括农村商业银行、农村信用社、农村合作银行和新型农村金融机构。

（2）普惠型小微企业贷款利息成本稳中有降

普惠型小微企业贷款利率水平呈稳中有降的趋势，有效降低了小微企业的融资成本。小微企业贷款相对成本高、风险大，需要用贷款利率定价来弥补成本。经银保监会测算，小微企业贷款按照"保本微利"、商业可持续的盈亏平衡点来测算，如果风险控制得好，不良率控制在3%以下，利率盈亏平衡点应该为5.0%~5.7%。利率定在5.0%~5.7%之间，才能基本实现"保本微利"和商业可持续。① 根据银保监会网站信息，2021年一季度全国银行业金融机构

---

① 《祝树民在国务院政策例行吹风会上的开场讲话及答问实录》，http://www.cbirc.gov.cn/cn/view/pages/ItemDetail.html? docId=216697&itemId=915&generaltype=0，最后访问日期：2021年8月11日。

发放普惠型小微企业贷款利率平均为 5.0%，较 2020 年下降 0.28 个百分点，基本处于保本微利的状态。① 而 2020 年 1~11 月平均利率为 5.88%，比 2019 年全年平均水平下降了 0.82 个百分点。② 其中，五家国有大型商业银行由于信贷资金成本低，风险承受能力强，所提供的普惠型小微企业贷款利率明显低于平均水平。2019 年一季度，五家国有大型商业银行发放的普惠型小微企业贷款平均利率为 4.76%，这五家国有大型商业银行的最低利率水平为 4.45%。③ 需要指出的是，这里统计的是银行的名义放贷利率，由于部分借款主体（企业）可在贷款发放后申请一定比例的财政贴息，所以，小微企业实际承担的利息成本要低于名义利率水平。

（3）普惠型小微企业贷款服务客户数量显著增加

普惠型小微企业贷款服务客户规模明显扩大。银保监会网站信息显示，2021 年一季度末，有贷款余额户数为 2740.04 万户，比去年同期增加 531.75 万户。其中，大型商业银行、股份制商业银行新增小微企业法人"首贷户" 7.91 万户，比去年同期增加 3.75 万户，④ 普惠型小微企业贷款的覆盖面持续扩大。近三年来的普惠型小微企业贷款在贷客户数量变化情况见图 3。

3. 普惠型涉农贷款发展现状

与普惠型小微企业贷款存在一定的相似之处，普惠型涉农贷款是指单户授信总额 500 万元及以下的农户经营性贷款、单户授信总额 1000 万元及以下涉农小微企业法人贷款、农村集体经济组织贷款、农民专业合作社贷款。银保监会鼓励 21 家会管银行给予普惠型涉农贷款不低于 75 个基点的内部转移定价优惠。

（1）普惠型涉农贷款增长迅速

截至 2020 年末，涉农贷款余额达到 38.95 万亿元，比 2020 年初增长 3.94

① 《中国银保监会 2021 年一季度新闻发布会》，http：//www. cbirc. gov. cn/cn/view/pages/ItemDetail. html？docId = 977770&itemId = 920&generaltype = 0，最后访问日期：2021 年 8 月 28 日。

② 《银保监会国务院政策例行吹风会答问实录》，http：//www. cbirc. gov. cn/cn/view/pages/ItemDetail. html？docId = 940131&itemId = 915&generaltype = 0，最后访问日期：2021 年 8 月 28 日。

③ 《文字实录》，http：//www. gov. cn/xinwen/2019zccfh/24/wzsl. htm，最后访问日期：2021 年 8 月 28 日。

④ 《中国银保监会 2021 年一季度新闻发布会》，http：//www. cbirc. gov. cn/cn/view/pages/ItemDetail. html？docId = 977770&itemId = 920&generaltype = 0，最后访问日期：2021 年 8 月 28 日。

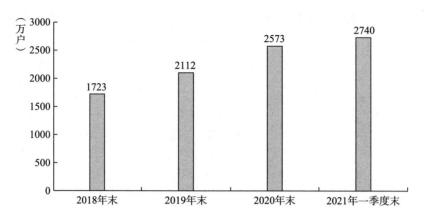

图3 全国普惠型小微企业贷款在贷客户数量变化情况

资料来源:《银保监会国新办新闻发布会答问实录（2019年7月4日）》，http://www.cbirc.gov.cn/branch/xizang/view/pages/common/ItemDetail ＿ gdsj.html? docId = 30116&docType = 1，最后访问日期：2021年9月15日；《银保监会印发〈关于2020年推动小微企业金融服务"增量扩面、提质降本"有关工作的通知〉》，http://www.cbirc.gov.cn/cn/view/pages/ItemDetail.html? docId = 911005&itemId = 961&generaltype = 0，最后访问日期：2021年9月15日；《中国银保监会2021年一季度新闻发布会》，http://www.cbirc.gov.cn/cn/view/pages/ItemDetail.html? docId = 977770&itemId = 920&generaltype = 0，最后访问日期：2021年9月15日。

万亿元，增长11.3%。其中，普惠型涉农贷款余额为7.56万亿元，增速为17.84%，近三年持续高于银行业各项贷款平均增速。① 在普惠型涉农贷款中占主体地位的农户经营性贷款增长尤为明显，根据中国人民银行网站信息，截至2021年一季度末，农户经营性贷款余额6.35万亿元（见表2），同比增长14.6%。②

表2 农户经营性贷款余额及增速变化情况

单位：万亿元，%

	2018年末	2019年末	2020年末	2021年一季度末
贷款余额	5.06	5.37	5.99	6.35

① 《银保监会：持续加大"三农"信贷投放支持》，http://www.gov.cn/xinwen/2021 – 03/25/content_5595535.htm，2021年3月25日。
② 《2021年一季度金融机构贷款投向统计报告》，http://www.pbc.gov.cn/goutongjiaoliu/113456/113469/4241312/index.html，最后访问日期：2021年8月28日。

续表

	2018 年末	2019 年末	2020 年末	2021 年一季度末
同比增速	7.6	6.4	11.5	14.6

资料来源：《2018 年金融机构贷款投向统计报告》，http://www.pbc.gov.cn/goutongjiaoliu/113456/113469/3752832/2019012515132911704.pdf，最后访问日期：2021 年 9 月 15 日；《2019 年金融机构贷款投向统计报告》，http://www.pbc.gov.cn/goutongjiaoliu/113456/113469/3965314/20200123111542590350.pdf，最后访问日期：2021 年 9 月 15 日；《2020 年金融机构贷款投向统计报告》，http://www.pbc.gov.cn/goutongjiaoliu/113456/113469/4180902/2021012916035124207.pdf，最后访问日期：2021 年 9 月 15 日；《2021 年一季度金融机构贷款投向统计报告》，http://www.pbc.gov.cn/goutongjiaoliu/113456/113469/4241312/index.html，最后访问日期：2021 年 8 月 28 日。

整体来看，通过普惠型涉农贷款，面向农村市场经营主体的信贷服务力度明显加大，信贷资源进一步向农户倾斜，为补齐"三农"领域信贷服务短板、服务乡村振兴做出了实质性贡献。

（2）商业银行加大对乡村振兴的支持力度

根据《关于金融服务乡村振兴的指导意见》，中国农业银行要强化面向"三农"、服务城乡的战略定位，进一步改革完善"三农"金融事业部体制机制，确保县域贷款增速持续高于全行平均水平，积极实施互联网金融服务"三农"工程，着力扩大农村金融服务覆盖面，提高信贷渗透率。邮储银行要发挥网点网络优势、资金优势和丰富的小额贷款专营经验优势，加大对县域地区的信贷投放力度，逐步提高县域存贷比并保持在合理范围内。股份制商业银行和城市商业银行要结合自身职能定位和业务优势，积极创新金融产品和服务方式，打造综合性特色乡村振兴金融服务体系。

根据中国农业银行（以下简称"农行"）官网数据，2020 年，农行县域贷款突破 5 万亿元，较上年增长 16.5%，增速持续高于全行平均增速。农行农业产业化龙头企业贷款、农村个人生产经营贷款、专业大户贷款均较上年增长 20% 以上。大力推广线上"惠农 e 贷"，2020 年"惠农 e 贷"突破 3500 亿元，较上年增长 79%，惠及 276 万农户，有力支持了农民创收增收（中国农业银行，2021）。2020 年末，邮储银行全行涉农贷款余额 1.41 万亿元，较上年末增加 1496.76 亿元。此外，邮储银行大力推进基于移动展业的小额贷款全流程数字化改造，截至 2020 年末，邮储小额贷款线上放款笔数占 92.34%，线上放款当期净增额同比增长 513.87%（中国邮政储蓄银行，2021）。

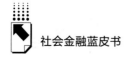

（3）农村银行业金融机构发挥支农主力军作用

根据《关于金融服务乡村振兴的指导意见》，农村信用社、农村商业银行、农村合作银行要坚持服务县域、支农支小的市场定位。截至 2020 年末，全国拥有农村商业银行 1539 家，农村合作银行 27 家，农村信用社 641 家。①农村银行业金融机构是当前农村信贷服务的主力军，根据银保监会的数据，2021 年一季度，农村银行业金融机构总资产为 43.74 万亿元，比去年同期增加了 11.9%，占全国银行业金融机构总资产的 13.3%。2021 年一季度，农村银行业金融机构发放的普惠型小微企业贷款余额为 5.5 万亿元，占全国银行业金融机构发放普惠型小微企业贷款余额的 32.75%。根据中国人民银行农村金融服务研究小组（2019）发布的《中国农村金融服务报告（2018）》，全国农村银行业金融机构近六成的贷款投向了涉农领域，提供了全国 66% 的农林牧渔业贷款、54% 的农户贷款和 29% 的涉农贷款。

（二）扶贫小额信贷②助力脱贫攻坚

政府一直是政策性扶贫信贷服务的主要提供者，有关部门通过加强宏观信贷政策指导，调动全金融系统力量集中攻坚，通过"金融扶贫"为打赢脱贫攻坚战提供了有力支撑。其中，扶贫小额信贷是为建档立卡贫困户和边缘贫困户获得发展资金而量身定制的扶贫贷款产品，主要为贫困户提供 5 万元以下、3 年以内、免担保免抵押、基准利率放贷、财政贴息（基本实现零利率）、县级建立风险补偿金的信用贷款，俗称"530"贷款。

扶贫小额信贷的审批程序包括五个步骤："贫困户申请→村级调查→乡镇审核→县级扶贫开发领导小组审定→承贷金融机构发放扶贫小额信贷"。扶贫小额信贷建立在精准扶贫工作机制的基础上，可以依靠全国扶贫开发信息系统中的贫困户信息确定服务对象范围，依托整个精准扶贫工作机制开展信贷服务的精准宣传、精准审批和精准管理，较为有效地改变了过去粗放式

---

① 《"数说十三五发展成就"银行业专题》，http://www.cbirc.gov.cn/cn/view/pages/ItemDetail.html?docId=970583&itemId=954&generaltype=0，最后访问日期：2021 年 8 月 11 日。

② 2021 年后改称"脱贫人口小额信贷"，参见《中国银保监会、财政部、中国人民银行、国家乡村振兴局关于深入扎实做好过渡期脱贫人口小额信贷工作的通知》，http://www.gov.cn/zhengce/zhengceku/2021-03/15/content_5593117.htm，2021 年 3 月 15 日。

扶贫阶段存在的问题。

扶贫小额信贷的投放力度不断加大，为越来越多的贫困户提供了信贷支持。根据银保监会数据，截至 2020 年 6 月末，全国扶贫小额信贷累计发放 4735.4 亿元，惠及 1/3 以上的建档立卡贫困户。① 而到 2020 年末，全国累计发放扶贫小额信贷 7100 多亿元，比 2019 年末增长 66.27%。② 根据银保监会公布的各时间节点数据，全国扶贫小额信贷近几年的发展趋势见表 3。

表 3　2017 年末至 2020 年末全国扶贫小额信贷发展趋势

	2017 年末	2018 年末	2019 年末	2020 年一季度末	2020 年二季度末	2020 年三季度末	2020 年末
累计贷款额度（亿元）	—	—	4270.16	4443.50	4735.40	5038.00	超 7100.00
贷款余额（亿元）	2496.96	2488.90	1865.48				
累计客户数	607.44 万户	641.01 万户	1035.73 万户次	1067.81 万户次		1204.00 万户次	
贫困户覆盖率（%）	25.81	—	—	—	超 33.00	—	

资料来源：《银监会对小微企业贷款提出"两增两控"新目标》，http：//www.cbirc. gov. cn/cn/view/pages/ItemDetail_gdsj. html？docId = 24189&docType = 0，最后访问日期，2021 年 9 月 15 日；《银保监会发布〈关于做好 2019 年银行业保险业服务乡村振兴和助力脱贫攻坚工作的通知〉》，http：//www. cbirc. gov. cn/branch/fujian/view/pages/common/ItemDetail_gdsj. html？docId = 158799&docType = 1，最后访问日期：2021 年 9 月 15 日；《2019 年银行业保险业扶贫工作取得积极成效》，http：//www. cbirc. gov. cn/cn/view/pages/ItemDetail. html？docId = 902730&itemId = 4170&gene-raltype = 0，最后访问日期：2021 年 9 月 15 日；《2020 年一季度银行业保险业扶贫工作情况》，http：//www. cbirc. gov. cn/cn/view/pages/ItemDetail. html？docId = 911008&itemId = 4170&generaltype = 0，最后访问日期：2021 年 9 月 15 日；《中国银保监会新闻发言人答记者问》，http：//www. cbirc. gov. cn/cn/view/pages/ItemDetail. html？docId = 924441&itemId = 915&general-type = 0，最后访问日期：2021 年 9 月 15 日；《金融科技发展、挑战与监管——郭树清在 2020 年新加坡金融科技节上的演讲》，http：//www. cbirc. gov. cn/cn/view/pages/ItemDetail. html？docId = 947694&itemId = 915&generaltype = 0，最后访问日期：2021 年 9 月 15 日；《中国银保监会 2021 年一季度新闻发布会》，http：//www. cbirc. gov. cn/cn/view/pages/ItemDetail. html？docId = 977770&itemId = 920&generaltype = 0，最后访问日期，2021 年 9 月 15 日。

① 《中国银保监会新闻发言人答记者问》，http：//www. cbirc. gov. cn/cn/view/pages/ItemDetail. html？docId = 924441&itemId = 915&generaltype = 0，最后访问日期：2021 年 8 月 28 日。

② 《中国银保监会 2021 年一季度新闻发布会》，http：//www. cbirc. gov. cn/cn/view/pages/ItemDe-tail. html？docId = 977770&itemId = 920&generaltype = 0，最后访问日期：2021 年 8 月 29 日。

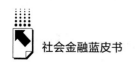

（三）公益性小额信贷的模式探索与本土化之路

公益性小额信贷是一种以商业可持续的方式向低收入群体和贫困群体提供小额度的信贷服务，同时还提供综合性的社会支持与发展服务的金融活动。公益性小额信贷是尝试解决商业金融机构排斥弱势群体的"市场失灵"问题和政府财政贴息贷款中的不精准、不可持续等"政府失灵"问题的一种方案。从20世纪70年代开始，一些发展中国家的小额信贷先驱者借鉴传统民间借贷的一些特点和现代管理经验，创造性地构建出一种适合低收入群体和贫困群体特点且具有可持续性的信贷服务模式，开创了公益性小额信贷行业（杜晓山等，2012：11）。其中，该领域孟加拉国的格莱珉银行模式在国际小额信贷行业和扶贫领域得到广泛认可。

格莱珉银行模式虽然在瞄准贫困群体、控制风险和社会赋能方面有优势，但在中国推广的过程中存在成本高、难度大的问题。农民不愿意接受五人小组和每周还款的模式，业务推广速度和规模有限。目前只有少数机构坚持按照经典的格莱珉银行模式在中国推广业务，大部分机构会对格莱珉银行模式进行本土化改造。本土化的公益性小额信贷模式一般会对格莱珉银行模式进行简化处理，去掉一些不必要的程序和要求，减少对社会目标的追求，做出一些与国内农民的习惯、偏好及生产实践相匹配的调整，从而降低成本，增强商业可持续发展能力。以国内比较成功的中和农信项目管理有限公司（以下简称"中和农信"）为例。中和农信一开始是以小组贷款为主，因为推广困难，后来将模式调整为以个人贷款为主。它仍然沿袭了整借零还的基本模式，但还款周期更加灵活，并且有"分期还息，到期还本"等多元化的还款方案。

中和农信是中国扶贫基金会旗下的一家社会企业，目标是为微型创业者提供信贷服务，提升微型创业者的自我发展能力，实现机构可持续发展。中和农信的基本战略是坚持为农村低收入人口服务，运用企业高效管理手段，将公益与效益有机结合，成为一家不以营利为目的的社会企业（孙同全、潘忠，2013：97~98、137~140）。据中和农信官网数据，该机构的业务覆盖全国20个省份，共有387家分支机构，在贷客户数42万余人。截至2020年12月，中和农信贷款余额超过122亿元，累计发放贷款超过433万笔。中和农信实现了商业可持续，从2008年起，就已经实现了累计盈利。2014年，实现净利润1943万元，总资产收益率为1.04%，净资产收益率为3.48%，处于保本微利的理想状态（罗煜、李焰，2016）。

公益性小额信贷的另一种模式是基于社区合作金融的资金互助社模式，该模式由一定数量的村民组成合作组织，为他们内部的创收活动提供小额贷款，组织的资金由成员自我管理，成员自主决定存贷款利率。2007年，中国银行业监督管理委员会制定了《农村资金互助社管理暂行规定》，给予农村资金互助社合法地位（汪小亚，2014）。银保监会数据显示，截至2020年3月末，全国累计经银保监会批准组建的农村资金互助社有49家，其中，已有8家由于不同原因先后依法解散。现存的41家农村资金互助社资产总额为42.5亿元，贷款总额为25.5亿元，负债总额为37.7亿元，存款总额为36.4亿元，平均资本充足率为21.8%，不良贷款率为3.3%，拨备覆盖率为170.2%。[①]

除了经银保监会批准成立的农村资金互助社之外，全国还有很多地方性的农村合作金融实践，其中比较成功的有著名"三农"学者李昌平推动的村社内置金融模式，具体做法是以政府的"种子资金"来引导农户在村社内部创建合作金融，一般是与养老结合起来，发动老年人入社，信贷活动的收益给老年人分红，也利用老年人对村庄的熟悉来筛选借款人和把控风险，同时将农户的土地承包权在村社内置金融中实现抵押贷款或股权化。这一模式不仅帮助农民把"死资产"变成了"活钱"，解决了贷款难、融资难的问题，还极大地提升了农民的组织化水平和党支部领导下的基层组织服务农民的能力，以及农村自主发展的能力。2009年以来，该模式已在全国40多个县（市、区）的212个村庄展开，2018年给村民提供了土地抵押贷款1100万元（李昌平、杨嘉翔，2019）。

三 中国普惠信贷面临的问题与挑战

（一）普惠型贷款使用中的经营风险和违规风险

1. 疫情防控常态化时期小微企业的经营困境

小微企业由于自身资产规模较小、公司财务有失规范、技术创新能力弱等

[①] 《中国银保监会对政协十三届全国委员会第三次会议第1629号（财税金融类182号）提案的答复》，http://www.cbirc.gov.cn/cn/view/pages/govermentDetail.html? docId = 955587&itemId = 893&generaltype = 1，最后访问日期：2021年8月28日。

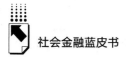

特点，在经营中面临较大的困难和风险。这是传统信贷模式下小微企业被商业金融机构排斥的重要原因，面向小微企业的普惠信贷客观上仍然承担着这一风险。尤其是新冠肺炎疫情使中国经济受到一定冲击，对小微企业的影响更加显著。疫情严重影响小微企业营业收入，此外，小微企业还需承担固定资产折旧、物业、租金、人工等运营成本，进一步导致其经营状况恶化。在疫情防控常态化时期，更多消费者的消费习惯从线下转变为线上，小微企业在面临现金流短缺、品牌影响力不及大企业等困难的同时，可能还要应对新商业模式的挑战（张建元、符雅媛，2020）。一旦小微企业因经营困难丧失还款能力，就有可能转化为普惠型小微企业贷款领域的金融风险。根据银保监会公布的数据，2020年8月小微企业不良贷款余额比年初增长了9.25%，不良贷款率为2.99%，比各项贷款不良率高出0.88个百分点。① 尽管小微企业的贷款风险水平总体可控，不至于在宏观层面形成系统性风险，但在小微企业贷款余额和户数总量增长的前提下，这一潜在风险仍然有可能会给微观层面的借贷双方带来较大压力。

2. 普惠型贷款中的套利可能

信贷服务普惠化提供了宽松的信用环境，但也可能给资金"套利"、"空转"或挪用于限制性领域等带来了很大的空间和可能。2020年6月，在第256场银行保险业例行新闻发布会上，北京市银保监局负责人指出，疫情发生以来针对企业发放了不少低息贷款，但一些企业在疫情防控期间一边拿着银行贷款，一边又去买理财、结构性存款，甚至违规进入股市、房地产等限制性领域。② 在加大对企业信贷支持力度的同时，贷款利率成本反而低于银行结构性存款或者理财收益，在短期内给企业带来了一定的套利机会。企业在以较低成本获得贷款资金的同时，又可以将资金存入银行或购买理财产品，获取利息收入。在存在套利空间的情况下，出现了虚构小微企业贷款用途、利用空壳公司或"房抵贷"业务等方法套取低成本信贷资金流入资本市场、房地产等限制性领域的违规行为。其中比较典型的问题就是经营贷违规流入房地产领域，如前文所述，五大国有商业银行发放的普惠型小微企业贷款名义利率平均水平要

---

① 《银保监会国新办新闻发布会答问实录》，http://www.cbirc.gov.cn/cn/view/pages/ItemDetail.html?docId=924878&itemId=915&generaltype=0，最后访问日期：2021年8月28日。

② 《第256场银行保险业例行新闻发布会》，http://www.scio.gov.cn/xwfbh/gbwxwfbh/xwfbh/38176/Document/1681926/1681926.htm，最后访问日期：2021年9月3日。

低于5%，在享受财政贴息后实际利息成本会更低，而房贷利率一般在5%以上，在普惠型小微企业贷款与房贷之间存在着利率水位差。银行面临着普惠型小微企业贷款发放量和增速等方面的考核任务，房产又是最优质的抵押资产之一，部分银行为了在完成任务的同时规避风险，也可能会默许经营贷流入房地产领域。

（二）公益性小额信贷的法律困境与市场环境

1. 公益性小额信贷的法律困境

在放开金融市场的过程中，相关政策并没有给公益性小额信贷机构适当和明确的法律身份。因此，除了少数拿到小额贷款公司牌照的机构外，中国的大部分公益性小额信贷机构并不具备从事金融业务的法律资质，而是凭借其扶贫功能得到地方政府的默许。这种状况使得很多专业性小额信贷机构在开展业务以及寻求外部合作时受到较大影响。

2. 与其他普惠信贷产品的非对称性竞争

在公益性小额信贷之外，中国存在着一个以正规金融机构为主体的普惠信贷体系，这些正规金融机构提供的普惠信贷产品建立在低成本信贷资金和财政贴息的基础之上。中国的公益性小额信贷机构难以像孟加拉国的格莱珉银行那样拿到银行牌照，因此无法通过吸储的方式低成本融资。在利率方面，追求商业可持续的公益性小额信贷机构也面临着两难困境：如果像市场上的其他普惠信贷产品那样压低利率，将意味着失去商业可持续性，并偏离社会企业的初衷；如果坚持真实的市场利率，将在客户拓展方面面临较大阻力。

四 促进中国普惠信贷发展的建议

（一）进一步加大对普惠信贷的监管力度

1. 确保普惠型小微企业贷款的规范化使用

加强对普惠型小微企业贷款用途的监控，确保资金投向真实合规。银行业金融机构要做实贷款"三查"，强化内控合规管理，严禁虚构小微企业贷款用途"套利"，防止信贷资金变相流入资本市场和政府融资平台、房地产等限制

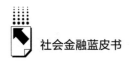

性领域。要机构自查与监管督导并举，要求相关银行机构对照自查，并结合大数据技术，对自查不力的机构进行监管督导。加大行政处罚力度，对个别机构存在的普惠型小微企业贷款流入限制性领域等违规问题，要从严从重处罚。完善利率优惠和财政贴息政策，合理设置利率水位差，改变小微企业贷款成本与理财收益、结构化存款利率及房贷利率之间的"倒挂"局面，压缩套利空间。

2. 做好脱贫人口小额信贷服务衔接和贷后管理工作

为巩固脱贫攻坚成果、做好脱贫攻坚与乡村振兴的有效衔接，面向脱贫人口的小额信贷服务需要进一步完善。在过渡期内保持原扶贫小额信贷政策基本不变的同时，积极探索更加符合市场化原则的信贷服务模式，为脱贫人口提供多元化和可持续的信贷资源。要做好原扶贫小额信贷和新发脱贫人口小额信贷的贷后管理工作，切实维护良好的信用环境；进一步加大政策宣传力度，加强诚信教育，形成银行贷款应按时偿还的广泛认知和自觉认同；重点做好到期贷款的清收工作，对恶意拖欠银行贷款、存在逃废债行为的要采取司法手段。

（二）进一步完善相关政策体系，改善市场环境

1. 分担银行风险，多措并举纾解小微企业经营困难

小微企业贷款难的根源在于小微企业经营的高风险特点，银行在加大对小微企业信贷支持力度的同时，也承担着由此产生的信贷风险。为了从根本上降低这一风险，需要采取除信贷服务之外的多种措施，帮助小微企业降低运营成本，营造良好的营商环境。要切实执行针对小微企业的减税降费政策，建立减轻小微企业税费负担长效机制。依法对符合条件的小微企业实行缓征、减征、免征企业所得税、增值税等措施，简化税收征管程序；对小微企业行政事业性收费实行减免等优惠政策，减轻小微企业税费负担。要为中小企业发展提供良好的市场环境，鼓励引导平台企业适当降低向小微商户收取的平台佣金等服务费用和手续费，严禁平台企业滥用市场支配地位。

2. 强化支持力度，为公益性小额信贷机构提供必要的政策优惠

公益性小额信贷在发展普惠金融和乡村振兴中可以发挥重要作用，其自身也具备实现商业可持续的能力。但公益性小额信贷需要兼顾公益性和商业可持续性，因而比一般的商业机构有更大的负担和成本。所以，单凭公益性小额信

贷机构自身是无法实现大规模和高质量发展的，需要政府营造支持性的法律与政策环境。改变公益性小额信贷机构在市场竞争中的不利地位，适当给予其专门的身份或牌照，既对其公益性与商业可持续性进行监督，又在资金来源、利率政策和税收政策上给予特定优惠。

3. 明确政府与市场的边界，使政府充当普惠信贷系统的"裁判员"与"支持者"角色

为了实现以商业可持续的方式为弱势群体和弱势机构提供信贷服务的目标，需要充分发挥市场机制的作用，让各类普惠信贷服务的供给主体以平等的地位进行竞争，创建多样化的普惠信贷生态系统。为此，需要进一步明确政府与市场的边界，使政府在普惠信贷领域更好地充当"裁判员"与"支持者"角色。政府要逐步完善发展普惠信贷所需的金融基础设施，稳步推进配套改革，进行有效的市场监管。普惠信贷最大的挑战在于商业可持续问题，即金融机构向弱势群体和弱势机构提供信贷服务所获得的收入难以覆盖其资金成本和运营成本。要解决这个问题，应基于利率的市场定价原则，鼓励金融机构依靠利息收入实现保本微利。要审慎地使用财政贴息手段，防止出现补贴依赖、价格扭曲和套利空间等问题。

参考文献

陈小林、李宁，2017，《精准扶贫小额贷款使用情况调研报告——基于庄浪县永宁乡 43 户贫困户的调查》，《甘肃金融》第 6 期。

杜晓山等编著，2012，《小额信贷发展概况国际研究》，中国财政经济出版社。

李昌平、杨嘉翔，2019，《村社内置合作金融促进乡村振兴及扩大内需的实践报告与政策性建议》，《当代世界社会主义问题》第 2 期。

罗煜、李焰，2016，《微型金融的边界——以中和农信小额信贷为例》，《中央财经大学学报》第 5 期。

孙同全、潘忠，2013，《社会企业道路——中国公益性小额信贷组织转制问题初探》，社会科学文献出版社。

汪小亚，2014，《发展新型农村合作金融》，《中国金融》第 5 期。

张建元、符雅媛，2020，《后疫情时期小微企业贷款风险防控策略》，《农业发展与金融》第 12 期。

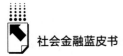
中国农业银行，2021，《2020 年社会责任报告》，http：//www. abchina. com/cn/About-ABC/CSR/CSRReport/202103/t20210330_1978190. htm。

中国人民银行农村金融服务研究小组编，2019，《中国农村金融服务报告（2018）》，中国金融出版社。

中国邮政储蓄银行，2021，《2020 社会责任报告》，https：//www. psbc. com/cn/gyyc/tzzgx/qyshzr/202103/P020210329772311575916. pdf。

B.3
中国普惠保险发展现状与趋势

周　玲*

摘　要： 普惠保险是普惠金融在保险领域的重要载体。本报告基于对
普惠保险概念和特征的梳理，将我国普惠保险划分为政策性
小额保险、商业性小额保险、公益性小额保险和互助型保障
四类，概述了主要的普惠保险类型的发展历程和现状，分析
了面临的问题和挑战，并对普惠保险未来的发展进行了展
望，提出了今后发展普惠保险的四点建议。

关键词： 普惠保险；商业保险；小额保险；普惠金融

商业保险是个体和家庭经济安全与保障状况的重要影响因素，已成为我
国社会保障体系的重要组成部分。作为普惠金融在保险领域的重要载体，保
险的普惠化尤为重要。对中低收入人群而言，往往面临更多元的风险，具有
更高的社会和经济脆弱性，非常需要保险来分担风险造成的损失和压力。

一　普惠保险概述

（一）普惠保险的概念

目前国内对普惠保险并未进行明确界定。有学者提出"普惠保险（inclusive
insurance）是针对保险市场上被排斥或被服务不足的群体的所有保险产品和服

---

* 周玲，北京城市学院公共管理学部讲师，社工实务研究中心主任；研究方向为社会组织、金
融社工、普惠保险。

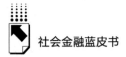

务"，核心强调保险的可及性，认为普惠保险具有如下特点：（1）可负担的；（2）可持续的；（3）便利的；（4）可靠的；（5）由获得许可和被监管的保险人及中介交付的整套产品及服务（王向楠，2020）。中国保险行业协会的文件在涉及普惠保险时主要是从服务人群和产品类型的角度进行界定。①

国际上广泛实践和研究的小额保险（micro-insurance），是一种依据保险经营原理为低收入人群提供保险保障的机制，保险金额较少，保费较低，保险期限较短，产品形态一般是风险保障型，投保和理赔手段比较简便，基本属于微利经营；主要针对的是中低收入人群所面临的最急切需要解决的疾病、意外、残疾以及死亡等风险（李杰、赵勇，2012）。

本文认为，普惠保险需要兼顾服务人群、产品形态、运作模式三个维度：其一，普惠保险主要服务的是中低收入人群和特定群体，尤其是在保险市场受到不同程度排斥的群体；其二，普惠保险体现了小额保险的诸多特征，保费和保障额度均较低，以广泛覆盖基础性风险保障需求为主旨，要求实现自身商业可持续；其三，普惠保险具有更强的包容性，服务低收入人群和弱势群体的公益性小额保险等具有明显普惠性特征的产品也应该被纳入其中。

（二）我国普惠保险的主要形式

国内已发展出多种形式的普惠保险产品，大致可分为政策性小额保险、商业性小额保险、公益性小额保险三类。与此同时，我国还存在互助保险机构和互联网互助保障平台，以通过互助的模式为特定人群提供保障。

1. 政策性小额保险

政策性小额保险由各级政府部门牵头，往往针对涉及国计民生、具有较大风险波动性和影响力的领域，主要是各类农业险，为种植业、养殖业由于遭受自然灾害、价格波动和其他意外导致的损失进行赔付，旨在分散农业风险。为了快速扩大覆盖面、降低承保风险，政府会提供不同程度的补贴，同时调动行政力量

---

① 2021年4月27日，中国保险行业协会向各人身险公司下发了《关于开展人身险行业开展普惠保险情况调研的通知》，对人身险行业普惠保险情况进行调研，涉及险种主要包括：面向老年人、农民、低收入人群、残疾人等群体的人身保险产品，面向老年人开发的各类商业健康保险产品，面向不同收入群体的商业养老保险产品，城乡居民大病保险，针对县域居民的健康险，因地制宜的农村意外险、定期寿险，养老年金保险产品，等等。

进行保险宣传。同时，也有政府部门为提高低收入群体的保障水平，向保险公司招标定制小额保险，由政府部门提供部分保费补贴，如多地政府部门面向低收入群体推出的商业补充医疗保险；一些地方残疾人联合会开展残疾人普惠保险项目，参保资金往往来自当地福利彩票基金。

2. 商业性小额保险

商业性小额保险主要服务中低收入人群，但需要实现商业可持续，要求在商业化运作的同时兼顾一定的社会影响力，不追求高利润率，以农村小额人身保险为代表。目前90%以上的农村人身保险业务采用此模式，政府不参与业务运作，也不向农户提供财政补贴，主要由保险公司自主设计开发和承保产品、利用自有营销网络进行产品推广。近些年出现了由一些社会服务组织倡导、联合保险公司共同设计推出针对特定群体（如残障群体）的小额保险，以满足特定群体的多元保险保障需求。

3. 公益性小额保险

公益性小额保险不需要被保险人自己支付保费，主要有两种形式：一种为保险公司直接进行保险捐赠，主要是在发生重大灾难或者响应国家战略号召时，保险公司向特殊群体或低收入人群捐赠意外险或健康险，旨在履行企业社会责任、提升品牌及影响力。这样的保险捐赠往往具有阶段性或项目化特征，一旦风险得以控制或者项目到期，保险捐赠随即结束；另一种为社会组织面向社会筹集资金购买具有公益属性的保险产品或设立保险公益基金保障特定群体，如乡村儿童、残障群体等，其持续性依赖于捐赠方的意愿和能力。

4. 互助型保障

互助型保障是指特定行业、领域及群体之间经由互助进行风险分担的模式，在我国表现为相互/互助制的保险组织和网络互助平台两种类型。前者为经政府部门批准正式成立的保险组织；后者并不能被界定为保险，只是进行市场化运作、服务于群体互动的互联网平台。相互/互助制的保险组织和互助网络平台并不只服务于中低收入人群。相互/互助制的保险组织在我国仍处于发展初期，其中中国渔业互保协会在一定程度上发挥了面向渔民和渔业生产经营者的普惠保险保障作用；互助网络平台的参与者主要为中低收入群体、保障相对缺乏的人群。

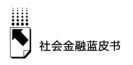

二 我国普惠保险的发展历程和现状

（一）政策性小额保险

1.农村小额保险

我国政策性小额保险主要集中在农村地区和农业领域，2007年中央财政支持在内蒙古、吉林、江苏、湖南、新疆、四川六省区开展农业保险试点项目，该项目以棉花、玉米、水稻、大豆、小麦五大农作物的物化成本作为保险金额，通常以多种灾因触发的减产作为定损标准，费率为6%～8%不等（财政部，2007；叶涛、叶宏，2011）。在有政府提供保费补贴的情况下，农民一般只需要缴纳每亩5元人民币的保费，就可以获得200～300元不等的保险保障。湖南、浙江等地于2008年开展的农房自然灾害保险也属于此类模式。

从2016年开始，扶贫保险成为一类重要的政策性小额保险。扶贫保险呈现两个特点；第一，保险行业积极介入扶贫攻坚，多家保险公司打造以大病保险、农业保险、小额保险为主的保险扶贫保障体系。如：四川、广东等地推出大病保险，针对贫困人口及"两保一孤"上调报销比例和支付限额、下调起付线，创造"政府＋险资＋企业＋农户＋保险"五位一体保险扶贫模式；江西在全国率先采用城乡一体化、全覆盖的健康扶贫保险机制；多地政府出资为低保户、五保户等免费提供人身意外风险保障（中国保险年鉴编辑部，2018）；还有部分保险公司探索将保险拓展至健康咨询和体检等，满足贫困人口的健康管理需求（中国保险年鉴编辑部，2019）。第二，扶贫小额保险产品类型多元，包括返贫责任险（中国保险年鉴编辑部，2019）、防贫保、深贫保、农房保险、农村计划生育家庭爱心保险（中国保险年鉴编辑部，2016）、贫困人口补充医疗保险等。截至2019年末，保险业在1000多个县（市）承办了贫困人口商业补充医疗保险业务，由各级政府部门出资补贴保费，覆盖贫困人口4000多万人（中国保险行业协会，2020）。

2.特定群体小额保险

特定群体小额保险主要针对两类群体。一类为专项扶助特殊群体，包括失独家庭、民政优抚对象、大学生村官、援疆干部等。多地出资为上述特殊群体统一购买小额商业健康保险；广东、海南、云南、新疆等地为妇女、军人、大学生村官、援疆干部等提供专项保险保障（中国保险年鉴编辑部，2018）。

另一类为残疾人。为提高残疾人家庭抗风险能力，多地的残疾人联合会采用公开招标方式统一采购残疾人保险。最早可以查询到的采购年份为 2012 年，2017 年以后集体采购残疾人保险的地区数量不断增加。保费每人每年为 50 ~ 100 元，也有地区人均保费不足 10 元。保障内容以意外伤害和医疗为主，有地区拓展至重大疾病和住院护理津贴，有地区只针对公共场所责任风险；保障额度一般为 5 万 ~ 10 万元。

（二）商业性小额保险

1. 针对农村人口的小额保险

在我国，针对农村人口（农民、进城务工人员）的小额人身保险最早出现在 2005 年，中国人寿保险（集团）公司（以下简称中国人寿）与中国太平洋保险（集团）股份有限公司率先开办了进城务工人员意外伤害险业务。2006 年相关部门开始了解国际上的小额保险。2007 年 4 月，中国保险监督管理委员会（以下简称保监会）加入国际 IAIS-CGAP① 小额保险联合工作组，着手推动国内农村小额人身保险发展。2008 年 6 月 17 日，保监会出台《农村小额人身保险试点方案》，对试点机构资格、试点产品和业务模式、鼓励支持政策、监管要求、实施步骤和时间进行了总体部署和具体规定，推出许多创新性制度，例如，农村基层组织和机构工作人员经过培训可以销售小额保险、有条件的地区可以成立农村保险互助组织等。2009 年，《中共中央、国务院关于加大统筹城乡发展力度进一步夯实农业农村发展基础的若干意见》提出"发展农村小额保险"。

2008 年 8 月中国人寿在广西、四川等中西部九省区启动小额保险试点，标志着小额保险在我国全面拉开序幕。2009 年共有 19 个省区进入试点行列，试点保险公司从 4 家增加到 6 家，有超过 10 种产品供农民选择。中国人寿、中国人民保险集团股份有限公司等多家保险公司推出了农村小额意外险，每人每年保费 30 ~ 50 元，主要保障意外伤害和医疗，额度为 3 万 ~ 5 万元。经过四年试点，2012 年 6 月保监会发布《全面推广小额人身保险方案》。

---

① 国际保险监督官协会，简称 IAIS；世界银行扶贫协商小组，简称 CGAP。

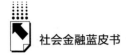

小额保险①的业务情况在历年《中国保险年鉴》里并不是单独的统计项，只是体现在2009～2012年和2015年《中国保险年鉴》收录的保监会时任领导讲话中。小额保险覆盖的省份从2008年的9个增至2009年的19个，2010年增至24个；保障人数从2008年的183万增至2009年的1110万，2010年增至2000万，2011年增至2300万，2014年进一步增至7000万；2008年和2009年，小额保险的保费收入分别为0.31亿元和2.70亿元。笔者在2016～2020年的《中国保险年鉴》里均未查到小额保险的相关数据。关于小额保险运营情况，可以查到2009年小额保险的简单赔付率在35%～65%之间，综合销售和服务费用在35%左右，基本实现保本微利。一方面，从已有数据来看，我国小额保险呈现迅速增长态势；另一方面，针对小额保险未能开展专项统计导致难以全面了解和分析我国小额保险的发展情况。

小额保险的销售模式可分为三种：（1）商业化运作，即完全依靠保险公司自有渠道和个人代理人进行销售，如中邮人寿保险股份有限公司利用邮政储蓄网点提供"一站式"保险服务；（2）半商业化运作，即政府提供一定的组织力量进行产品宣传和投保支持，如中国人寿在山西晋城的"全村统保"模式，村委会代表村民进行集体投保；（3）多主体合作运作，即保险公司和其他金融机构等合作，如"信贷保险1+1""小农户+小贷款+小保险"的金融支农银保互动模式等（姚奕，2017）。

2. 针对残疾人等特殊群体的商业性小额保险

残疾人等特殊群体有多元风险分担的保险需求，在各类社会力量的推动下，针对残疾人等特殊群体的商业性小额保险在积极探索中不断发展。

我们以两个残疾人小额保险品牌项目为例。其一是安心工程，由中国智力残疾人及亲友协会牵头，联合多家保险公司于2013年推出，最初只面向智力障碍儿童及其家人，2017年开始拓展至自闭症、唐氏综合征儿童及其家人。截至2017年9月，安心工程在21个省份建成了44个投保网点，累计为1631个家庭成功办理投保，共计投保2436份，参保人数4231人。② 其二是心智宝，

---

① 基于我国小额保险发展历程，《中国保险年鉴》里的"小额保险"应该指的是"小额人身保险"，鉴于《中国保险年鉴》里并未清晰备注，故此处沿用小额保险的概念。

② 《推广尚不尽如人意 安心工程探求发展之道》，http://insurance.jrj.com.cn/2017/10/25104023281396.shtml，2017年10月25日。

由一家公益性服务机构——益宝倡导发起，由保险公司承保和运营，针对心智障碍者面临的五类风险，2017～2020年陆续推出年度心智障碍者意外险、重疾险、康复机构场地责任险、走失寻找津贴和第三者责任险。从2017年6月到2020年12月，累计保障服务心智障碍者522861人次。①

3. 各地近年密集推出政府牵头、商业运营的城市定制型商业医疗保险

2020年3月，国务院发布《关于深化医疗保障制度改革的意见》，明确提出"到2030年，全面建成以基本医疗保险为主体，医疗救助为托底，补充医疗保险、商业健康险、慈善捐赠、医疗互助共同发展的医疗保障制度体系"。为弥补社保对重大疾病和高额医疗支出保障力度的不足，城市定制型商业医疗保险（又称"惠民保"）成为近年来在多地发展迅速的一类普惠型保险产品。

2015年6月，深圳市政府推出了第一个城市定制型商业医疗保险——"深圳市重特大疾病补充医疗保险"，由深圳市人力资源和社会保障局牵头，深圳市财政委员会、深圳市民政局联合推进实施，招标保险公司承保。该产品较好地体现了普惠性原则，参保人不分户籍、年龄，已经患病也可参与。保障内容包括医保目录内的住院医疗费及药品，报销比例为70%，住院免赔额1万元，上不封顶，特药无免赔额但上限为15万元。到2019年，投保总人数达752万人，覆盖全市基本医疗保险参保人总数的50.4%。②

从2018年底至2019年，南京、广州、珠海、佛山等城市先后推出城市定制型商业医疗保险，但推出产品数量较少，参保人数也不多。从2020年开始，多地陆续推出类似保险，覆盖人数增长迅速。"惠民保"产品在2020年已惠及超过2600万人，总保费超过10亿元（阎建军、于莹，2020）。2021年，复旦大学中国保险与社会安全研究中心联合善诊海唯（2021）发布的《惠民保前世、今生、未来——"惠民保"2020总结与2021展望》指出，各地"惠民保"具有鲜明的普惠性，包括低购买门槛、低价格和大承保尺度。保费每年29～190元，无年龄、职业限制，无须健康告知。截至2020年，"惠民保"产品已经覆盖23个省份82个地区179个地市，呈现出由一、二线城市向三、四

---

① 《你给孩子买的保险真的有用吗？教你5步快速鉴别！》，https://mp.weixin.qq.com/s/d3-gzjMnGsAXBdTkyfxpdw，最后访问日期：2021年8月7日。

② 《30元/人，年度重疾补充保险下个月启动　集中参保时间为5月1日至6月30日》，http://www.sznews.com/news/content/2020-04/22/content_23084483.htm，2020年4月22日。

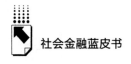

线城市扩散的趋势。

2021年6月,《中国银保监会办公厅关于规范保险公司城市定制型商业医疗保险业务的通知》下发,"惠民保"被定义为"城市定制型商业医疗保险"。各地政府部门对"惠民保"的参与程度存在差异,往往并不提供参保补贴,由多家保险公司共同承保,关键是需要实现自身商业可持续,以达到普惠性和商业性的平衡。

4. 鼓励职工用医保个人账户余额购买商业健康保险

《2019年医疗保障事业发展统计快报》显示,截至2019年底,我国职工医保参保人数约3.29亿人,个人账户累计结存超过8276.50亿元。[①] 为了发展职工补充保障,据不完全统计,浙江、上海、山东等13个省份70多个地市相继出台文件,通过甄选入围商业保险机构,精选健康保险产品,鼓励职工用医保个人账户余额购买商业健康保险。[②] 该模式一方面旨在放大个人账户基金的保障效能,提高医疗补偿水平;另一方面有助于我国商业保险市场发展,扩大商业保险的覆盖面。截至目前,尚未查到各地公开发布职工用医保个人账户余额购买商业健康保险的具体数据。

《中共中央、国务院关于深化医疗保障制度改革的意见》提出"改革职工基本医疗保险个人账户,建立健全门诊共济保障机制"。2020年8月26日,《关于建立健全职工基本医疗保险门诊共济保障机制的指导意见(征求意见稿)》发布,其中关于职工医保个人账户改革里并未提及支持职工用医保个人账户余额购买商业健康保险。值得关注的是,医保个人账户与商业健康保险的有效对接,不仅需要合适、多元的保险产品,更涉及赔付对接、风险防控等体系的搭建。

(三)公益性小额保险

1. 保险公司直接进行保险捐赠

保险公司直接进行保险捐赠是其践行社会责任的一种重要形式,捐赠的主

---

① 《2019年医疗保障事业发展统计快报》,http://www.gov.cn/guoqing/2020 – 03/30/content_5507506.htm,2020年3月30日。

② 《未来十年畅想:万亿健康险走向价值商保的10大转变》,https://tech.sina.com.cn/roll/2020 – 04 – 06/doc-iimxxsth3896107.shtml,2020年4月6日。

要对象包括贫困地区农村居民、儿童、妇女等特定人群，产品类型主要是财产与责任保险、意外伤害保险、健康保险（陈秉正，2020）。

保险捐赠往往是为了响应国家战略号召或应对重大突发事件。前者表现为多家保险公司进行的扶贫保险捐赠；后者突出表现为 2020 年新冠肺炎疫情期间，众多保险公司为武汉及全国抗疫医护人员捐赠的大量保险。据不完全统计，截至 2020 年 2 月，保险行业累计捐赠保额 11.58 万亿元。[①] 赠险中涉及一线医护人员赔付 338 人次，总赔付金额 3078 万元，[②] 保险赠送和赔付有效助力疫情防控取得胜利。

2. 社会组织筹集资金购买具有公益属性的保险产品捐赠给特定人群

我国正在运作的公益性小额保险项目大约有十个，据初步统计，公益性小额保险筹集善款总额在 4 亿元以上，服务人次累计超千万。[③] 我们可以通过下述两个项目来了解和分析公益性小额保险开展情况。

中国乡村儿童大病医保公益基金于 2012 年成立，隶属于中华少年儿童慈善救助基金会。项目联合地方政府、家庭、保险公司和社会组织四支力量，为试点县内参加城乡居民基本医保的所有 0～16 岁儿童免费提供全国范围内跨区域医疗保障，不限病种（包含既往病症），每人每年最高报销 30 万元。项目采用"基金托管型"保险模式，每年赔付后结余保费自动转入下一年。不同地区的保费单独计算，各地人均保费为 20～50 元/年。项目已在湖北省鹤峰县和巴东县、湖南省古丈县和新晃侗族自治县等共 7 个省 11 个县开展。截至 2020 年 8 月 1 日，筹款总额 8827 余万元，完成投保总金额 8183 万余元。209 万多人次儿童受益，11190 名儿童获得赔付，总体赔付率约为 64%。[④]

---

① 《保险业踊跃向抗疫一线人员捐赠保险》，http://www.gov.cn/xinwen/2020-02/25/content_5482822.htm，2020 年 2 月 25 日。

② 《银保监会通报疫情理赔数据　财险、寿险公司合计理赔 7634 万元》，http://insurance.jrj.com.cn/2020/02/25093328887789.shtml，2020 年 2 月 25 日。

③ 此处的筹款金额和服务人次的统计来自对截至 2020 年本报告提及的大病医保项目（筹款总额近 9000 万元，服务约 200 万人次）和"顶梁柱"健康扶贫公益保险项目（筹款总额 3.1 亿元，服务人次 1012 万）的小计。国内还有多个公益保险项目，包括"康乃馨女性健康关爱计划"、僧伽大病救助公益基金保险项目、乡村儿童公益保险项目、残障儿童公益保险项目等，各项目的筹资金额往往在数百万元不等。

④ 数据来自对大病医保项目组的访谈。

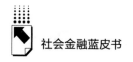

"顶梁柱"健康扶贫公益保险项目在国务院扶贫办和国家卫生和计划生育委员会的指导下，由中国扶贫基金会联合一家国内知名互联网公益信息平台推出，保障对象为当时贫困标准下18~60周岁的建档立卡贫困户，保障内容为住院费用自付部分，报销最高额度为10万元。项目采用"低风险、零利润的公益模式"，每年赔付后结余的保费自动转入下一年继续进行赔付；不足部分由基金会发起网络众筹进行补充。项目于2017年7月12日启动，截至2020年10月底，项目惠及贫困人口超过1000万人次。①

（四）互助型保障

1. 相互/互助制的保险组织

相互/互助制的保险组织在我国仍然非常少。阳光农业相互保险公司是我国首家正式批准成立的相互保险公司，承担着国家农业保险试点及中国保险制度创新的任务，2005年成立以来开发了种植业保险产品、养殖业保险产品等100余个产品，保费规模2012年约为22亿元，2020年为37.80亿元。② 我国首家特定领域的互保组织为1994年成立的中国渔业互保协会，是第一家全国性渔业领域非营利性的互助合作保险组织，由全国范围内广大渔民以及其他从事渔业市场经营或生产经营的单位和个人自愿组成。2016年新一批三家相互保险公司获批筹建，包括众惠财产相互保险社、信美人寿相互保险社和汇友建工财产相互保险社，目前在不断探索发展中。

2. 网络互助平台

在智能手机和移动网络的创新驱动下，网络互助平台是最近五年广受关注和讨论的一类普惠保障形式。

2011年成立的康爱公社于2014年开始团队化运营，泛华保险服务集团孵化的e互助也于当年上线，首批网络互助平台开始出现；2016年，我国网络互助行业迎来爆发期，各类平台不断涌现。由于存在用户缴纳费用可沉淀资金池等问题，2016年12月，保监会对以网络互助计划形式非法从事保险业务开

---

① 《"顶梁柱"健康扶贫公益保险项目已惠及1012万建档立卡贫困人口》，http://rmfp. people. com. cn/n1/2020/1203/c406725 –31953922. html，2020年12月3日。

② 《阳光农业相互保险公司召开2021年工作会议》，https://samic. com. cn/news/show/928. html，最后访问日期：2021年8月7日。

展专项整治工作，大量网络互助平台关停，行业迎来洗牌期；2018年，以支付宝（中国）网络技术有限公司为代表的互联网巨头开始入局，10月推出"相互保"（后更名为"相互宝"）。数据显示，2019年我国网络互助平台参与人数为1.5亿。[①]

2020年9月8日，银保监会打非局（2020）明确将"相互宝"、水滴互助等网络互助平台定义为非持牌经营的非法商业保险活动，并提出坚持对所有保险活动实行严格准入、持牌经营，严厉打击各类非法商业保险活动。2021年3月24日和26日，轻松互助与水滴互助分别在其官方公众号上发布了关停公告，称其互助计划分别于2021年3月24日和31日正式终止；百度的灯火互助早在2020年8月就已关停。本轮关停潮后，可以确认一点，未来网络互助平台的规范化运营和监管是必然趋势。

有研究指出，网络互助产生了一定的社会价值。具体而言，网络互助在丰富社会保障产品种类、为中低收入人群提供更多风险保障选择方面发挥了积极作用（任自力，2021）；同时，提升了中低收入人群的健康风险保障能力，一定程度上增强了人们的风险管理意识，起到了健康保障教育的作用。[②]

三 中国普惠保险发展面临的问题与挑战

（一）发展普惠保险的整体制度尚未建立

2015年12月31日，国务院印发《推进普惠金融发展规划（2016～2020年）》（以下简称《规划》），其中普惠保险目标为"提高小微企业信用保险和贷款保证保险覆盖率，力争使农业保险参保农户覆盖率提升至95%以上"，重点关注的普惠保险产品是"农业保险和农村小额人身保险"。尽管《规划》提及"支持保险公司开发适合低收入人群、残疾人等特殊群体的小额人身保险及相关产品"，但并未有具体的支持性举措。各地政府主要对农业领域的政策

[①] 《蚂蚁金服：2020年网络互助行业白皮书》，http://www.199it.com/archives/1044805.html，最后访问日期：2021年10月31日。

[②] 《艾媒报告｜2019中国网络互助发展专题研究报告》，https://www.iimedia.cn/c400/67468.html，最后访问日期：2021年11月30日。

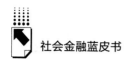

性小额保险予以积极推动，对商业性小额保险、公益性小额保险均未有明确支持，这与普惠保险在我国普惠金融体系、社会发展和建设中的定位与价值尚未清晰明确有关。

以残疾人所需的普惠保险为例，尽管《"十三五"加快残疾人小康进程规划纲要》及相关文件均提出积极鼓励发展残疾人商业保险，但我国残疾人保险事业缺乏总体规划和有力推动。首先，在国务院残疾人工作委员会的成员单位中没有保险监管部门。目前，国务院残疾人工作委员会的定位是国务院的议事协调机构，成员包括中国残疾人联合会（以下简称中国残联）、财政部等34个单位，可以发挥统筹和协调的作用，但银保监会并没有作为成员位列其中。其次，各级残疾人联合会作为残疾人的代表和服务性组织，组织体系里并未设置专门部门来牵头负责残疾人保险，目前主要由教育就业部门承担相关工作。

总之，普惠保险的发展需要保险行业与相关部门联合推动，银保监会、中国残联、民政部、中华全国妇女联合会等相关部门在普惠保险方面的职责并不清晰，导致主动参与依据不明确、支持力度不够。

（二）社会各界对保险价值的认同度不高

我国商业保险市场发展历史并不长，各级政府部门、公众、社会组织等对保险价值的认同度不高，影响对普惠保险的投入支持力度。

1. 不少地方的政府部门和机构对保险价值的理解不深、认同度不高

目前不少政府部门对保险的认知存在偏差，尤其是许多基层干部并不了解保险的运作原理，也未能充分理解普惠保险的价值和意义，对普惠保险"敬而远之"的观念比较普遍。

以残疾人集体保险为例，不少地方的残疾人联合会工作人员对残疾人集体保险的赔付率存在不合理期待和要求，希望参保的保费可以全部赔付，否则就觉得出资购买的保险"亏了"，也不清楚如何发挥保险在残疾人保障和风险防控方面的作用；同时对残疾人集体保险的理解和重视程度不高，资金投入有限，产品保障范围、力度较小，额度较低，无法满足残疾人的多元保障需求；已有的残疾人保险项目以出险后的经济补偿为主，并未开展事前风险防范。上述因素导致残疾人普惠保险的保障力度和社会影响力较为有限。

2. 社会公众对保险价值的理解不深、认同度不高

普惠保险广泛实施的一个重要基础是公众对保险的理解和认可，这不仅是普惠保险产品降低推广成本的关键，也是普惠保险项目获得社会各界积极支持的核心要素。

以公益性小额保险为例，社会公众对保险价值的理解不深、认同度不高，为公益性小额保险捐款的积极性相对较低，不少公益性小额保险项目筹资面临较大压力，降低了社会组织利用公益性小额保险来快速提升弱势群体的抗风险能力和开展保险教育的可能性。

同时，社会公众对保险的认知存在偏差。比如，捐赠人往往要求公益性小额保险项目必须零利润运行，意味着所有筹集的保险资金均须完成赔付，这样一来，保险公司往往会拒绝承担超赔的风险，保险的杠杆作用未得到发挥。不论是直接用保险基金模式运作的大病医保公益基金，还是采取保险方式运作的"顶梁柱"健康扶贫公益保险项目，保险公司的作用主要是测算保费和完成赔付。而保险的多元价值未能获得充分认可、作用难以得到有效发挥，如保险的风险防控作用等。保险区别于政府或社会组织的直接救助之处，在于其可以结合自有风控体系和客户教育来降低出险率，而这需要保险公司尊重保险的规律，否则难以实现保险的多元价值。

（三）普惠保险可持续发展机制和模式面临诸多挑战

普惠保险的核心是在普惠性和商业性之间取得平衡及形成可持续发展机制和模式。保险公司作为市场主体，要尽可能防范风险和追求利润。但是，普惠保险服务对象的收入普遍不高、金融素养较低、主动参保意识不强，由此普惠保险往往意味着微利，并且不少普惠保险产品在前期需要做大量基础性工作，包括勾勒特定人群风险画像和数据库的建设、市场需求调研、保险意识教育等。因此，普惠保险往往在短期内难以获得巨大的经济回报，保险公司主动开展小额保险的动力不强。

保险行业在不断创新推出新型普惠保险产品的同时面临可持续问题，比如，城市定制型商业医疗保险的投保对象有十分宽泛的"普惠性"，既不限年龄，且带病体也可以参保，这可能导致风险不合理地集中。从银保监会的有关通报来看，部分地区保障方案缺乏必要的数据基础，并未考虑当地经济发展、

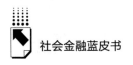

医疗费用水平、基本医保政策、投保规模等基本要素，也未充分利用既往医保数据进行精算定价。① 这意味着保险公司需要增强对特定高风险人群的风险管理能力，否则会影响其产品可持续性。

（四）民众的金融素养不高，影响普惠保险产品的规模化发展

国内诸多调研发现，我国民众的金融意识不强、金融素养总体不高（焦欢，2019），中低收入人群日常生活中接触金融产品的机会较少，金融意识淡薄，金融素养相对更低，由此增加了普惠保险的客户教育成本和产品规模化发展难度。笔者在调查中国人寿在某县的农村小额保险项目时发现，尽管产品设计充分考虑了农民的需求，但该县经过近 10 年的农村小额保险项目宣传和实施，主动参保人口大约仅占 50%，仍有一半的农村人口未参保，原因主要在于许多农民缺乏保险意识，存在"侥幸心理"，即认为"自己不会出意外，因此不需要参保"，由此影响保险公司推出更多的农村小额保险产品及农民获得更多保障的可能性。

四 发展展望

（一）普惠保险将迎来新的发展阶段

2017 年，习近平总书记在全国金融工作会议上明确指出，"要建立普惠金融体系，加强对小微企业、'三农'和偏远地区的金融服务"。2020 年 10 月，《中共中央关于制定国民经济和社会发展第十四个五年规划和二〇三五年远景目标的建议》提出"提升金融科技水平，增强金融普惠性"。从 2021 年开始实施"十四五"规划起，我国进入全面建设社会主义现代化国家的新发展阶段。农村是普惠金融的重要领域，金融行业是推动乡村振兴的重要力量。《乡村振兴促进法》明确指出，"国家建立健全多层次、广覆盖、可持续的农村金融服务体系，促进农村普惠金融发展"。可以预期，普惠金融将在更高维度、更深层次，"在惠及民生、助力新发展方面发挥重要作用"（中国人民银行金融消费权益保护

---

① 《银保监会出手规范"惠民保"业务》，http://www.xinhuanet.com/fortune/2021-06/03/c_1127524464.htm，2021 年 6 月 3 日。

局，2020）。

伴随普惠金融进入新的发展阶段，普惠保险作为普惠金融的重要组成部分，将承担起更大的历史任务。保险是民众最为关注和需要的金融产品之一，需要重点服务包括农民、老年人、残疾人在内的特殊群体。2021年4月，银保监会下发的《关于进一步丰富人身保险产品供给的指导意见（征求意见稿）》指出，"推进普惠保险快速发展，服务养老保险体系建设，满足人民健康保障需求，助力区域发展战略实施，提高老年人、儿童保障水平，加大特定人群保障力度等"。普惠保险将在巩固脱贫攻坚成果、提升低收入人群和弱势群体抗风险能力、助力提升养老保障水平和服务质量、延伸健康管理服务和拓展保险的风险管理能力等维度发挥积极作用。

（二）针对特定群体的普惠保险发展空间巨大

在2020年《关于促进社会服务领域商业保险发展的意见》里，"支持商业保险机构有序发展面向农村居民、城镇低收入人群、残疾人的普惠保险"被重点提出。

从2007年至今，我国农业政策性保险、农民小额人身保险取得了较好的成效，但普惠保险的覆盖面和保障程度较为不足。目前我国农民和农民工的商业保险覆盖率仍然很低。调查显示，农村拥有商业保险的村民不到20%，农村居民在获取健康保障上面临的主要困难是费用高、产品复杂、缺少购买渠道。[1] 另外，针对特定群体的普惠保险仍处于初步发展阶段。以残疾人为例，根据第六次全国人口普查及第二次全国残疾人抽样调查，我国残疾人总数为8502万人。而一项调查显示，残疾人参加商业保险面临不同程度的"金融排斥"。[2] 残疾人巨大的保险需求尚未获得足够关注。

就市场空间而言，低收入人群具有购买保险的巨大潜力。有调查发现，30%～35%的残疾人有强烈的保险购买意愿和出资能力，50%～60%的残疾人有较强的购买意愿和一定的出资能力（赵全玺、胡乃军，2014）。普惠保险将

---

[1] 中国社科院保险与经济发展研究中心：《乡村健康保障调查报告》，https://baijiahao.baidu.com/s？id=1674891183833876589&wfr=spider&for=pc，最后访问日期：2021年6月12日。

[2] 朱萍、王帆：《8500万：谁为这个"被遗忘的群体"风险兜底？》，https://baijiahao.baidu.com/s？id=1695648507893111883&wfr=spider&for=pc，最后访问日期：2021年6月12日。

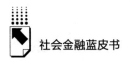

成为我国保险行业供给侧改革的一个重要领域，保险公司不仅可以由此增加服务人群数量、扩大市场业务规模，而且可以积极提升行业的竞争能力以及社会美誉度和公信度，利国利民，一举多得。

（三）普惠保险可以积极参与我国社会治理创新

我国已经进入高风险社会，社会保障和公共安全管理对于促进社会稳定发展和民众安居乐业有重要作用，"十四五"规划提出要"加强和创新社会治理"，"健全基本公共服务体系，完善共建共治共享的社会治理制度"，核心在于更多地发挥社会和市场的作用，使其有效参与社会治理创新体系的构建。

保险是助力社会治理创新和现代化的重要力量，可以"实现对社会风险的全面和有效治理，降低社会风险的总暴露"（王和，2019）。首先，保险可以发挥自身对各类风险主体的责任分担和补偿功能，减轻风险负面后果对当事人和社会的不良影响；其次，保险可以发挥主动防控风险的作用，利用各类专业手段进行风险预测，甚至预知、降低风险发生率；最后，保险能够使松散的社会成员结成利益共同体，提升社会民众的自治能力和互助水平。

低收入人群和基层社区往往是风险发生与暴露的重点脆弱人群和场域，迫切需要开展针对基层社区的风险评估和防控，研发各类社区保险产品，探索建立保险服务基层社会治理创新的可持续运作模式。

（四）科技变革和创新将助力普惠保险快速发展

科技变革是当今时代的重要特征，新技术不断涌现，如互联网、大数据、区块链、物联网、人工智能、生物识别等，各类新技术将对保险领域产生根本性影响。保险行业可以创新利用各类科技手段，积极解决曾经限制保险发展的风险信息搜集和产品递送成本高等问题，"金融科技"将助力"构建新金融体系，更充分体现公平与正义原则，以及客户体验和人性关怀"（王和，2019）。正如保监会原副主席周延礼在"2017清华五道口全球金融论坛"的发言中指出的，通过利用互联网和新技术，保险行业在不断丰富产品供给、提升服务能力、优化客户体验、提高运营效率，保险科技成为行业价值创新的主要动能。可以预期我国科技创新发展速度将持续加快，成为我国普惠保险加速发展的重要助推力。

五　对策建议

（一）发挥制度优势，清晰定位普惠保险在社会发展中的作用和价值[①]

习近平总书记数次强调"不断保障和改善民生，促进社会公平正义"。从社会发展的角度，风险防范和分担机制的广泛建立是社会公平正义的重要保障，也意味着在微观层面需要为每个个体建立贯穿生命历程的风险长效防范和补偿机制，以实现更平衡更充分的发展。服务广大低收入人群和特定群体的普惠保险应该成为我国民生保障制度与基本公共服务体系的重要组成部分，也是社会治理能力现代化的体现。

普惠保险横跨社会保障和普惠金融两个领域，既涉及经济问题，也涉及社会问题，迫切需要在清晰定位普惠保险社会价值的前提下，开展跨学科的深入研究，提出可行性建议。面对一些西方国家"扭曲发展"带来的诸多问题，由部分第三世界国家启动、逐步被联合国和越来越多国家认可的"社会发展观"旨在使发展的经济成分与社会成分相融合，核心视角是制度化设计，即为增进人们的福祉动员各种社会制度，包括市场、社区和国家（米奇利，2009）。

在现代化的国家治理体系中，普惠保险保障的机制形成和作用发挥有赖于政府、市场和社会多个主体部门的共同协作。政府部门需要切实承担起主导责任，充分认识到积极发展普惠保险具有多维度的社会价值，理解和尊重保险的运作规律，将普惠保险作为完善我国社会保障体系和普惠金融战略的重要组成部分。同时，普惠保险可以有效分担政府对低收入人群的保障职能，发挥我国商业保险乃至金融市场的多维度价值需要通过专业研究予以清晰梳理和确认。基于此，制定一个多主体供给、多渠道保障、多层次服务的普惠保险发展规划，为各种类型的社会服务提供更多创新机会，如：可以利用保险引导和助力特殊群体的家庭资产建设，将保险与特殊需要信托相结合为自闭症患者和智力

---

① 本部分得到中国精算师协会副会长王和的指导、启发，特此致谢。

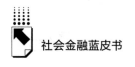

障碍者构建长期的资产管理和使用制度。

（二）各级政府加快制定支持普惠保险发展的具体政策

根据国际经验，政府是普惠保险发展最重要的引导和支持力量，建议各级政府部门在对普惠保险进行清晰的概念界定和制定评估标准的基础上，出台一系列具体的支持举措。一类是引导性政策，如提升普惠保险的业务比重，并将其向社会公开；修改《保险公司经营评价指标体系》（保监发〔2015〕80号），加入反映保险产品服务对特殊群体包容程度的指标。另一类是支持性政策，如对保险公司的普惠保险业务给予一定的增值税、印花税和企业所得税减免；对具有较强公益性但市场化运作难以在短期内实现盈亏平衡的普惠保险产品，可以由政府给予一定的补贴。

与此同时，专门、适合的监管制度是普惠保险有序发展的重要保障，建议金融监管部门出台普惠保险管理办法，设立专项部门对普惠保险的机构、业务发展、产品设计和市场营销、客户服务和保护等进行针对性的监管。

（三）加强对低收入人群和特殊群体的金融教育

从国际小额保险业务发展的经验来看，拓展小额保险业务的一个挑战来自目标客户群体本身，即低收入人群并非典型的"保险消费群体"，他们一般保险意识不强，对保险产品不熟悉，对保险公司不信任，甚至可能持怀疑态度（叶涛、叶宏，2011）。

对低收入人群和特殊群体中的绝大多数人而言，小额保险在他们的付费能力范围内，决定是否购买的重要因素是他们有无保险意识。普惠金融能否实现健康、有序发展，服务对象金融知识的多寡将起到决定性作用，可谓其发展的基础（张欲晓、雒庆举，2020）。国内外多项研究发现，金融教育对于人们主动、有效利用金融服务有重要作用。

目前我国对低收入人群和特殊群体有针对性的金融教育仍然不足，建议进一步加大对这些群体的宣传和培训力度，使他们了解普惠保险的价值和作用，增强主动购买保险、降低风险的意愿和动力，培养低收入家庭安排一部分支出用于购买保险的习惯。在这个方面，社会组织、社会工作者和高校等各类主体都可以发挥作用。鼓励社会组织和社会工作者、财经类院校、企业等积极发挥自身优势，加大投入，设计各类金融教育材料，政府部门可以提供金融教育宣传渠道和平台，打造适合我国低收入人群和特殊群体的金融教育体系。

（四）社会各界积极参与，加快构建普惠保险协作与支持网络

首先，积极鼓励开展针对普惠保险的专业研究。目前我国普惠金融研究主要集中于金融素养提升、普惠金融机制构建、农村普惠金融发展等方面，保险研究主要关注养老、医疗、风控、农业保险和长期护理等，对普惠保险的专题研究亟待加强。建议在各类课题、项目资助范畴里将"普惠保险"作为资助方向之一。

其次，保险公司关于低收入人群的风险数据往往不完整，不利于产品的科学定价、核保，对保险公司的风险管理而言也是很大的挑战。因此，需要加快建立各类特定群体的风险数据库，可以由保险监管部门和行业协会牵头，与相关部门建立合作机制，号召社会组织、科技公司等社会力量加入，在加快风险数据库建立速度的同时降低成本。

最后，在普惠保险的宣传推广和风险防控过程中最重要的是要有效发挥营销渠道的作用。面对低收入人群发展小额保险业务，保险公司能否有效地利用中介（或者说，与什么样的中介机构合作）非常重要。普惠保险产品自身无法承担高额的推广成本，因此需要多方合作，构建立体传播网络，通过分摊降低成本的同时提高效率。建议加快搭建普惠保险的开放合作平台（比如，遴选公益组织、各类人群的服务性组织、学术机构、普惠金融社会企业、科技公司等），确保它们是为低收入人群服务，具有清晰的机构目标和竞争优势，开放参与普惠性小额保险的空间。政府可以制定参与标准、规则及提供各类支持，也可以对小额保险领域具有良好信誉的服务机构进行认证，颁发相关证书，培育普惠保险多元参与主体的生态体系。

参考文献

财政部，2007，《关于印发〈中央财政农业保险保费补贴试点管理办法〉的通知》，《中华人民共和国财政部文告》第 7 期。

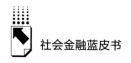
陈秉正，2020，《捐赠保险值得肯定更需规范发展》，http://pl. sinoins. com/2020 - 05/07/content_342025. htm。

复旦大学中国保险与社会安全研究中心、善诊海唯，2021，《惠民保前世、今生、未来——"惠民保" 2020 总结与 2021 展望》，https://max. book118. com/html/2021/0416/8117064137003075. shtm。

焦欢，2019，《当前公众金融素养和金融观念调查报告》，《国家治理》第 13 期。

李杰、赵勇，2012，《普惠金融视角下农村小额保险制度的构建》，《金融理论与实践》第 9 期。

任自力，2021，《网络互助行业缘何出现退出潮》，《法制日报》3 月 31 日。

王和，2019，《保险的未来》，中信出版社。

王向楠编，2020，《普惠保险》，中国社会科学出版社。

阎建军、于莹主编，2020，《中国健康保险发展报告（2020）》，社会科学文献出版社。

姚奕，2017，《小额保险理论前沿与实践初探》，北京大学出版社。

叶涛、叶宏，2011，《小额保险发展的基本情况及其挑战》，《中国保险报》10 月 11 日。

银保监会打非局，2020，《非法商业保险活动分析及对策建议研究》，https://new. qq. com/omn/20200914/20200914A0NE9300. html。

詹姆斯·米奇利，2009，《社会发展：社会福利视角下的发展观》，苗正民译，格致出版社。

张欲晓、雒庆举，2020，《保险业提升普惠性的路径创新研究》，首都经济贸易大学出版社。

赵全玺、胡乃军，2014，《建立残疾人商业保险补充保障机制的理论探讨》，《残疾人研究》第 4 期。

中国保险行业协会，2020，《2019 年中国保险业社会责任报告》，http://www. iachina. cn/art/2020/9/29/art_22_104660. html。

中国保险年鉴编委会编，2016，《中国保险年鉴 2016》，中国保险年鉴社。

中国保险年鉴编辑部编，2018，《中国保险年鉴 2018》，中国保险年鉴社。

中国保险年鉴编辑部编，2019，《中国保险年鉴 2019》，中国保险年鉴社。

中国人民银行金融消费权益保护局编著，2020，《中国普惠金融发展研究》，中国金融出版社。

B.4
中国社会影响力债券发展现状
与趋势分析

艾 云 于长江*

摘 要： 社会影响力债券是主要以"债券"为融资方式，兼顾财务回报和社会价值双目标的金融工具。社会影响力债券可分为"市场承担风险型"和"政府承担风险型"两种主要类型。前者公共服务项目失败的财务风险主要由市场上的投资者承担，以"为成功而付费"为特色，兴起并流行于欧美国家；后者的财务风险由政府来承担，主要应用于中国社会情境。以扶贫债券、乡村振兴专项债券、疫情防控债券为代表的中国特色的社会影响力债券主要由政府、政策性银行和国有企业发行并承担偿还本息的责任，它们在提供基本公共服务、保障和改善民生中发挥了不可或缺的作用。政府承担风险型社会影响力债券面临地方政府债务风险较重等挑战。在新发展理念的指导下，作为解决公共服务供给问题的积极实践，社会影响力债券在我国有着光明的发展前景。

关键词： 社会影响力债券；政府承担风险型；市场承担风险型

社会影响力债券（又称社会效应债券或社会效益债券）是主要以"债券"为融资方式，以提供公共服务产品、解决社会问题和推动社会发展为目标，兼

---

* 艾云，中央财经大学社会与心理学院社会学系副教授，研究方向为经济和组织社会学、国家治理与地方政府行为等；于长江，中央财经大学商学院博士研究生，研究方向为技术经济及管理、金融社会学。

顾财务回报和社会价值双目标的新型金融工具。社会影响力债券基本环节较为复杂，包括投资者、融资服务提供者、公共服务提供者、公共服务项目评估方等行动主体，因此它又被定义为公共部门吸引私人资本投资公共服务领域的一种社会合作治理工具（刘蕾等，2020）。基于各国将"债券"和"社会影响力"两者融合创新以提供公共服务的实践经验，可将社会影响力债券较为明确地区分为两种类型：一类是以欧美国家实践经验为主的市场承担风险型社会影响力债券，公共服务供给的财务风险被转嫁给投资者（慈善基金、金融公司、企业或个人等）；另一类是以中国经验为基础的政府承担风险型社会影响力债券，公共服务供给的财务风险聚集于政府内部，往往由政府财政予以兜底。本报告总结并比较分析这两种类型社会影响力债券的优势和适用范围，重点呈现中国特色的政府承担风险型社会影响力债券的发展现状、趋势与面临的挑战，结合中国国家治理的基本特点提出建议，推动社会影响力债券在中国多元化、多路径发展，以满足新发展阶段社会多层次、多类型的公共服务需求。

一 社会影响力债券概述

（一）何谓社会影响力债券

社会影响力债券是由政府委托的中介机构（融资服务提供者）公开发行或非公开定向发行的债券，所筹集的资金专门用来解决特定的社会问题、提供特定的公共服务。其基本行动主体主要有投资者、融资服务提供者、公共服务提供者（社会企业和社会组织）、公共服务接受者（社会群体）、后期付款者（政府）、公共服务项目评估方（专家团体等）等（见图1）。第一，投资者（慈善基金会、投资银行、债券直接购买者等）为中介机构注入项目前期需要使用的资金；第二，中介机构协调管理资金；第三，社会企业和社会组织接受中介机构付款，继而为社会群体（如服刑青少年、低收入群体等）提供具体服务，以实现服务目标；第四，公共服务项目评估方对项目实施方案、进度和结果予以评估；第五，项目结束或者债券到期后，政府按照合同将费用偿还或支付给中介机构；第六，中介机构得到政府付款，返还投资者的本金和收益。

政府承担风险型社会影响力债券和市场承担风险型社会影响力债券主要包

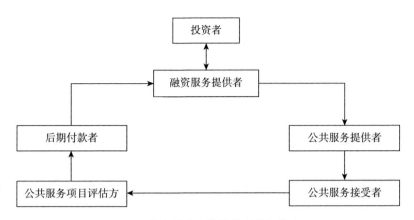

图1 社会影响力债券的利益相关者

括上述六个利益相关者，但两类债券的发行主体、各利益相关者间的关系模式（市场化关系或科层式行政化治理关系）等存在显著差异。中国以政府承担风险型社会影响力债券为主，债券常以政府信用为担保，债券所支持的项目属于国家重要发展战略领域，对于投资者而言风险小、利率低。同时，政府往往直接领导公共服务提供者，二者本质上是以政府为主导的科层式行政化治理关系，该服务效率依赖于政府调动资源、进行内部监管等治理能力。

西方国家以市场承担风险型社会影响力债券为主，该债券以中介机构为核心发行者，可视为多个利益相关者之间逐步缔结一系列债务合约，由此组成合约链条的过程，本质上是一种多主体合作共赢的市场化关系。它优化了公共服务的供给路径，减轻了政府的财务风险与负担，提高了公共服务的供给效率。总体上，作为公共服务提供者的社会企业和社会组织可以获得提供服务的初始资本；投资者在债券到期后得到本金与利润；第三方评估提升了过程的透明度；政府降低了融资成本与投资风险，更为有效地预防及改善社会问题；最终，各方的共同努力都是为了社会影响力债券的参与者能切实受益，改善社会服务，解决社会问题。

（二）社会影响力债券的类型

根据各国的经验，本报告将现有社会影响力债券分为两种类型：政府承担风险型和市场承担风险型。这里的风险主要指公共服务项目失败所导致的财务风险，而不是债券在二级市场上的利率变动风险。

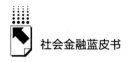
政府承担风险型社会影响力债券是主要由政府来承担公共服务项目失败所带来的财务风险的社会影响力债券。政府及其隶属的机构通过债券市场获得直接融资，继而为社会提供公共服务，这种社会影响力债券侧重于增强政府公共服务供给能力。政府承担风险型社会影响力债券使债券市场发行的债券更具有社会福利效应，这种具备社会福利效应的债券一方面充分利用政府信用，激发政府行动能力；另一方面发挥金融资本的社会价值，使得债券市场发行的正规债券不仅具有为投资人获取利润的财务功能，而且具有提供公共服务的社会功能。政府承担风险型社会影响力债券在中国尤为普遍，以政府、中央或地方国有企业、政策性金融机构为主发行的扶贫债券、疫情防控债券、乡村振兴专项债券、绿色债券是其主要代表。

市场承担风险型社会影响力债券是以市场主体（投资者）作为服务项目失败的主要财务风险承担者，采用绩效式付费（又称"为成功而付费"）的方式，即在项目实施成功后政府才付款。如果项目失败，则投资风险由投资者承担。这种类型的社会影响力债券，体现出以社会为主导的运作模式，由投资者预先直接为社会企业或社会组织提供项目实施所需资金，侧重于激发投资者的社会使命，激活公共服务提供者的专业能力。2010年，英国发行了第一只市场承担风险型社会影响力债券，具体由英国社会金融公司与多家投资机构签署投资协议，募集了490万英镑，随后英国社会金融公司委托多个非营利组织提供干预服务。因此，此类社会影响力债券往往并非二级市场上流通的债券，而体现为中介机构与投资者签订的债务合约。在中介机构的有力推动下，市场承担风险型社会影响力债券减轻了政府财政负担，吸纳了社会资本，促进了社会主体协同参与，优化了公共服务供给体系，被视为影响力投资领域最具创新性的金融工具之一。

在国家宏观发展战略支持下，政府及其所属企业等发行的相关债券以政府信用为支撑，在债券市场上直接融资，该债券具有低利率、低风险的特点，债券为国家重要战略服务。例如，自2015年以来我国共发行了约200只扶贫债券，为如期实现脱贫攻坚目标提供了重要的资金保障。因此，政府承担风险型社会影响力债券常常以国家宏观发展战略目标为导向，服务于大规模社会群体，具有总体性、全局性、普惠性等特征。政府承担风险型社会影响力债券往往以政府为主导，政府直接参与公共服务的供给，如通过政府下属企事业单位或社会组织直接提供公共服务，由此形成了一体化组织结构。这种管理结构存在信息披露不足、社会监督困难等治理挑战。总之，鉴于市场承担风险型社会影响力债券和政府承担风险型社会影响力债券各有优势与不足，我们认为，两者将在不同层次上满足人们的公共服务需求（见表1）。

表1　两类社会影响力债券比较

	政府承担风险型	市场承担风险型
财务工具	经债券市场正式发行的债券（公开或私募）	中介机构发行的债券或债务合约
风险承担者	政府	投资者
发行主体	政府、国有企业、政策性金融机构	中介机构，如英国社会金融公司
主要协调者	政府	金融或社会中介组织
公共服务提供者	政府、社会企业和社会组织	社会企业、社会组织
服务对象	大规模社会群体	小规模特定社会群体
公共服务导向	国家宏观发展战略	地方社会群体需求
公共服务特征	多为公共服务领域的基础设施	多为有针对性的公共服务
治理特征	组织内部一体化	多主体、多环节、市场化
治理难点	监督和激励	市场化关系，交易成本高

在实践中，我国目前仍然以政府承担风险型社会影响力债券为主导模式，市场承担风险型社会影响力债券在我国只有少量探索，规模较小。

二　中国社会影响力债券发展现状

中国债券市场体系里有很大一部分是享有国家特殊政策支持的政府债券或与公共服务供给、重大公共安全有关的国有企业债券以及国家政策性金融机构和国有商业银行发行的金融债券，这些堪称中国特色的社会影响力债券。政府是公共服务项目失败的主要风险承担者，同时引导社会资本参与，保障重点社会服务领域和公共基础设施建设的合理融资需求得到满足。

地方政府为地方经济社会建设进行债券融资可以追溯到20世纪90年代，尤其是1997年亚洲金融危机之后，地方政府承受着越来越大的基础设施建设压力，需要通过发行债券获得融资。1994年《预算法》出台，禁止

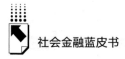

地方财政列赤字，举债融资。在此背景下，政府投融资平台兴起，成为代表地方政府开展融资的关键主体。2008 年金融危机之后，地方政府融资平台的地位得以凸显。特别是中国人民银行联合中国银行业监督管理委员会（以下简称银监会）发布《关于进一步加强信贷结构调整促进国民经济平稳较快发展的指导意见》，支持有条件的地方政府组建融资平台，发行企业债、中期票据等。

2014 年中央政府启动对地方政府的债务甄别工作，规范地方政府的债务融资行为，限制地方举债规模。2014 年 9 月国务院发布《关于加强地方政府性债务管理的意见》，明确将政企债务进行分离切割，并开始在全国范围内整治地方政府债务问题。在国家政策层面，开始偏向以专项债券为主。财政部出台了《地方政府专项债务预算管理办法》《关于做好 2018 年地方政府债务管理工作的通知》等一系列文件，支持和规范地方专项债券创新发展。从赋予地方政府适度举债融资的权限，到初步规范专项债券的预算和发行管理，到鼓励地方创新和丰富债券品种，专项债券逐步转向社会服务领域，包括社会事业、农业产业、绿色产业、养老产业、PPP 项目、双创孵化、住房租赁、绿色债券、纾困债券、乡村振兴专项债券、疫情防控债券等。随着社会需求的变化，地方政府不断推出新债券。2014~2015 年，国家发展和改革委与财政部相继推出专项债券，财政部主要推出"地方政府专项债券"，将地方债务纳入预算管理，以"防风险"为主要出发点；国家发展和改革委主要推出"企业专项债券"，以"稳增长"为出发点，侧重于引导社会资金进入相关领域，深度下沉至产业并锁定募集资金用途，成为地方政府投融资平台获得融资的重要通道。截至目前，专项债券规模已超过10 万亿元。2021 年 2 月，财政部办公厅、国家发展和改革委员会办公厅联合下发的《关于梳理 2021 年新增专项债券项目资金需求的通知》指出，2021 年新增专项债券重点用于交通基础设施、能源项目、农林水利、生态环保项目、社会事业、城乡冷链物流设施、市政和产业园区基础设施、国家重大战略项目、保障性安居工程等领域。因此，系列政策支撑了以政府、国有企业和政策性金融机构为主体的债券的发行。

（一）多主体、大规模发行扶贫债券，为打赢脱贫攻坚战提供了关键支撑

自《中共中央、国务院关于打赢脱贫攻坚战的决定》颁布以来，我国扶贫债券市场开始迅速发展。从 2016 年首只扶贫专项金融债券（中国农业发展银行通过银行间市场发行），到 2017 年首只扶贫公司债券（上海证券交易所发行），其间还有企业债券、短期融资债券、中期票据、地方政府债券等扶贫债券，以及扶贫资产支持债券等，扶贫债券发行数量不断增长，规模不断扩大。

从扶贫债券总体发行规模看，截至 2020 年底累计发行扶贫债券 2719.81亿元，扶贫债券达 196 只。其中，2017 年扶贫债券发行规模最大，达到802.32 亿元；2018 年扶贫债券发行规模达到 666.84 亿元（见图2）。

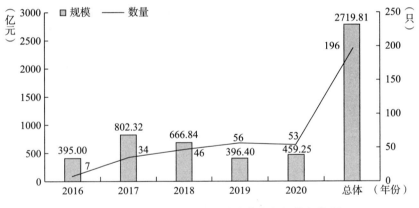

图2　2016～2020 年中国扶贫债券发行规模与数量

政策银行债券发行规模最大（见图3）。截至 2020 年底，政策银行债券发行规模为 1587.76 亿元，在扶贫债券总体发行规模中占比达到 58.38%。

扶贫债券得到广大投资者认可，其以公开市场发行为主，以私募市场发行为辅。据统计，共有 195 只扶贫债券公布了发行方式，按照私募方式和公募方式统计，私募债券规模为 464.98 亿元，占总体发行规模的 17.10%；公募债券发行规模为 2254.82 亿元，占总体发行规模的 82.90%。私募债券数量为 93只，占 47.69%，公募债券有 102 只，占 52.31%；按照是否为城投债券方式统计，非城投债券有 93 只，城投债券有 102 只。

从扶贫债券发行数量看，地方国有企业为主要发行主体。从扶贫债券发行

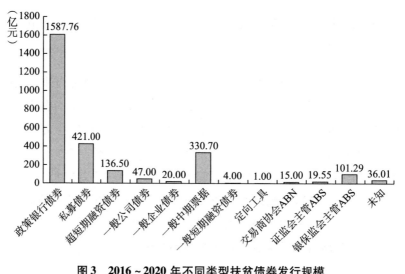

图3 2016~2020年不同类型扶贫债券发行规模

规模看,中央国有企业为主要发行主体(见图4)。地方国有企业、民营企业、中央国有企业、外商独资企业和公众企业发行数量分别为134只、12只、46只、3只、1只。

从发行规模来看,中央国有企业发行规模为1796.61亿元,占总体发行规模的66.06%;其次是地方国有企业,发行规模为884.45亿元,占总体发行规模的32.51%。

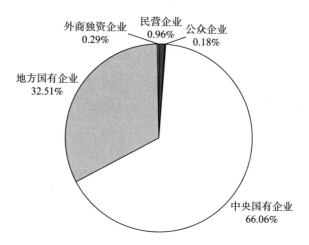

图4 2016~2020年各发行主体实际发行扶贫债券规模的占比分布

扶贫债券发行地区广，中西部贫困地区发行规模大。截至 2020 年末，全国共有 24 个省（区、市）发行过扶贫债券，累计发行 196 只。从数据看，北京市扶贫债券发行规模最大，这主要是因为总部位于北京的中国农业发展银行和国家开发银行发行了扶贫债券，共计 1587.76 亿元。剔除这部分扶贫债券之后，北京市发行的扶贫债券规模变为 209.35 亿元。除北京外，重庆、贵州和四川的扶贫债券发行规模分别为 104.10 亿元、138.60 亿元和 83.85 亿元。

扶贫债券发行利率较低。196 只扶贫债券中有 8 只债券未公开票面利率，从 Wind 公开数据看，扶贫债券平均票面利率为 5.49%，最低票面利率仅为 1.11%，最高票面利率为 8.20%。最低利率债券为 2020 年 4 月 21 日国家开发银行发行的政策银行债券，最高利率债券为湖南省常德市石门县地方政府企业非公开发行的扶贫专项公司债券。

从募集资金用途看，扶贫债券主要用于易地搬迁扶贫项目。随着 2020 年底我国脱贫攻坚任务如期完成，全国范围内的绝对贫困已消除，扶贫债券完成历史使命并逐步退出债券市场。

（二）"十四五"时期乡村振兴专项债券蓬勃发展

2021 年 2 月 21 日，《中共中央、国务院关于全面推进乡村振兴加快农业农村现代化的意见》正式发布。2021 年 2 月 25 日，国务院直属机构国家乡村振兴局正式挂牌；2021 年 3 月，中共中央、国务院发布《关于实现巩固拓展脱贫攻坚成果同乡村振兴有效衔接的意见》，提出乡村振兴的重点工作。根据战略部署，2035 年乡村振兴将取得决定性进展，农业、农村现代化基本实现，2050 年"乡村全面振兴农业强、农村美、农民富全面实现"。

早在 2017 年 8 月 9 日，国家发改委出台《农村产业融合发展专项债券发行指引》，积极服务于乡村振兴战略。2018 年 3 月 27 日，财政部下发《关于做好 2018 年地方政府债务管理工作的通知》，提出按照中央经济工作会议确定的重点工作，优先在重大区域发展以及乡村振兴、生态环保、保障性住房、公立医院、公立高校、交通、水利、市政基础设施等领域选择符合条件的项目，积极探索试点发行项目收益专项债券。2018 年 8 月 20 日，四川省财政厅发行泸县乡村振兴专项债券（一期），发行规模为 5 亿元，为全国首单乡村振兴专项债券。此后，江西、山东、河南等多省在 2019 年就特色小镇、乡村扶贫、

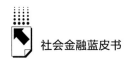

高标准农田等项目发行乡村振兴专项债券。截至 2020 年 12 月 31 日，全国累计发行乡村振兴专项债券 241.44 亿元。

乡村振兴专项债券的产品新、增长快。2018 年发行规模仅为 9.7 亿元，2019 年达到了 108.52 亿元，比上一年增长了 10 倍多；2020 年乡村振兴专项债券发行规模继续增长，达到了 123.22 亿元。

乡村振兴专项债券发行的票面利率较低，利率波动幅度较小。截至 2020 年 12 月，乡村振兴专项债券累计发行 35 只。2018 ~ 2020 年乡村振兴专项债券平均票面利率为 3.40%，显著低于扶贫债券的平均票面利率。具体而言，乡村振兴专项债券 2018 年平均票面利率为 3.92%，2019 年平均票面利率为 3.42%，2020 年平均票面利率为 3.20%。

发行乡村振兴专项债券的省份以西部省份为主。乡村振兴专项债券发行主体均为省级人民政府，其中四川省发行规模最大，达到 125.86 亿元；其次为江西省，发行规模为 78.39 亿元（见图 5）。乡村振兴专项债券主要投向乡村基础设施、公共服务配套以及乡村旅游等项目。

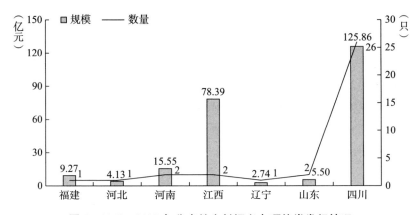

图 5 2018 ~ 2020 年分省份乡村振兴专项债券发行情况

2021 年《乡村振兴促进法》颁布后，乡村振兴专项债券出现了发行规模激增、发行品种多元化、多个主管部门多头推进的趋势。2021 年 6 月 24 日，国家开发银行成功发行首期乡村振兴专题人民币金融债券 100 亿元，主要用于污水处理和美丽乡村建设等领域。为更好地服务乡村振兴战略，债券主管部门继续推出促进金融资源流向乡村振兴领域的相关政策。深圳证券交易所（以下简称深交所）在中国证券监督管理委员会（以下简称证监会）指导下，研究推出"乡村振兴专项公司债券"。2021年6月16日，深交所首单乡村振兴专项公司债券发行，即广东省广新控股集团有限公司公开发行5亿元乡村振兴专项公司债券"21广新V1"。2021年6月24日，上海证券交易所（以下简称上交所）首单乡村振兴专项公司债券发行，即江西省交通投资集团有限责任公司（原江西省高速公路投资集团）发行"21赣交V1"乡村振兴专项公司债券5亿元。在中国人民银行指导下，中国银行间市场交易商协会推出"乡村振兴票据"，利用债务融资工具专项产品支持乡村振兴，通过市场化手段引导鼓励社会资本投资农业、农村。

乡村振兴票据、乡村振兴专项债券现已发展相对成熟，在乡村振兴背景下将延续目前积极发行的态势，继续保持增长趋势。在乡村振兴战略支持下，地方政府和国有企业纷纷发行乡村振兴专项债券，随着乡村振兴加速推进，乡村振兴专项债券的市场接受度更高，未来几年或将迎来发行热潮。

（三）疫情防控债券发行"破万亿"，"绿色通道"多措并举积极战"疫"

新冠肺炎疫情突袭而至，使得疫情防控融资需求迅速增加，市场需要资金保障生产和维持运转，监管机构为相关企业发行债券开辟了"绿色通道"，提高了发行效率，首批疫情防控债券发行。2020年2月累计发行了259只疫情防控债券，全年累计发行疫情防控债券792只（见图6）。

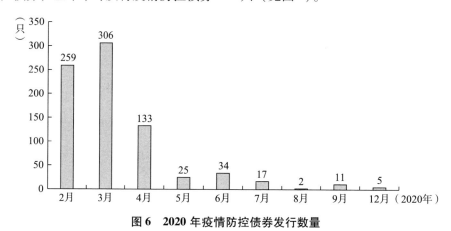

图6 2020年疫情防控债券发行数量

疫情防控债券发行量大、发行速度快、平均利率低。截至2020年12月底，疫情防控债券累计发行规模为15419.99亿元（见图7），其中7月发行规模最大，主要因为财政部发行了抗疫特别国债。全年共发行792只疫情防控债券，其中738只疫情防控债券公开了票面利率。据Wind数据统计，疫情防控债券的平均票面利率为3.62%。然而，疫情防控债券票面利率差异较大，最高票面利率达8.20%，最低票面利率仅为0.10%。

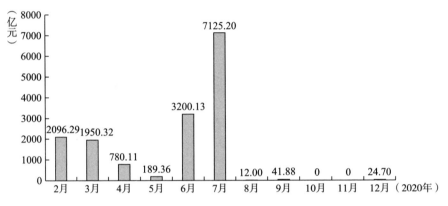

图7　2020年疫情防控债券发行规模

疫情防控债券以财政部发行的抗疫特别国债为主要类型。截至2020年12月底，财政部共发行1万亿元抗疫特别国债，占发行总量的64.85%；其次为地方国有企业，累计发行2339.19亿元（见图8）。抗疫特别国债明确将筹资

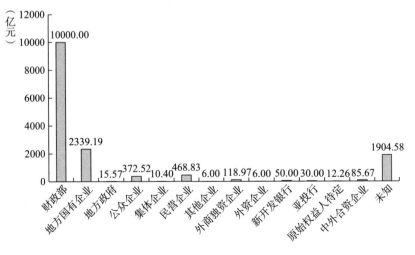

图8　2020年不同发行主体的疫情防控债券发行规模

全部转给地方，主要用于公共卫生等基础设施建设和抗疫相关支出，其利息全部由中央财政承担，但中央财政只偿还本金的30%，另外70%由地方偿还。因此，地方政府仍是债务的主要承担者。

除了西藏自治区、青海省和港澳台未发行外，其余29个省份发行了疫情防控债券（见图9）。其中，除北京外，广东、上海和湖北发行规模位居前列，分别为545.29亿元、508.37亿元和488.31亿元；湖北、江苏和上海的发行数量位居前列，均为76只。

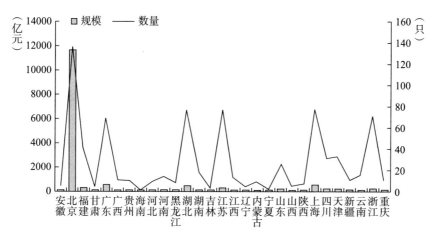

图9　分省（区、市）疫情防控债券发行规模与数量

除抗疫特别国债外，疫情防控债券主要发行主体来自金融行业。如图11所示，已发行疫情防控债券（抗疫特别国债除外）主体中，金融行业发行规模最大，达到2173.84亿元；中国进出口银行和国家开发银行都发行了抗疫专题债券，主要用于抗疫应急贷款。也有券商将不低于10%的募集资金用于疫情防控类金融产品，有融资租赁公司募资满足受疫情影响地区及医药企业的融资租赁需求等。其次为工业，疫情防控债券发行规模为1689.13亿元（见图10）。

疫情防控债券绝大多数为跨市场发行。跨市场发行规模最大，为10180.57亿元；其次为银行间债券市场，发行规模为2856.10亿元；再次为上交所，发行规模为1655.93亿元；最后为深交所，发行规模为723.79亿元。

此外，2020年2月，中国银行澳门分行成功发行等值50亿澳门元"中小

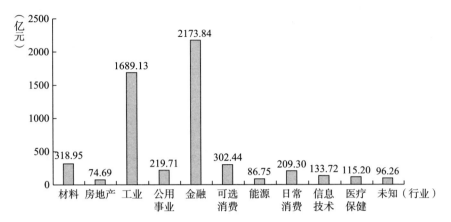

图10 分发行主体所在行业疫情防控债券发行规模

企疫情防控社会责任债券"①，募集资金全部用于澳门中小企业贷款，以保障应急融资需求，支持中小企业渡过难关，促进当地经济平稳复苏。该债券于2020年荣获年度最佳社会债券大奖。这是境外市场发行的首单抗疫专题债券，也是中资机构在境外首单获得第三方社会责任认证的债券，受到国际金融市场高度关注。

（四）引入按结果付费机制——新型社会影响力债券的初步探索

以欧美国家为主要实践者的市场承担风险型社会影响力债券近年来在中国有少量探索。政府承担风险型社会影响力债券的相关利益行动者认识到按结果付费机制的重要作用，因而尝试将按结果付费机制引入实践。

2016年12月23日，山东省沂南县扶贫社会效应债券在全国银行间债券市场发行。该债券采取非公开定向发行方式，募集金额5亿元，期限为10年，专项用于公共服务和基础设施配套等"六个一"扶贫工程，惠及人口覆盖当地125个贫困村的2.2万群众。在收益结构上，采用"本金保证、收益浮动"的方式，按绩效付费，票面利率浮动范围在3.25%～3.95%之间。沂南县人民政府授权财政局以政府购买服务方式运作沂南县扶贫社会效应债券项目。沂南县人民政府与沂南县城乡建设发展有限公司签订《沂南县扶贫社会效应债

---

① 《澳门中银发行50亿中小企疫情防控社会责任债券》，http://hm.people.com.cn/n1/2020/0228/c42272-31609396.html，最后访问日期：2020年2月28日。

券相关项目政府购买服务合同》，采购资金包括项目投资成本、债券融资费用及建设回报，总金额 7 亿元。不过，这个项目最终被叫停。

2018 年 10 月，北京市基础设施投资有限公司发行了中国首单推动交通可持续发展的社会效应债券。这只债券发行规模为 50 亿元，其中 2018 年第一期中期票据总额 30 亿元，2019 年第一期中期票据总额 20 亿元（见表 2），均采用绩效付费方式。该债券全部资金用于北京轨道交通 3 号线和 12 号线的建设。该债券采用按照项目执行结果浮动利率定价机制。

表 2　北京市基础设施投资有限公司社会效应债券的基本信息

	2018 年第一期中期票据		2019 年第一期中期票据	
	品种一	品种二	品种一	品种二
发行规模（亿元）	15	15	10	10
发行期限（年）	5 + 5	8 + 2	10	10
票面利率浮动范围	（ - 5BP，5BP）	（ - 5BP，5BP）	（ - 5BP，5BP）	（ - 5BP，5BP）

资料来源：根据上海清算网（https://www.shclearing.com/shchapp/pages/client/search/bond_do_search.jsp）数据整理。

该债券利息与结果挂钩的创新性付费机制设计有效实现了债券投资价值和社会效益的结合，即社会效益改善可以直接提高投资收益，继而激励更多的投资者参与社会影响力债券，形成正向循环激励，具有一定的创新价值。

（五）"星星之火"：市场承担风险型社会影响力债券的中国实践

市场承担风险型社会影响力债券主要出现于英国、美国、澳大利亚等国家，随着其影响力日渐扩大，中国投资者和社会组织开始关注并将其引入实践。2018 年深圳市福田区进行了国内首单市场承担风险型社会影响力债券的实践。

深圳市福田区 CBD 及环中心商务区有近 90 万名工作人员，且以年轻人为主。在深圳生活与工作的年轻人脱离了原来的亲友关系，社交圈小、工作节奏快、竞争激烈，造成了交友难问题。考虑到这部分人群的婚恋难问题已经对企业留住人才、稳定人才产生了负面影响，共青团福田区委员会（以下简称福田区团委）针对该问题提出了解决方案。福田区团委联合深圳市

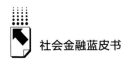
创新企业社会责任促进中心、嘉华婚爱公益基金会等，以社会影响力债券的方式实施福田区青少年社会影响力债券项目，希望促进婚恋和交友服务，通过量化指标考核来评估项目执行效果，从而探索一种较传统婚恋和交友服务更为高效的项目模式。具体而言，嘉华婚爱公益基金会为融资服务提供者（中介机构），深圳市创新企业社会责任促进中心作为公共服务提供者，福田区青年为公共服务接受者，深圳国际学院作为公共服务项目评估方，福田区团委作为后期付款者。

根据合同约定，评估结果对应的成果支付安排如下：第一阶段评估完成后，后期付款者应向中介机构支付 30 万元；第二阶段评估结束后，后期付款者应向中介机构支付超额回报 0.561 万元作为奖励，项目执行期为 18 个月。目前该项目已圆满结束，嘉华婚爱公益基金会亦获得了"基本收益 + 奖励性收益"。深圳市福田区首单社会影响力债券的规模小，但切实将市场化、专业化机制融入了各环节，较好地实现了多主体参与和多方共赢，为大规模推广针对具体社区、小规模社会群体提供量体裁衣式公共服务的社会影响力债券项目模式积累了经验。

在新发展阶段，国家大力推动以社区为单位的公共服务体系建设，面向社区居民提供具体的便民利民服务、志愿和互助服务、专业服务，旨在满足社区居民日益增长的、多元的美好生活需要。市场承担风险型社会影响力债券的具体设计可以"一事一议"，从而因地制宜、灵活地根据社区情况设计公共服务，动员社区参与，以满足具体社区或社会群体的公共服务需求。

三　中国社会影响力债券发展面临的挑战

政府承担风险型社会影响力债券在脱贫攻坚、乡村振兴等国家重要战略领域及疫情防控中都发挥了重要作用，积累了丰富的实践经验。市场承担风险型社会影响力债券在中国还处于萌芽阶段，在"一城一地一社区"的具体公共服务项目中的应用也较为不足。具体而言，中国社会影响力债券的发展还面临如下挑战。

（一）政府承担风险型社会影响力债券资金的使用过程与效果缺乏监管与评估

总体上，中国以政府为主导的社会影响力债券项目的信息公开程度有限。2014 年 10 月《国务院关于加强地方政府性债务管理的意见》发布，中央政府开始加强对地方政府债务的监管，规范地方政府债务行为，控制地方政府债务规模，严格限定政府举债程序和资金用途，把地方政府债务分门别类纳入全口径预算管理，实现"借、用、还"相统一。2015 年，财政部发布《地方政府一般债券发行管理暂行办法》《地方政府专项债券发行管理暂行办法》，这两个文件进一步规范了地方政府的借债行为。然而，为了实现融资目标，一些地方政府、平台公司以及金融机构合谋，重复抵押、平台互保、违规放款等不规范行为仍屡屡发生；债券资金使用过程和效果缺乏监管与评估，违规列支与越轨使用专项债券资金的现象较为普遍。2020 年，财政部发布《地方政府债券发行管理办法》，要求通过完善信息化手段，对专项债券项目实行穿透式监测，主要监测项目准备情况、项目建设情况、项目运营情况、项目专项收入情况。虽然国家加强了对地方政府债券发行过程和效果的监管，但目前监管制度对债券支持项目的社会效益重视不够，社会效益的评估环境和实施机制较为缺乏。社会影响力评估需要高质量的数据，特别是不同部门、不同口径、不同领域的数据要有一致性，我国许多地方政府的数据协同与数据公开等还需要时间。社会效益的评估刚刚起步，尚未形成统一公认的社会影响力评估体系。

（二）地方政府债务负担较重，隐性债务风险不容忽视

实施分税制以来，中央与地方在财权与事权方面不协调、不匹配，甚至严重错位，导致地方政府财政收支矛盾突出。在加大公共服务支出力度的背景下，地方政府债务负担过重，有些地方政府违法违规举债融资。2015 年 1 月至 2021 年 1 月，地方政府累计发行债券 33.97 万亿元，其中专项债券 16.85 万亿元。专项债券以政府性基金收入或专项收入作为主要来源，强调专项债券项目财务回报与融资规模相匹配，保证项目的经济收益能够覆盖融资成本。实际上，专项债券资金违规使用现象大量存在。2021 年 6 月，审计署发布《国务院关于 2020 年度中央预算执行和其他财政收支的审计工作报告》。报告指

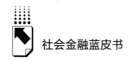

出，截至 2020 年底，55 个地区专项债券余额 1.27 万亿元中有 413.21 亿元（占 3.25%）未严格按用途使用，其中 5 个地区将 204.67 亿元投向无收益或年收益不抵本息支出的项目，偿债能力堪忧。[①] 因此，专项债券资金违规使用和收益不足等导致项目偿债，或者地方政府用政府性基金收入偿还债务，这必然增加地方政府的债务压力和债务风险。

（三）市场承担风险型社会影响力债券尚未得到相关行动主体的广泛认可

流行于欧美国家的"为成功而付费"的市场承担风险型社会影响力债券具有分摊项目风险的功能，但这种类型的债券在中国尚未得到相关行动者的广泛认可。首先，在我国的预算管理和债券发行体制下，地方政府为提供公共服务发行市场承担风险型社会影响力债券仍缺乏明确的政策指引。地方政府作为绩效买单方的行为模式与国家关于地方政府变相融资的界定不清晰，可能存在政策冲突，障碍了社会影响力债券的推广发行，尤其是财政部《关于坚决制止地方以政府购买服务名义违法违规融资的通知》提出了如何评估并区别以购买服务名义的违规举债和发行社会影响力债券的新课题。其次，社会影响力评估工具尚不健全，投资者难以辨识项目的社会价值。社会影响力评估仍缺乏统一公认的标准，目前全球已经开发出十多种社会影响力评估工具，其中运用较为广泛的有社会投资回报率、影响力报告和投资标准等。虽然这些评估方法在英美等国得到较多采用，但在我国由于引入时间较短，适合我国国情的评估体系尚未发展起来（果佳、王海玥，2016），在债券支持项目中引入的社会影响力评估机制仍不健全。最后，目前，大多数社会资本仍习惯于以纯粹捐赠或者纯粹商业投资的方式参与社会事业，按结果付费机制尚未得到广大投资者的认可和接受。

（四）参与公共服务供给的社会企业和社会组织发育不足

社会企业和社会组织作为社会影响力债券项目的公共服务提供者是项目的

---

① 《国务院关于 2020 年度中央预算执行和其他财政收支的审计工作报告》，http://www. npc. gov. cn/npc/c30834/202106/05e15184af5d4675a6be575258a2e0ec. shtml，最后访问日期：2021 年 6 月 8 日。

关键参与方，但在我国有专业能力的公共服务提供者仍发育不足，社会影响力债券难以找到合适的公共服务提供者，这也从供给侧阻碍了社会影响力债券的发展。首先，我国目前尚未有关于社会企业的专门管理办法和相应的注册类别，因此作为公共服务重要提供主体的社会企业还没有得到充分发展。其次，公共服务领域专业人才队伍不足。当前社会工作人才队伍建设不足、社会工作者的专业能力亟待提升、社会工作职业化发展困境较多，这在很大程度上束缚了社会服务机构的服务能力，阻碍了机构发展。我国社会工作人才较少，同时，行业收入排名里社会工作者收入居末位。社会工作者的薪酬低导致社会服务领域难以吸引高素质人才，服务水平难以提高。最后，政府对社会服务机构的支持体系还有待完善，有必要鼓励地方根据本地实际情况探索社会服务机构发展政策，进一步加大对社会服务机构的孵化培育力度，并在购买服务、税收优惠等方面建立支持体系。

四　中国社会影响力债券的发展趋势

进入 21 世纪以来，全球生态可持续发展、社会公共治理等问题格外突出，中国也面临迅速老龄化、收入差距大、公共卫生资源短缺等挑战。要有效应对和解决这些治理难题，需要投入大量资金。社会影响力债券具有整合公共部门与私人部门、跨领域协同治理优势，着力解决理念困顿、资金瓶颈、激励乏力和绩效不彰等难题。在新发展理念的指导下，作为一种解决公共服务供给问题的积极实践，社会影响力债券在我国有光明的发展前景。

（一）专项债券扩容，地方政府融资平台加速市场化，政府承担风险型社会影响力债券为其转型提供了新契机

地方政府财政收支差额日渐拉大，从最近几年地方政府专项债券融资走势看，预计未来债券融资规模还将继续扩大。2020 年新增专项债券 3.75 万亿元，专项债券增长率达 57.57%，发行领域在棚改、土储等基础上扩展到民生保障、乡村振兴、医疗卫生、灾后重建、文化旅游等（张振国等，2020）。目前，某些国有企业发行的债券将"社会效益"纳入评估指标，在交通、抗疫等领域开展实践，某些债券被正式命名为"社会效应债券"。结合最近几年地方政府专项债券品种的创新尝试，预计未来专项债券发行量将继续增加，以民生保障、乡村振

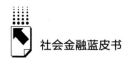
兴、医疗卫生等社会服务为社会影响力目标的债券将迎来迅速发展期。

此外，近年来多个监管部门继续严格控制融资平台贷款，且国家发改委的企业债券审批政策有所调整，因此，企业债券的发行量和发行进度将受到多方约束而放缓；长期看，国家对地方政府融资平台持续采取严格的监管政策，这迫使地方政府融资平台加速市场化，以支持地方公共服务建设，市场承担风险型社会影响力债券为其转型提供了新契机。

（二）投资者积极拥抱社会影响力投资

目前全球面临社会和环境问题的巨大挑战，需要大量的资金投入。据联合国估计，发展中国家顺利实现可持续发展目标，到2030年需要3.9万亿美元投资，但目前仅为1.4万美亿元（中国发展研究基金会、友成企业家扶贫基金会，2020）。OECD国家已经将社会价值纳入社会政策的关键框架。我国提出了"创新、协调、绿色、开放、共享"五大发展理念，社会影响力投资的内在精神与此高度契合。同时，我国一些知名社会投资主体积极践行社会价值投资，为社会影响力债券的发展提供了社会基础。例如，2021年4月腾讯宣布将首期投入500亿元用于可持续社会价值创新，对包括基础科学、教育创新、乡村振兴、碳中和、FEW（食物、能源与水）、公众应急、养老科技和公益数字化等领域进行探索（杜强，2021）。2021年8月，腾讯宣布再次增加500亿元资金，启动"共同富裕专项计划"，并深入结合自身的数字和科技能力，在诸如乡村振兴、低收入人群增收、基层医疗体系完善、教育均衡发展等民生领域持续提供助力。

（三）社会影响力债券相关政策法规逐步完善

2017年12月15日，中国人民银行、银监会、证监会、保监会联合发布的《关于金融支持深度贫困地区脱贫攻坚的意见》指出，支持深度贫困地区符合条件的企业通过发行短期融资债券、中期票据、扶贫票据、社会效应债券等债务融资工具筹集资金，实行会费减半的优惠，这是政策层面首次正式提及支持社会效应债券的发行。[1] 2018年北京市基础设施投资有限公司发行的中期票据

---

[1] 复观律师事务所：《社会影响力债券在中国》，http://www.chinadevelopmentbrief.org.cn/news-25254.html，最后访问日期：2021年2月9日。

首次正式以社会效应债券为名，其与债券评估机构签订了《社会效应债券评估服务协议》，将从社会经济效应、节能环保效应和社会服务效应三个方面对该债券项目进行评估。随着中国政府对社会影响力债券实践探索的不断深入和资本市场的逐渐成熟，在借鉴国际经验和以往案例经验的基础上，相关政策法规逐步完善，例如社会效益评估体系逐步完善、融资产品结构设计合理化等，而在积累更多实践经验和立法资源的基础上，社会影响力债券有望在中国真正具有更大的"影响力"。

（四）市场承担风险型社会影响力债券受到各方青睐

市场承担风险型社会影响力债券吸纳投资者资源，激发社会组织活力，其公共服务供给内容更加丰富，更能满足不同社会群体的多层次需求。欧美国家在市场承担风险型社会影响力债券方面积累了丰富的经验，我国一些地方政府也鼓励相关机构进行这方面的尝试。2018年3月深圳市福田区政府发布《福田区关于打造社会影响力投资高地的扶持办法》，提出大力支持社会影响力债券发行，为社会影响力债券发行提供了多方面政策支持。此外，福田区团委联合深圳市创新企业社会责任促进中心成功开展了社会影响力债券项目实践，为后续的社会影响力债券项目提供了样本。

未来，中国仍将以政府承担风险型社会影响力债券为主，并逐步形成科学的社会影响力评价指标和评估体系，以吸纳社会主体积极参与，共同提供优质的公共服务。市场承担风险型社会影响力债券得到具体金融机构、社会组织的支持与实践，将在具体空间范围、有限规模范畴内为不同社会群体提供适合具体情境的、专业化的公共服务。

五　对中国社会影响力债券发展的建议

目前，与我国公共服务领域的巨大需求相比，社会影响力债券的总发行量仍较小，应用领域还不够广泛，科学合理的社会影响力评估体系和机制还没有建立，"为成功而付费"的做法还未被广泛接受。因此，应逐步解决社会影响力债券发行和发展面临的问题，为此本报告提出以下建议。

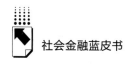

（一）支持地方政府发行社会影响力债券，适度纳入地方政府专项债券

从管理上看，地方政府专项债券以具体项目为载体，偿还资金也由相应项目支付，这与社会影响力债券的项目制管理模式有相同之处，将社会影响力债券纳入专项债券有利于丰富地方政府债务融资。从政策支持看，2017年5月16日，财政部联合国土资源部印发了《地方政府土地储备专项债券管理办法（试行）》，2017年6月26日，财政部联合交通运输部印发了《地方政府收费公路专项债券管理办法（试行）》，规范了专项债券额度管理、预算编制和执行等，为社会影响力债券的发行提供了政策基础。此外，2021年6月，财政部印发了《地方政府专项债券项目资金绩效管理办法》，强调了绩效目标管理应当重点反映专项债券项目经济效益、社会效益、生态效益等，也为社会影响力债券的发行提供了最新的政策支持。

（二）鼓励发行针对公共服务供给的社会影响力债券

地方政府专项债券资金用途不仅包括基础设施建设，也应涉及公共服务供给。目前政府承担风险型社会影响力债券筹集的资金主要投向交通基础设施、能源、农田水利、生态环保、社会事业、物流基础设施、市政和产业园区基础设施、国家重大战略项目、保障性安居工程等领域，大多用于基础设施建设，而专门针对公共服务供给的社会影响力债券发行数量仍严重不足。今后债券发行主管部门应重视针对就业与培训、儿童与家庭福利、卫生健康、教育、青少年犯罪、农业与环境、养老等领域公共服务供给的社会影响力债券，完善债券支持的公共服务项目的社会效益评估机制，鼓励投资者购买积极参与公共服务供给的社会影响力债券。

公共服务领域的社会影响力债券项目具有很强的专业性和实践性，可以先选择适宜地点及领域进行项目试点，在干预项目选取、绩效指标确定和评估、合同拟定、债券发行、基于结果付费等方面积累经验。建议由中央政府出资，设立支持地区试点的专项资金，用于地方试点项目的方案设计和项目执行，以鼓励和支持地方政府开展按结果付费的社会影响力债券项目试点工作（曹萍，2016）。此外，从英国等国的经验看，已有专门的研究机构和专项资金来支持市场承担风险型社会影响力债券的发展，且已形成一定规模的社会影响力债券市场。我国亦可以通过顶层设计引导金融机构推动社会影响力债券市场建设。同时，我国已发行的社会影响力债券大多针对大型机构投资者，未来可进一步开发零售社会影响力债券品种，通过吸引中小机构、公众参与投资，扩大市场规模，引导市场将公众的社会影响力投资意向转化落地。

（三）加强社会影响力债券资金的全生命周期管理

根据财政部发布的《地方政府专项债券发行管理暂行办法》，地方政府专项债券的融资所得必须投资于有一定收益的公益性项目，而且《关于加快地方政府专项债券发行使用有关工作的通知》也十分清晰地为专项债券设置了"负面清单"，尤其是在政策执行方面完善了具体制度，从"借、用、管、还"全生命周期加强对专项债券资金的穿透式管理（张锐，2021）。将专项债券管理办法运用于社会影响力债券，首先，应建立有关责任主体的制度规范。将债券的配置使用责任落实到具体的环节和管理者，尤其是地方领导对政府专项债券使用承担领导责任。其次，应建立债券信息披露制度。依托财政部建立的地方政府债券信息公开平台，及相应管理办法，地方政府专项债券限额、使用余额、项目名称、资金使用进度、还本付息、存续期管理等都须在公开平台相应栏目进行及时公布。最后，增强监管能力，提升监管的效率和效度。应用大数据、人工智能等信息技术，监管部门可建立全流程信息管理平台。

（四）大力培育社会服务机构，提升社会服务供给质量

社会服务机构是社会影响力债券运行模式中的关键一环，其发展情况既事关社会服务的供给质量，也从根本上影响债券的实际收益。社会服务机构包括营利性社会企业和非营利性社会组织。对于前者尚没有专门的法律规定和注册类别，因而有必要完善营利性和非营利性社会服务机构的登记注册和管理办法。通过顶层设计和地方政府政策安排，对具备发展条件或潜力的社会服务机构给予精准财政政策支持，对于急需补充社会服务力量的行业给予定向政策引导。同时，适当放宽相关社会服务机构的成立和准入标准，扩大社会服务的供给主体范围，从而推动社会影响力债券市场发展。社会组织有必要加大信息公开力度，积极开展社会组织公信力建设，提升提供社会服务的专业化能力，依

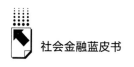
据社会组织发展目标打造自身品牌项目。

（五）开展本土化社会影响力第三方评估体系建设

我国尚未建立完整的社会影响力债券标准及相应的政策制度，而社会影响力债券的发行标准体系和政策规范是约束市场发展的关键因素，专业组织、地方政府和监管部门等应尽快补齐制度短板，为社会影响力债券在中国的发展提供政策依据。

首先，应加速培育专业的社会影响力评估机构，建立社会影响力债券评估专家库，专家团队可以基于对社会效益与经济效益的量化评估及时给出专业意见；其次，各地方政府有必要建构清晰、灵活、适合本地特点的公共服务指标体系，探索国际上成熟的社会影响力评估工具在中国的适用范围，结合具体城市和具体行业（项目）建立适合中国情境的评估体系；最后，监管部门加强社会影响力债券项目库建设，对社会影响力债券发行前的基本信息、发行后的进展及其社会影响力效果进行持续跟踪，确保社会影响力债券专项资金真正得到落实，为后续社会影响力项目的实施积累经验。

参考文献

曹萍，2016，《社会影响力债券需要五大配套措施》，《证券时报》4 月 8 日。

杜强，2021，《专访马化腾：首期投入 500 亿，"可持续社会价值创新"究竟是什么?》，《南方周末》4 月 22 日。

果佳、王海玥，2016，《社会投资回报：一种社会影响力评估的工具》，《中国行政管理》第 6 期。

刘蕾、邵嘉婧、陈斌，2020，《社会影响力债券：利用社会资本解决社会问题》，《公共管理与政策评论》第 9 期。

银保监会打非局，2020，《非法商业保险活动分析及对策建议研究》，https://new.qq. com/omn/20200914/20200914A0NE9300. html。

张锐，2021，《专项债资金管理应当制度化》，《证券时报》8 月 10 日。

张振国、闫宗华、丁伯康主编，2020，《中国城投行业发展报告》，社会科学文献出版社。

中国发展研究基金会、友成企业家扶贫基金会，2020，《新蓝海：中国社会价值投资》，中国发展出版社。

B.5
中国社会影响力投资基金发展现状
与趋势分析

庄家炽*

摘　要：　社会影响力投资基金是社会影响力投资最重要的主体之一。随着中国经济的迅速发展、居民财富水平的提高及民间资本参与社会和环境问题解决的热情升高，社会影响力投资基金在中国迅速萌发。目前，中国的社会影响力投资生态系统逐步完善，社会影响力评估工具处于初步探索阶段，社会影响力投资基金数量增长迅速、资产管理规模不断扩大。但是与社会影响力投资相关的基础性制度环境尚不完善、缺乏有效且公认的社会影响力评估体系等问题限制了社会影响力投资基金在中国的迅速发展。建议尽快完善相关政策法规与制度，推动社会服务机构发展及人才队伍建设，整合多方资源，促进社会影响力投资基金在中国发展。

关键词：　社会影响力投资基金；评估工具；政策环境；人才队伍

社会影响力投资基金是一种同时追求社会或环境影响力与财务回报的新型基金，它是社会影响力投资的重要主体和社会影响力金融的主要形式。近年来，随着经济的迅速发展、居民财富水平的提高，民间资本参与社会和环境问题解决的热情升高，社会影响力投资基金在中国迅速萌发。本报告基于利用互联网渠道

---

* 庄家炽，中央财经大学社会与心理学院讲师；研究方向为经济社会学、劳动社会学。

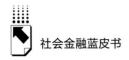
搜索相关信息建立的社会影响力投资基金样本数据①（一共43家）和案例资料，对中国社会影响力投资基金的发展现状、面临的问题和挑战、发展趋势进行了初步分析，并提出相关建议。

一 社会影响力投资基金概述

"影响力投资"的概念最早由洛克菲勒基金会于2007年提出，2010年摩根大通集团社会金融部、全球影响力投资网络（GIIN）以及洛克菲勒基金会发布《影响力投资：一种新兴的资产类别》，由此奠定了影响力投资在投资界和公益界的地位（Morgan，2010）。之后，社会影响力投资迅速引起政府、投资界和公益界的广泛关注，许多国家的政府、国际组织也积极跟进和推动。不同于先赚钱而后捐赠的传统慈善模式，影响力投资是指公司、组织和基金在进行投资时，除了追求财务回报外，还力求对社会和环境产生积极影响（雅基耶，2020）。近年来，在中国关注社会事业领域的私募基金、创投基金也不断成立，它们意图以商业化的手段解决社会问题，为了社会价值目标宁可放弃一定的财务回报。在全球范围内从事社会影响力投资的所有机构中，基金管理公司仍处于主导地位，近五年来占相应年份参与机构总数的比例均超过60%。其中，2016年（最高）为73%，2019年（最低）为64%。②

相应地，社会影响力投资基金是一种联通社会与金融、引导金融资本向善、促进社会与金融有益循环的新型金融工具。社会影响力投资基金的资金通常来自私人资本和慈善资本。与传统的私募股权投资基金和风险投资基金相同的是，社会影响力投资基金也追求投资的财务回报；但与前者不同的是，社会影响力投资基金对财务回报和投资周期的要求更加灵活，通常提供中长期（例如3~8年）的资本，因此也被称为耐心资本。更重要的是，社会影响力投资基金除了追求一

---

① 目前国内并没有关于社会影响力投资基金的专门统计数据，本报告根据社会影响力投资基金的界定标准，用百度搜索与社会影响力投资有关的新闻报道、研究报告和网络文章等，利用多种来源信息交叉核实，获取并确定中国社会影响力投资基金的样本名单。尽管我们的这个样本库不一定完整，但基本上涵盖了截至2021年5月在网络上有公开信息的所有社会影响力投资基金。

② 中国普惠金融研究院：《社会影响力投资的国际趋势》，https://www.sohu.com/a/451268407_99906081，最后访问日期：2021年8月9日。

定的财务回报外,还把可衡量的社会或环境影响力作为明确的投资目标。

社会影响力投资基金也不同于公益基金和 ESG(Environment,Social and Governance)基金。社会影响力投资基金与公益基金、ESG 基金存在较大差异,它们在投资视角、关注领域、投资方式/资金使用方式等方面均存在不同(见表1)。第一,在投资视角上,ESG 基金和社会影响力基金主要从资本市场投资者的角度出发,聚焦企业社会绩效与股东回报的关系。而公益基金主要从公益慈善的角度出发,聚焦社会问题。第二,ESG 基金虽然倡导关注企业的环境、社会与公司治理绩效的投资理念,但是目前在实际操作过程中主要关注所投资公司的环境问题。而社会影响力投资基金更多地关注社会问题的解决,公益基金关注的领域则比较多元。第三,在投资方式上,ESG 基金更多的是以在二级市场上购买上市公司股票的方式进行投资。比如,国内第一批 ESG 基金,兴全社会责任混合投资、汇添富社会责任混合投资、财通可持续发展主题混合投资、建信社会责任混合投资的主要标的都是中 A 股上市公司。摩根士丹利资本国际公司(MSCI)① 也会对被纳入其全球指数的上市公司做 ESG 绩效评估,并编制 ESG 指数,为有 ESG 投资需求的全球投资者提供参考。而社会影响力投资基金更多地采用股权投资、风险投资的方式,公益基金一般是以慈善捐赠的方式使用资金。这是投资对象发展阶段导致的,ESG 基金的投资对象是上市公司,均是一些发展非常成熟的企业,其发展、运营都已成体系,因而 ESG 基金对投资项目的参与度较低。但是社会影响力投资基金的投资对象更多的是一些初创企业及其项目,因此对项目的参与度较高,在项目的孵化上能够给予更多的支持,项目孵化成功之后获得的收益也更高。

表1　公益基金、ESG 基金和社会影响力投资基金的比较

基金类型	投资视角	关注领域	投资方式/资金使用方式	项目参与度
公益基金	主要从公益慈善的角度出发	多元	慈善捐赠	高
ESG 基金	主要从资本市场投资者的角度出发	主要关注环境问题	购买上市公司股票	较低

① 摩根士丹利资本国际公司(Morgan Stanley Capital International)所编制的证券指数是 MSCI 全球指数,指数类型涉及产业、国家、地区等,覆盖全球,为欧美国家基金经理人对全球股票市场投资的重要参考指数。

续表

基金类型	投资视角	关注领域	投资方式/资金 使用方式	项目参 与度
社会影响力 投资基金	主要从资本市场投资者的角度 出发	关注社会 问题的解决	股权投资、 风险投资	较高

二 中国社会影响力投资基金发展现状

（一）基金数量增长迅速，资产管理规模不断扩大，社会影响力投资基金迅速萌发

随着中国经济的持续、快速增长、居民财富水平不断提升，中国的基金行业也进入了快速发展期。如图1所示，2014～2020年，中国的基金产品数量不断增加，增长了3.01倍，年平均增长率为50.24%。相应地，基金的产品规模也从2014年的19.86万亿元，增长到2020年的58.99万亿元，年平均增长率为32.83%。

图1　2014～2020年中国基金行业规模

资料来源：《资产管理行业概览》，https://www.amac.org.cn/researchstatistics/datastatistics/comprehensive/，最后访问日期：2021年7月30日。

与此同时，社会影响力投资基金也在中国迅速发展。相较于欧美国家，社会影响力投资基金在中国仍属于新事物，但发展潜力巨大。自改革开放以来，中国经济飞速发展，因此有足够的经济能力和社会资金应对社会问题，将商业

力量转化为满足社会需求的力量。在我们的样本中，有 7 只社会影响力投资基金成立时间在 2005 年之前，有 12 只社会影响力投资基金成立时间在 2005 ~ 2010 年之间，有 24 只社会影响力投资基金成立时间在 2010 年及以后。

（二）不同发起主体的社会影响力投资基金呈现不同发展特点

1. 专注于社会影响力投资的基金先热后冷、乍暖还寒

许多中国本土的社会影响力投资基金在 2008 年前后成立，比如 LGT 公益创投基金会、岚山资金、创思实验室（Transist）等，它们都是专注于社会影响力投资的基金。这是因为在全球影响力投资浪潮的影响下，中国也出现了此类基金，专门投资影响力项目，其运作形式类似于传统风险投资基金。一方面，这些社会影响力投资基金一般有较为成熟的商业投资运作模式及专业的投资团队，这是它们和传统风险投资基金的相似之处；另一方面，它们又关注投资对象是否可持续地对环境和社会产生积极的影响，并且这是一种主动的投资策略，即投资之前就考虑到投资的社会影响力。比如，上海禹闳投资管理有限公司（以下简称禹闳资本）成立于 2007 年，作为一家专门从事股权投资的机构，是中国影响力投资理念的早期践行者。从 2012 年开始，禹闳资本参照国际上影响力投资的一般准则，逐步完善了在可持续农业、低碳环保、健康养老和优质教育等行业的分类投资标准，创建了从分析社会问题着手选择投资行业和投资主题的基本投资方法。2018 年初，禹闳资本作为管理合伙人发起成立影响力投资专项基金，由公益基金会作为基石 LP（有限合伙人）并在联合国 17 个可持续发展目标框架下，结合国内实际情况，聚焦低碳环保、健康养老、优质教育三个领域的投资。截至 2018 年，禹闳资本累计投资 30 个项目，其中 16 个项目已通过 IPO 或并购的方式退出，项目投资周期为 6.2 年，年化净收益率为 25.6%。[①] 因在社会影响力投资方面的杰出表现，禹闳资本获得了中国社会企业与影响力投资 2017 年度投资机构大奖，是国内第一家获得该项殊荣的投资机构。2019 年禹闳资本荣登《第一财经》"年度影响力股权投资机构 TOP 10"榜单。2021 年 1 月，禹闳资本设立了第二只以财富家族为基石 LP 的

[①] 《社创视野｜禹闳资本的影响力投资实践》，https://www.sohu.com/a/241085399_795819，最后访问日期：2021 年 8 月 9 日。

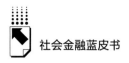

"万得影响力股权投资基金"。该基金以"助推低碳、包容的美好社会建设"为宗旨,重点关注全球气候变化和国内不均衡发展两大问题,集中投向低碳环保、增进弱势群体健康福祉的商业创新领域。未来在基金退出时实现(包括间接推动)减少二氧化碳排放(等效)不少于80万吨、服务不少于200万名弱势者的社会环境目标,同时为投资者提供有竞争力的财务回报。

但是,由于成立时间相对较晚或进入中国市场的时间较短,大部分专注于社会影响力投资的基金在投资规模、社会问题和行业机遇的把握上都面临较大问题,在中国的发展并不十分顺利。总体来说,专门做社会影响力投资的基金在2008~2018年这十年间并没有规模化增长,甚至一度出现收缩的现象,但是近两年有回暖迹象。①

2. 由慈善基金会发起或转化而来的社会影响力投资基金的发展如火如荼

社会影响力投资领域的另一股重要力量来自传统的非营利组织,特别是由慈善基金会发起或转化而来的社会影响力投资基金。这些机构通常已经在特定的领域深耕多年,对于社会问题的解决有丰富的经验。只是在非营利组织或慈善基金会的框架下,它们往往是以慈善捐赠的方式开展项目。随着社会影响力投资理念的普及,一些非营利组织和慈善基金会开始尝试成立社会影响力投资基金,这样一种新的组织形态和运作模式既能保证传统组织目标的实现,又能使组织在财务方面实现可持续发展。相比专注于社会影响力投资的基金,它们不是专业的投资机构,缺乏相应的投资团队,因此,它们会选择商业模式成熟且容易规模化发展的行业进行投资,也会选择与脚踏实地同时又富有远见的社会企业家合作。此外,由于国内社会企业的发展尚处于早期阶段,缺乏可投资的对象,因此这些社会影响力投资基金往往采用伙伴式投资方式,兼具投资对象的管理者及投资者双重身份(高嵩等,2013)。

2010年前后,由传统非营利组织创设的社会影响投资基金有富平学校、中国影响力基金、新湖·育公益创投。但是到了2020年,已经涌现出包括爱佑慈善基金会、北京亿方公益基金会、北京险峰公益基金会、恩派公益、南都公益基金会等在内的一批非营利组织创设的社会影响力投资基金。

---

① 郭沛源:《影响力投资在中国的出路》,http://www.csrworld.cn/portal_mobile - p_mobile_view.html? aid = 7168,最后访问日期:2021年8月9日。

比如，北京億方公益基金会是由徐勇博士个人出资成立的基金会，其资助理念是人本、专业、创新、前瞻。重点资助民间公益项目，促进社会公平、社会创新，推动中国公益事业专业化水平的提高。该基金会会选择那些有积极社会影响力的社会企业进行投资，但在回报的约定上，北京億方公益基金会与其他社会影响力投资基金不同：它会与所投资企业约定捐赠20%的税前利润给公益慈善事业。

3. 银行、基金等传统金融机构谨慎探索社会影响力投资

以银行、基金为代表的传统金融机构也是探索社会影响力投资的重要力量，但通常而言，这些机构都有一套成熟的盈利模式，因而它们一般会选择将社会或环境因素与固有模式和业务相结合。

兴证全球基金管理有限公司是银行设立的社会影响力投资基金中的佼佼者，其先后推出了兴全社会责任基金、兴全绿色投资基金，均实现了环境效益和投资效益的双赢。在传统基金设立的社会影响力投资基金中，比较有代表性的是由北京青云创业投资管理有限公司（以下简称青云创投）发起成立的中国环境基金。青云创投成立于2002年，是中国最早专注于绿色产业股权投资领域的投资机构之一，主要关注的行业领域包括环境与生态系统、清洁能源供应、绿色建筑和设备、可持续交通、可持续工业、可持续农业与食品、未来城市和医疗健康。

（三）信息技术、医疗健康、环境保护和普惠金融是目前我国社会影响力投资的主要领域

目前，中国的社会影响力投资基金以解决社会和环境问题为导向，其中又以解决社会问题为主。在我们所收集的样本中，35只社会影响力投资基金发起主体只以产生社会影响力为目标，仅有5只社会影响力投资基金以产生环境影响力为目标。

在具体的投资领域，我国的社会影响力投资基金主要投资于信息技术、医疗健康、环境保护、普惠金融等领域。我们的样本数据显示，15只社会影响力投资基金主要投资于信息技术与互联网；6只社会影响力投资基金主要投资于普惠金融服务，发展普惠金融；6只社会影响力投资基金主要投资于环保领域；3只社会影响力投资基金主要投资于医疗健康行业；还有13只社会影响

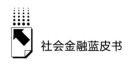

力投资基金主要投资于教育、就业及其他领域。

（四）社会影响力投资生态系统逐步完善

社会影响力投资基金的成长离不开社会影响力投资生态系统和基础设施建设。随着社会影响力投资理念在中国的普及和推广，服务于社会影响力投资的网络组织和中介机构已经建立起来，社会影响力投资生态系统逐步完善。一方面，社会影响力投资基金的全国性网络组织开始出现。2014年，由南都公益基金会联合16家中国知名公益基金会和公益创投机构共同发起的中国社会企业与影响力投资论坛成立，论坛开展了一系列项目，包括：社企论坛年会、向光奖、仰望星空丨影响力投资沙龙、行业研究、国际奖项合作、国际会议与游学参访、商业向善圆桌会、中国影响力投资网络（CIIN）等。这些项目的主要目的在于链接社会创新创业者，实现社会影响力投资供给与需求的对接，并通过这些活动宣传与推广以股权或债权方式投资、用商业模式解决社会问题的新思路与新模式。从2015年开始，中国社会企业与影响力投资论坛每年都会举办年会，促进社会企业实践者、支持者、投资者、学者和政策制定者等利益相关方对话，增进相互理解，加强跨界合作；同时面向企业界传播社会企业与社会投资理念及中外优秀案例，推进社会影响力投资在中国的发展。

另一方面，以社会价值投资联盟（深圳）为代表的服务于社会影响力投资的专业服务中介开始出现。成立于2016年的社会价值投资联盟（深圳）是中国首家专注于促进可持续发展金融的国际化新公益平台。社会价值投资联盟（深圳）的工作内容主要有两块：一是创建符合中国实际的社会影响力评估工具。社会价值投资联盟（深圳）协同金融机构、上市公司、学术机构、政策研究机构等海内外组织积极构建中国可持续发展价值评估体系。该评估体系从目标驱动力、方式创新力、效益转化力三个方面考量组织所创造的经济、社会和环境综合价值。二是促进社会影响力投融资对接。从2018年起，社会价值投资联盟（深圳）共对接海内外可持续发展投资人/投资顾问近50人，覆盖普通合伙人、有限合伙人、家族办公室、基金会等各类机构100余家，实现了200余次投融资对接。

此外，Impact Hub（上海）、公益金融联盟（GSFN）、深圳国际公益学院善财志和ABC美好社会咨询社也是中国重要的社会影响力投资行业第三方机构，它们通过发布报告、影响力投资文章等推动社会影响力投资在中国的发展。

（五）社会影响力评估工具处于初步探索阶段

社会影响力投资与传统风险投资的区别主要在于其产生了积极的社会影响力。那么体现其投资项目的社会影响力是社会影响力投资基金重要的合法性基础，只有以科学的、量化的、可视的方法将社会影响力体现出来，社会影响力投资基金作为一种切实有效的金融工具才不至于沦为一句口号，也才能更多地吸引那些切实关注经济社会发展问题的投资者的关注。

全球范围内，有多种社会影响力评估工具与方法。《影响力投资》（雅基耶，2020）一书中介绍的社会影响力评估工具就多达 16 种，包括 B－分析、平衡计分卡、影响力报告和投资标准（IRIS＋）、社会投资回报率（SROI）等。社会影响力评估工具的多元化，反映出投资者对社会影响力评估的方法尚未达成共识，以至于一部分社会影响力投资者选择自主开发社会影响力评估工具。结果就是：大部分投资者在进行社会影响力评估实践时会使用多个系统或框架，平均是 3 个（GIIN，2020a）。其中 IRIS 评估体系是目前使用最广泛的评价社会影响力的标准化评估体系。IRIS 出现于 2009 年，由全球影响力投资网络（Global Impact Investing Network，GIIN）创建，它最大的特点就是可以进行企业之间的对比，并对投资组合的指标进行加总计算，方便不同社会影响力投资项目的横向比较。IRIS 评估体系是一个包含 559 个细分指标的评估体系，每个细分指标代表一个绩效指标。绩效指标大致可以分成以下 5 部分：（1）组织描述，主要关注组织的使命、运作模型和地点等的指标；（2）产品描述，关注组织产品、服务以及投放市场等的指标；（3）财务绩效，基本的财务指标；（4）运营影响力，关注组织的政策、员工以及环境绩效等的指标；（5）产品影响力，关注组织产品、服务绩效和使用范围等的指标。

社会影响力投资评估工具与方法在中国的发展较为滞后，主要体现在两个方面。首先，中国的社会影响力投资基金较少进行社会影响力评估。在我们的调查过程中，没有发现对所投项目进行社会影响力评估的社会影响力投资基金。国际上较为通用的 IRIS 评估体系的数据库显示，只有两家中国机构申请使用过。其次，鲜有中国自主开发的适合中国国情的社会影响力投资工具。社

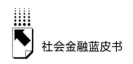

会价值投资联盟（深圳）研发构建了中国可持续发展价值评估体系，从目标｜驱动力（AIM）、方式｜创新力（APPROACH）、效益｜转化力（ACTION）三个方面考量组织所创造的经济、社会和环境综合价值。但是中国可持续发展价值评估体系的采纳和接受情况，目前还不得而知。

"巧妇难为无米之炊"，再好的社会影响力评估工具也离不开数据。目前社会影响力投资数据库建设正在逐步进行。2017年6月，凯斯基金会（Case Foundation）推出了"影响力投资网络地图"（Impact Investing Network Map）在线工具，将影响力投资者和被投资机构之间的交易数据可视化。影响力投资网络地图开放数据源，使用者可以上传、更新数据。截至2020年3月，它收录了全球913个投资者（包括基金会、孵化器、公司/企业等）的6670个社会影响力投资项目。国内目前还没有机构或组织进行相关数据的收集与整理。

三 中国社会影响力投资基金发展面临的问题与挑战

作为社会资本以市场化手段解决社会和环境问题的一种投资方式，社会影响力投资基金虽然得到越来越多的倡导和尝试，但是其发展也面临一系列挑战。通过对相关资料的整理及对一部分社会影响力投资基金负责人的访谈，我们将社会影响力投资基金在发展过程中面临的问题与挑战总结为以下四个方面。

（一）与社会影响力投资相关的基础性制度环境尚不完善

目前，我国在影响力投资领域的立法基本上还是空白，对社会影响力投资基金的管理主要依据《慈善法》。此外，与社会影响力投资相关的基础性制度环境也不完善，这在很大程度上制约了社会影响力投资基金的发展。

第一，公益基金会为中小企业提供贷款存在制度障碍。为一些中小企业提供无息贷款是许多公益基金会开展社会影响力投资的一种重要方式。但是《关于规范基金会行为的若干规定（试行）》明确规定"基金会不得向个人、企业直接提供与公益活动无关的借款"；《慈善组织保值增值投资活动管理暂行办法》（以下简称《暂行办法》）也规定慈善组织不得以投资名义向个人、企业提供借款。这就在很大程度上限制了公益基金会进行社会影响力投资。如表2所示，在目前的法律和政策框架下，可供公益基金会进行社会影响力投资的资产类别比较有限，社会影响力投资基金的发展面临较大限制（曾惠子、卢轲，2021）。

表2 公益基金会投资资产类别情况

资产类别	资产子类别/投资工具	基金会直接投资影响力资产	基金会间接投资影响力基金管理人
股权	私募股权	可（被投资方经营范围应当与慈善组织的宗旨和业务范围相关）	可
	公募股权	《暂行办法》禁止直接买卖二级市场股票	可
固定收益	私募股权	不可（《暂行办法》禁止以投资名义向个人、企业提供借款）	可
	公募股权		
	类股权式债权		
现金及等价物	存款及现金等价物		
实物资产	房地产、大宗商品	《暂行办法》明确禁止直接购买商品及金融衍生类产品	
	基础设施	未明确禁止	
对冲基金	横跨多种投资工具	《暂行办法》明确禁止直接购买商品及金融衍生类产品	

第二，公益基金会直接投资社会企业在实操层面面临较大的挑战。虽然《基金会管理条例》、《慈善法》以及《暂行办法》都没有禁止基金会直接投资企业，然而在实际操作层面，公益基金会在进行社会影响力投资时仍面临较大的挑战，尤其是在监管层面。比如财务审计时，审计方会对"基金会为什么投资企业"抱有很大的疑问，这需要公益基金会进行解释。公益基金会的投资出现亏损后，会被要求将亏损列入基金会管理费而不是投资费，而基金会过高的管理费会使许多投资者望而却步。①

第三，我国目前对社会企业这一社会影响力投资体系中至关重要的组织类别尚未有专门的法律规定。社会企业是社会影响力投资的重要投资对象，甚至专门的社会影响力投资基金也需要以社会企业的身份存在。

第四，社会影响力投资市场制度不完善，抑制了人们的投资热情。最突出

---

① 彭艳妮：《基金会参与影响力投资路在何方》，http://www.naradafoundation.org/content/5897，最后访问日期：2021年8月9日。

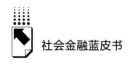

的表现是社会影响力投资的阶段体系（类似于风险投资可以分为天使轮、A轮、B轮等不同阶段）还未形成，退出机制也不明确。另外，社会影响力投资的"耐心"属性使社会影响力投资的流动性受到了很大限制，不仅使投资者的顾虑增加，也使被投资机构的发展缺少明确的阶段性目标。

（二）通用语言和行业标准的缺乏导致社会影响力投资的发展比较混乱

近年来，社会企业、公益创投、影响力投资、社会价值投资、责任投资、ESG 投资等相似的概念大量涌现，而很少有人能够真正说清楚这些概念之间的区别与关联。通用语言和行业标准的缺乏在很大程度上导致社会影响力投资的发展比较混乱。对社会大众而言，社会影响力投资基金与公益基金会都从事公益事业，没有本质区别，甚至还会质疑"既然是做公益，为什么还想着回报？"即使是一些专业投资者，也把社会影响力投资简单混同于企业社会责任、公益创投、ESG 投资，这种认识上的分歧和混乱不利于投资者对社会影响力投资达成共识，甚至降低了投资者对社会影响力投资的认同和投资热情。有些投资者把社会影响力投资的领域和范围无限扩大，借用社会影响力投资的标签来吸引眼球、扩大宣传。因此，在与社会影响力投资相关的基本术语、行业领域和评估体系等方面亟须制定行业性规范和标准。

（三）缺乏有效且公认的社会影响力评估体系

对社会影响力的评估、衡量和管理是促进社会影响力投资基金可持续发展的基础性工作。国际上，虽然一些机构也开发出多种社会影响力评估工具，甚至一些评估工具有广泛的应用，但尚未有公认的社会影响力评估体系，来帮助投资者和被投资机构双方在相对平等的基础上、用通用的标准讨论，在投资界对于社会影响力投资的评估仍面临投资者和需求者之间无法达成广泛共识的困难。

GIIN 询问了机构负责人关于社会影响力投资基金面临的挑战的看法，排在前三位的挑战分别为：影响力注水（impact washing）（占 66%）、无法对影响力进行评估（占 35%）及没有办法和同类机构进行横向比较（占 34%）（GIIN，2020b）。其实这三项挑战的根源都一样，即缺乏有效且公认的社会影响力评估体系。目前的社会影响力投资者平均要使用 3 种社会影响力评估工具，这反映出统一、完善的社会影响力评估工具的缺失。目前国内对于社会影响力的评估，要么直接照搬国外的标准，要么各个投资基金各出一套自己的标准，同样缺少一致的评估标准。缺乏有效且公认的社会影响力评估体系，不仅不利于社会影响力投资规模的扩大，也不利于不同投资之间的比较和投资权益的交易。究其根本，这反映的其实是社会影响力投资支持服务机构的缺失。

（四）社会影响力投资和社会创新方面的专业人才不足

制约社会影响力投资基金发展的另外一个重要因素是社会影响力投资和社会创新方面的专业人才不足。不同类型的社会影响力投资基金面临人才不足的困境，但对不同的发起主体来说，欠缺的人才类型不同。对于专注于社会影响力投资的基金、传统基金和银行等传统金融机构而言，它们在投资领域有丰富的经验，但是对社会和环境问题没有深刻的见解和较好的把握，且在业内没有丰富人脉资源的人才。而对于非营利组织发起的社会影响力投资基金，长期从事慈善事业的基金经理可能对商业投资领域一窍不通，投资行业与基金行业的薪酬标准不一样，招揽这方面的人才难度也比较大。因此，社会影响力投资基金需要既精通商业投资又熟悉社会创新的新型人才。

另外，在我国，无论是在大学教育还是在行业培训中，关于社会创新方面的课程资源和实践项目也相对缺乏，虽然出现了一批寻求市场化转型发展的公益组织，但很多组织的负责人责任心不强、执行力不到位、缺乏商业能力，使得社会影响力投资者很难找到优质的投资标的。

四　中国社会影响力投资基金发展趋势判断

（一）国家政策积极引导社会资本创造社会影响力

随着我国市场化改革不断深入，国家积极引导社会资本通过初次分配促进民生发展和共同富裕。社会影响力投资作为新兴的可持续投资方式，在国内逐渐展现出巨大的发展潜力。2020 年，党的十九届五中全会通过的《中共中央关于制定国民经济和社会发展第十四个五年规划和二〇三五年远景目标的建

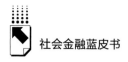

议》首次把"全体人民共同富裕取得更为明显的实质性进展"作为远景目标提出来，特别是对构建以国内大循环为主体、国际国内双循环相互促进的新发展格局做出战略部署，明确了主攻方向和重要着力点。因此，以社会公共服务、环境污染治理、金融创新为主要目标的社会影响力投资势必成为下一步促进我国社会经济转型发展的重要手段，社会影响力投资基金就是实现这些目标的重要抓手。

（二）私募股权基金主动参与社会影响力投资成为趋势

随着社会影响力投资理念的普及，以及一些社会影响力投资项目的成功，越来越多的私募股权基金开始积极参与社会影响力投资。一般而言，发展成熟、资金充裕的基金会下设社会影响力投资基金，特别是通过种子基金的形式大范围投资初创企业，给予资金和技术方面的支持。同时，这类规模较大的基金能够接受较长的投资回报期，降低初创企业资金来源的不稳定性。比如宜信私募股权母基金于2020年底发布影响力评估报告，主动把社会影响力评价因素纳入投资策略，并倡导在私募股权领域的基金把资本投向未来产业、美好生活和永续传承三大方向，在追求财务回报的同时，更加重视社会效益，能够实现"义利并举"，用资本的力量促进社会更美好。可以预测，一部分政府机构也会成立社会影响力投资方面的政府引导基金，通过与民间资本相结合的方式吸引多方投资者参与社会和环境问题的解决。借助财政资金的杠杆放大效应，以少量财政资金撬动更大规模的社会资本参与社会影响力投资，提升社会影响力投资的市场参与度（安国俊等，2020）。

（三）公共服务体系建设和新兴产业发展对社会影响力投资的需求增多

近年来，国务院先后印发《关于政府向社会力量购买服务的指导意见》、《关于创新重点领域投融资机制鼓励社会投资的指导意见》和《关于进一步激发社会领域投资活力的意见》等文件，对于鼓励社会力量参与公共服务供给发挥了良好的政策效应。总体来看，社会力量的参与规模不断扩大，结构逐步优化，服务范围不断拓展，呈现良好的发展势头。比如，国家发展改革委会同有关部门推进城企联动普惠养老专项行动，目的就是发挥中央预算内投资的引导作用，带动地方政府提供政策支持包，引导企业提供养老服务包，为更多的普通老年人提供普惠性养老服务。但是目前的问题是在非基本公共服务方面，为市场和社会留出的参与空间不足，多元供给的局面也难以充分形成。因此，未来的改革方向之一是积极引导市场和社会等多元主体参与到我国公共服务体系的建设中，这势必使对社会影响力投资的需求增加。

当前，我国正处在转变发展方式、优化经济结构、转换增长动力的攻坚期，经济发展前景向好，但也面临结构性、体制性、周期性问题相互交织所带来的困难和挑战，加上新冠肺炎疫情冲击，经济运行面临较大压力。2021年全国两会期间，习近平总书记强调，"要大力推进科技创新及其他各方面创新，加快推进数字经济、智能制造、生命健康、新材料等战略性新兴产业，形成更多新的增长点、增长极"。在这种情况下，加快发展战略性新兴产业，实现难中突围，显得尤为迫切和重要，推动一直注重新兴产业布局的社会影响力投资和社会影响力投资基金的发展势必会成为主流。

五 对推动社会影响力投资基金发展的建议

（一）完善相关政策法规与制度

首先，加快推进社会影响力投资领域的立法，明确社会影响力投资基金的法律地位，明晰社会影响力投资基金的投资方式与投资手段，制定社会影响力投资基金管理条例，使社会影响力投资基金有法可依、有理可循。其次，因为所投资的领域财务回报低、投资周期长，需要给予社会影响力投资基金一定的政策支持，需要在业务范围、利润分配、税收优惠、资产限定等方面对社会企业做出专门的法律规定。最后，建立完善的社会影响力投资市场，可以参照传统的风险投资模式，明确社会影响力投资项目的发展阶段，并完善退出机制。比如，可以参照社会影响力债券，对于早期的社会影响力投资项目，在项目财务回报、社会影响力达到一定目标之后，可以由政府出面对这些社会影响力投资项目进行收购。对于处于中后期的社会影响力投资项目，可以通过与中国A股市场对接的方式完善退出机制。

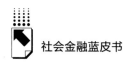

（二）推动社会服务机构发展及人才队伍建设

首先，投融资双方就社会影响力投资评估工具达成共识。建立一套全国乃至全世界通用的社会影响力评估工具不仅能够吸引更多的资金进入这片投资蓝海，也能形成不同投资机构之间的有效竞争，优化资源的配置。目前许多机构已经开始进行这方面的尝试。经课题组统计，目前主流的社会影响力评估工具就有 16 种之多。但是与其"八仙过海、各显神通"，不如投融资双方就社会影响力评估工具达成共识，发展一套通用的社会影响力评估工具。一方面为投资方在社会影响力项目的选择上提供有力参考，另一方面也防止部分企业随意乱贴社会影响力投资的"标签"。社会影响力评估体系的建设需要基金业的行业协会或政府在社会影响力标准制定方面发挥作用，否则很可能导致标准林立，最终损害社会影响力投资在中国的发展。

其次，建立社会影响力投资管理者认证体系，加快人才队伍建设。社会影响力投资基金的表现主要由基金管理者的管理水平决定，因此人们对一个基金会、一只基金的信任更多地源于对基金管理者的信任。建立社会影响力投资基金管理者认证体系，能帮助投资者有效地分辨真正的社会影响力投资基金和名实不符的社会影响力投资基金，促进社会影响力投资行业发展。政府也可以利用其对投资机构监管的职能参与到这个过程中，与行业领导者一起确定认证规则。在高校，要大力推进金融社工等相关专业发展，培养既懂金融，又懂社会问题解决的高素质人才。一方面，要在大学中加大对此类人才的培养力度，比如对社会问题和金融都有系统学习的金融社工人才的培养；另一方面，在大学设置专门的社会创新、社会影响力投资相关课程或实践项目，从意识培养、行业认知、能力培养、融资渠道到资源支持，打通各个环节，无论学生到这一领域就业还是创业，准备都比较充分，既较早地赋予人才必备的技能，又有效地保证了相关人才的长期供给。

（三）整合多方资源，尤其是政府资源，促进社会影响力投资项目顺利开展

社会影响力投资项目本身的公益性，很容易吸引政府参与到项目中，而政府拥有的一些得天独厚的资源和组织条件能够确保项目有序开展。在我们对社

会影响力投资基金负责人的访谈中，多位受访者提及这一点。以脱贫攻坚期顺德创新创业公益基金会的凉山家项目为例，"凉山家平台"概念的提出主要基于"顺德家平台"的成功经验。顺德创新创业公益基金会和凉山彝族自治州团队希望推动成立"凉山家平台"，加强凉山农业企业与佛山农业企业的互动合作，推动凉山农业产业发展。基金会和凉山彝族自治州团队共同推进"基金会+青年创业企业+产业扶贫+大赛"模式，整合顺德与凉山两地产业资本和资源，帮助凉山创业项目对接佛山的行业资源、产业资本、种子投资等，激发"双创"力量助凉山脱贫。在整个项目实施过程中，共青团凉山彝族自治州委员会和金阳县政府都发挥了积极作用，共青团凉山彝族自治州委员会帮助基金会协调政府、组织当地的青创资源，而金阳县政府则负责提供场地并承担了项目试点的工作。可见，整合多方资源，尤其是政府资源，有助于促进社会影响力投资项目顺利开展。

参考文献

安国俊、訾文硕、贾馥玮，2020，《影响力投资发展现状、趋势及建议》，《金融理论与实践》第9期。

陈柏浩、汪婷、蒋巍、刘培晟、秦空，2018，《中美社会创新比较研究（三）："影响力投资"》，https://www.sohu.com/a/235386465_747503。

高嵩、郭沛源、胡昕、张翕宇，2013，《影响力投资在中国》，http://www.gpcommon.org/ch/2013/06/27/impact-investment-in-china/。

雅基耶，尤利娅·巴兰迪纳，2020，《影响力投资》，唐京燕、芮萌译，中信出版社。

曾惠子、卢轲，2021，《可持续发展梦想照进现实：影响力投资共识、生态与中国道路》，https://max.book118.com/html/2021/0820/6110140111003234.shtm。

Global Impact Investing Network（GIIN）. 2020a. "The State of Impact Measurement and Mamagement Practic（Second Edition）." Accessed August 7, 2021. https://thegiin.org/research/publication/imm-survey-second-edition.

Global Impact Investing Network（GIIN）. 2020b. "2020 Annual Impact Investor Survey." Accessed August 7, 2021. https://thegiin.org/research/publication/impinv-survey–2020.

Morgan, J. P. 2010. "Impact Investments: An Emerging Asset Class." Global Research.

B.6
中国公益理财产品发展现状与趋势分析

范箫笛*

摘　要：　公益理财产品是中国商业银行推出的一种颇具特色的社会影响力金融工具，通过理财投资与公益慈善的结合，让我国的个人投资者在获得投资收益的同时，也表达了扶弱济困、支持公益的爱心。2008年国内首次出现公益理财产品，随后多家大型股份制商业银行陆续发行了不同类型和模式的公益理财产品。产品大多面向全国发行，但主要购买者为来自一线城市的个人投资者。此外，银行发行的多为一次性单只产品，尚未形成规模与品牌，但少数银行已经在探索连续发行的公益理财产品，产生了较大的影响力。针对公益理财产品目前面临个人投资者认知水平不高、缺乏专门的政策制度等问题，本文提出出台相关政策与监管制度、鼓励金融机构创新公益理财产品、加强对公益理财产品的宣传与推广等建议。

关键词：　公益理财产品；社会影响力金融；公益金融

一　公益理财产品概述

（一）公益理财产品的界定

2005年中国银行业监督管理委员会出台的《商业银行个人理财业务管理

---

* 范箫笛，哥伦比亚大学非营利组织管理硕士，中国建设银行私人银行产品中心财富顾问与慈善顾问；研究方向为公益金融。

暂行办法》将"个人理财业务"界定为商业银行为个人客户提供的财务分析、财务规划、投资顾问、资产管理等专业化服务活动。商业银行个人理财业务按照管理运作方式的不同，分为理财顾问服务和综合理财服务。其中，综合理财服务，是指商业银行在向客户提供理财顾问服务的基础上，接受客户的委托和授权，按照与客户事先约定的投资计划和方式进行投资和资产管理的业务活动。我们一般所说的"银行理财产品"，就是指其中的综合理财服务。

相比普通银行理财产品，公益理财产品对大众而言相对陌生。截至目前，监管部门并没有对公益理财产品给出标准的官方定义。笔者认为，公益理财产品是将慈善捐赠纳入理财产品设计的一种理财产品，捐赠行为可发生在前端或后端，捐赠主体可为产品管理人、托管人或投资者。

公益理财产品实现了理财投资与公益慈善的结合，是银行业推出的一种创新性的社会影响力金融工具，它将初次分配和第三次分配结合起来，将个体投资者、金融机构、慈善组织和受益者联结起来。个体投资者和/或金融机构在初次分配环节放弃部分投资收益，用于公益慈善事业，实现特定的社会影响力目标。人们购买这种理财产品，不仅获得了一定的投资收益，而且表达了扶弱济困、支持公益的爱心。

（二）公益理财产品的类型

由于没有具体的文件规定，公益理财产品在实践中更多的是通过产品端的创新凸显公益属性，在投资端则基本与普通理财产品并无区别。在这一前提下，我们对中国的公益理财产品进行了简单的类型概括与划分。

根据公益理财产品实际捐赠主体，可将公益理财产品分为银行捐赠型、投资者捐赠型、共同捐赠型三类。银行捐赠型公益理财产品是指公益理财产品发行后，由银行做出捐赠，具体形式包括银行按照销售金额的一定比例进行捐赠（或配捐），或约定达到某一具体条件时由银行进行捐赠（或配捐）。投资者捐赠型公益理财产品是指由购买理财产品的投资者进行捐赠，一般形式为银行与投资者约定按照一定金额或投资者购买金额的一定比例进行捐赠。在实际操作中，为更好地服务投资者，银行通常按照约定代扣捐赠金额并以投资者名义向公益项目或慈善组织捐赠。共同捐赠型公益理财产品则是指银行与投资者共同做出捐赠。

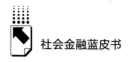

根据公益理财产品捐赠端，可将公益理财产品分为前端捐赠型与后端捐赠型。前端捐赠型公益理财产品指在公益理财产品成立之后、到期之前即做出捐赠。后端捐赠型公益理财产品则是指在公益理财产品到期后进行捐赠。

根据公益理财产品销售对象，可将公益理财产品分为公开销售型和定向销售型。公开销售型公益理财产品是指公益理财产品面向公众公开发售。此类型公益理财产品又可细分为全国型或区域型。定向销售型公益理财产品是指银行针对特定的受益群体或受益区域发行特定主题的公益理财产品。

此外，国内还曾发行过一类理财产品，作为发行方的银行采用倡议捐赠的方式，即倡议投资者捐赠部分收益支持公益项目或慈善组织。因为无法判断此类产品是否包含捐赠行为，故暂不将其纳入公益理财产品范畴做进一步讨论。

二 公益理财产品的发展历程、现状与特征

（一）公益理财产品的发展历程

国内最早的公益理财产品可追溯到 2008 年。2008 年汶川大地震成为我国慈善史上一个重要的节点，我国慈善捐赠资金首次突破千亿元大关，2008 年也被称作中国慈善事业的"公益元年"。这一年，社会各界捐赠的热情空前高涨，2008 年全年捐赠总量达 1070 亿元（见图 1），其中个人捐赠达 458 亿元，首次超过企业捐赠。①

2008 年，公益理财产品开始出现。2008 年 5 月 17 日，中国建设银行率先推出"建行财富·爱心公益类"人民币理财产品。该产品为保本浮动收益型理财产品，起始购买金额为 5 万元人民币，产品期限为 3 个月。其中购买金额的 0.8% 作为捐赠资金，在产品投资起始日以客户个人名义全部捐赠给中国红十字基金会，用于四川等地抗震救灾。中国建设银行为此产品提供免费服务，不收取任何费用。

多家银行也推出了类似公益理财产品。2008 年 5 月 27 日，招商银行发行了

---

① 民政部社会福利和慈善事业促进司、中民慈善捐助信息中心：《2008 年度中国慈善捐助报告》，http://gongyi.sina.com.cn/z/jzbg/index.html，最后访问日期：2021 年 8 月 24 日。

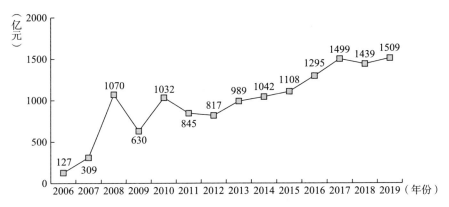

图1　2006～2019年中国慈善捐赠总量

"金葵花安心回报爱心号之抗震救灾特别理财计划（7天）"，预期年化收益率为1.71%，超过此部分的其余收益（即理财产品收益高于1.71%年化收益率的部分）将全部以投资者名义捐赠至中华慈善总会用于抗震救灾。中信银行也推出支持赈灾的短期理财产品，倡导投资者自愿捐赠部分收益，支援灾区重建。

近几年，推出公益理财产品的银行越来越多，公益理财产品支持的公益项目和方向也越来越多元化。光大银行发行了支持"母亲水窖"的公益理财产品，为西部缺水地区捐建水窖；浦发银行推出"爱有回声"2019浦爱公益理财尊享盈计划，帮助听障儿童，浦发银行按1∶1比例为公益项目配捐；江苏银行发行了"融梦想益家人"公益理财产品，用于资助社会弱势群体或绿色环保等公益慈善事业；渣打银行（中国）推出了"渣打曦望"公益理财产品，用于帮助有需要的儿童完成视力矫正治疗，渣打银行（中国）根据投资者的投资金额按比例向公益项目捐款。

（二）公益理财产品的发展现状与特征

1. 发行主体以大型股份制商业银行为主

自2008年5月至2020年12月，发行公益理财产品支持公益慈善事业发展的银行共9家（将发行过公益理财产品的商业银行分支行统一纳入商业银行主体统计），总体数量并不多，参与的银行主体主要以大型股份制商业银行为主，共5家，占比达56%。国有商业银行、城市商业银行、农村商业银行、外资银行各有1家（见图2）。

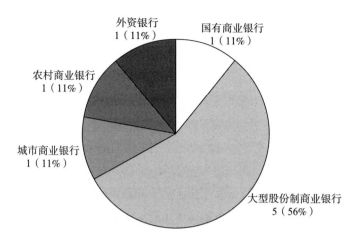

图2 2008年5月至2020年12月发行公益理财产品的各类银行数量及占比

2. 多数公益理财产品面向全国发行，购买的个人投资者主要集中在一线城市

根据中国理财网、商业银行官方网站等的公开数据，自2008年5月至2020年12月，公开发行的公益理财产品数量超过565只，其中近500只产品面向全国发行。此外，部分商业银行的分支机构也可作为发行方，但受限于相关政策规定，公益理财产品发行区域仅限于其所在地。如中国建设银行深圳市分行发行的"乾元－爱心捐赠"系列公益理财产品就仅在深圳地区发行。

笔者从多家发行过公益理财产品的商业银行了解到，在面向全国销售的公益理财产品中，个人投资者主要来自经济较为发达的一线城市，如北京、上海、深圳等。

3. 多为一次性的单只产品，尚未形成规模与品牌

从公益理财产品操作模式来看，因产品带有公益属性，所以一般是一年内的短期产品。公益理财产品都有明确支持的公益项目，多数产品采取由银行直接捐赠这一模式，表现形式多为银行根据个人投资者购买金额或产品募集规模进行一定金额或比例的配捐，或以全体投资者名义向公益项目捐赠。这一模式简单、易操作，但个人投资者通常很难有参与感和共鸣。此外，银行等金融机构发行的公益理财产品多为一次性的单只产品（仅发行一期），且产品相对独立，发行一般未形成规模，也很难形成品牌。

4. 少数银行探索连续发行的公益理财产品，产生了较大的影响力

少量银行开始探索连续发行的公益理财产品。比如，中国建设银行创新推

出的"乾元－爱心捐赠"系列公益理财产品因发行频率高、支持项目多、参与人数多、可复制性强，已经在市场上有一定知名度与影响力。

秉持新金融理念，中国建设银行深圳市分行自2018年起发行了"乾元－爱心捐赠"系列公益理财产品，截至2021年4月已累计发行22期，总募集金额达到89亿元，累计捐赠金额达到703万元。① 中国建设银行"乾元－爱心捐赠"系列公益理财产品是投资者捐赠型公益理财产品的典型形式，个人投资者在产品收益兑付后按照一定的比例捐赠产品收益给特定公益项目。

中国建设银行发行的公益理财产品的操作模式清晰易懂。中国建设银行与具有公募资质的慈善组织进行合作，支持优质公益项目，由中国建设银行发行公益理财产品，慈善组织负责公益项目的备案、审核及善款接收，善款使用及项目进展在慈善组织官网同步向公众进行公示与披露。个人投资者购买公益理财产品，委托中国建设银行在产品到期后代扣固定比例的金额并划拨至慈善组织指定账户用于支持特定公益项目，慈善组织将为个人投资者提供公益捐赠发票和捐赠证书，并负责对公益项目的进展情况进行监督，及时在官网、慈善中国等渠道进行反馈、公示。

购买公益理财产品的个人投资者，在获得理财收益的同时，还能为公益慈善事业献出一份爱心。丰富多样的公益项目也为个人投资者提供了更多的选择，中国建设银行深圳市分行公益理财产品支持的公益项目包括在上村巷道建设项目、寻找追光少年－青少年社区公益实践活动、最美传承－最美陶瓷公益项目、2020国际儿童海洋节公益项目、善行少年可持续发展（SDGs）公益计划、"创新知行荟"公众科普行公益项目等15个公益项目，聚焦扶贫助残、青少年成长与发展、文化传承等领域。

此外，公益理财产品在定价上也更具优势。中国建设银行给予公益理财产品相较于同类产品更高的定价，体现了其对公益理财产品的支持。以"乾元－爱心捐赠"2020年第14期公益理财产品为例，个人投资者购买10万元该产品，3个月到期后，捐赠75元，个人投资者还有近900元的收益。简单的参与方式、丰富的公益项目、稳定的发行频率让爱心捐赠理财在受到个人投资者欢迎的同时，也增强了个人投资者参与公益慈善事业的意愿。

---

① 数据源于2021年4月中国建设银行内部统计数据。

此外，捐赠后的服务、信息公开与持续公示等完整的捐赠人闭环服务让公益理财产品得到了个人投资者、慈善组织等的认可和好评。产品到期并不意味着整个环节的结束，在将善款向慈善组织拨付后，中国建设银行持续向客户充分披露所支持的公益项目情况，包括捐赠金额、使用情况、项目进展等。除了信息及时反馈与信息公开透明外，购买公益理财产品的个人投资者还可以亲自参与或见证所支持的公益项目的进展与成果，真正获得参与感。

在深圳先行先试之后，公益理财产品在中国建设银行系统都进行了推广。北京、上海、广东、辽宁、陕西等地的中国建设银行分支机构推出超过 34 只公益理财产品，实现的捐赠金额总计超千万元。

除中国建设银行外，江苏银行也曾连续常态化发行公益理财产品。江苏银行于 2015 年 5 月 27 日在全国开始发行"融梦想益家人"公益理财产品，个人投资者每购买 1 万元该公益理财产品，江苏银行就会捐赠 1 元用于资助孤寡老人、困难家庭、贫困学子等社会弱势群体或绿色环保等公益慈善事业。该公益理财产品采用每周滚动发行的方式持续发行。"融梦想益家人"公益理财产品于 2019 年 12 月结束，截至项目结束日共累积公益理财专用资金 1579 万元。①江苏银行主要采取银行有条件捐赠的模式，客户参与程度相对较低，但产品发行的持续性也使其获得了较好的社会影响力。

浦发银行也曾于 2016～2019 年连续发行 5 期"浦爱"公益理财产品，除客户捐赠部分收益（预期收益率的 0.15%）外，浦发银行还以 1∶1 比例为公益项目配捐，主要聚焦"儿童眼健康"、"导盲犬支援计划"和"听障儿童支持计划"三个公益项目。②

三 公益理财产品发展面临的问题与挑战

（一）缺乏专门针对公益理财产品的政策制度

2005 年起实施的《商业银行个人理财业务管理暂行办法》对公益理财产

---

① 《江苏银行关于公益理财产品项目的公告》，http://www. jsbchina. cn/cms/CN/gryw/ptzlc/lc/tzyzqgg/28807. html，最后访问日期：2021 年 8 月 9 日。

② 《2019 浦爱公益理财暖心首发! 海底一万米的声音，你听过吗?》，https://mp. weix-in. qq. com/s/ai7BYlZSZEvomkZEuD0yuw，最后访问日期：2021 年 8 月 9 日。

品的产品设计、捐赠方式、信息披露等均没有做出明确的规定或要求，在实际操作中主要由发行主体即银行自主决策。例如，银行将发行的公益理财产品设定为由个人投资者捐赠部分收益，在这一前提下，个人投资者在完成捐赠后应当获得捐赠收据，可凭借捐赠收据进行个人所得税应纳税额的部分抵扣。[1] 而在实际操作中，因没有相关政策制度的约束，银行可能并未向个人投资者做到充分提示，个人投资者也可能无法行使要求开具捐赠收据的权利。如何更好地设计此类产品、公益捐赠相关的事项如何向公众做好项目的信息披露与公开透明、公益捐赠接收方与捐赠方拥有哪些权利义务，这些都急需相关部门出台明确的政策制度。《慈善组织信息公开办法》中虽详尽地规定了公益项目与善款使用披露的要求，但如何链接金融端与公益端且不出现信息披露断层、如何更好地保障个人投资者对捐赠资金使用的知情权，目前都没有明确的制度规定。

（二）银行与慈善组织缺乏长期、全流程的协同运作机制

观察公益理财产品发行年份分布的特征，可看出早期公益理财产品的发行更多的是为了应对突发公共事件。如 2008 年汶川大地震和 2010 年玉树大地震后，多家商业银行发行了以支援抗震救灾为主题的公益理财产品。从实际发行情况来看，以应对突发公共事件为主题的公益理财产品时效性较强，在当时非常受个人投资者欢迎，往往很快售罄，但时点一过便会很快沉寂下来，这也体现出个人投资者支持公益慈善事业的主动性较强，但缺乏健全的长效机制来支持。因为多是一次性的单只产品，银行尚未围绕公益理财产品与慈善组织建立起关于资金捐赠、项目执行和信息披露的长期、全流程的协同协作机制。建立完善的公益理财产品参与公益慈善事业的长效机制至关重要，这也将鼓励更多的爱心投资者用金融的方式支持我国公益慈善事业更好地发展。

（三）个人投资者对公益理财产品的认知水平有待提高

银行很难常态化发行公益理财产品的一个重要原因在于，公益理财产品中

---

[1] 《个人所得税法》第六条规定：个人将其所得对教育、扶贫、济困等公益慈善事业进行捐赠，捐赠额未超过纳税人申报的应纳税所得额百分之三十的部分，可以从其应纳税所得额中扣除；国务院规定对公益慈善事业捐赠实行全额税前扣除的，从其规定。

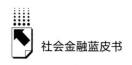

的部分收益会用于捐赠，这使得其在产品收益上可能不如同期同类型的普通理财产品（不含公益属性）。举例来说，某银行发行的一款公益理财产品，3个月收益率为4.0%，与个人投资者约定捐赠部分收益后，个人投资者实际获得的收益率为3.5%，同一时期市场上同类产品的收益率在3.8%~4.1%左右。在公益理财类产品得到社会认可、拥有稳定的客户群体之前，个人投资者更倾向于追逐高收益的纯商业性理财产品。如果银行能够主动建立公益理财产品长期、稳定的发行与支持机制，逐步增强个人投资者黏性，将能够有效地加深公众对公益理财产品的认识与了解，用金融赋能公益慈善事业更好地发展；此外，还能切实提升银行金融产品的市场竞争力，树立良好的企业社会形象，践行企业社会责任。个人投资者的认可对公益理财产品的长期稳定发展至关重要。只有个人投资者对公益理财产品的认可度不断提高，理解并认可产品的公益属性，公益理财产品才能够走出属于自己的路。

四　公益理财产品的发展机遇与趋势

（一）在《关于规范金融机构资产管理业务的指导意见》指导下，公益理财产品将向净值型理财产品转型

当前，银行理财产品打破刚性兑付、实现净值化转型，已成为重要的改革方向与不可逆转的趋势。2018年中国人民银行、中国银行保险监督管理委员会、中国证券监督管理委员会、国家外汇管理局下发的《关于规范金融机构资产管理业务的指导意见》（银发〔2018〕106号）（以下简称资管新规），是关于资产管理业务顶层设计的纲领性文件，为我国资产管理业务稳健发展奠定了基础、指明了方向。其中，对银行理财产品打破刚性兑付、实现净值化转型提出了明确要求。银行理财的未来投向将主要聚焦标准化资产的固定收益类产品和权益类产品，银行理财未来的发展将更加标准化、公开化。银行传统保本型理财产品即将退出历史舞台，公益理财产品应当及时转型。

商业银行理财子公司在此次银行理财净值化转型过程中扮演了重要角色。作为资管新规的配套制度，2018年12月中国银行保险监督管理委员会正式发布《商业银行理财子公司管理办法》。根据规定，商业银行应当通过具有独立

法人地位的子公司开展理财业务，以强化法人风险隔离能力。在资管新规、《商业银行理财子公司管理办法》等监管政策指引下，银行理财业务结构进一步优化，净值型理财产品存量大幅增加。

如今，净值化已成为银行理财产品发展趋势，公益理财产品也将开始向净值型理财产品转型。净值型理财产品没有预期收益，仅有业绩比较基准，而预期收益型理财产品会在发行时设定预期收益，到期按照预期收益兑付本金利息。净值型理财产品不存在刚性兑付，投资收益除缴纳管理费等费用和超额业绩提成外，收益或亏损都归个人投资者，而预期收益型理财产品由银行付给个人投资者预期收益之后，所有的盈利或亏损由银行承担。商业银行理财子公司的出现体现了人民群众对财富管理的诉求不断增加，作为未来理财业务的主力军，商业银行理财子公司将成为公益理财产品的发行主体。在资管新规背景下，公益理财产品也将向净值型理财产品转型，公益理财产品将进一步丰富商业银行理财子公司产品类型，为金融机构开展公益金融创新、慈善组织开展资产保值增值投资活动提供新的途径与思路。

（二）ESG 投资热潮来临，ESG 理财产品恰逢其时

近年来，影响力投资、ESG 投资的概念被讨论得越来越多，尤其是 ESG 投资在国内逐渐受到重视。ESG 包含环境（E）、社会（S）和公司治理（G）三个因素。投资者将上述三个因素纳入投资分析，即可评估企业运营的可持续性和社会影响，旨在获得稳定的长期收益。其中环境（E）部分综合考虑气候变化、自然资源、能耗效率、污染物排放、环境治理、环境机会、绿色收入、环保处罚等因素；社会（S）部分综合考虑社会责任、乡村振兴及捐赠、产品质量、产品创新、员工福利、员工培训、职业健康、员工管理等因素；公司治理（G）部分则综合考虑公司股权结构、董事会组成、董事独立性、贪污腐败管理、财务治理、高管薪酬及激励制度、商业道德等因素。ESG 理财产品也应被纳入公益理财产品范畴。

随着监管部门对上市公司在环境、社会、公司治理方面的要求不断提高，ESG 投资在中国也开始受到重视。在新冠肺炎疫情背景下，ESG 投资因明显的超额回报而引发了市场关注。越来越多的个人及机构投资者开始关注 ESG 投资，而投资机构也推出相关主题投资产品，相关产品的发行机构更是从公募基

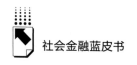
金扩大到商业银行及其理财子公司。

银行理财引入 ESG 投资理念，不仅是看重 ESG 理财产品带来的稳定回报，也是银行理财转型的必由路径。在资管新规大背景下，银行理财产品打破刚性兑付，向净值型理财产品转型，这对银行提出了更高的要求：不仅要保证资产的保值增值，还要兼顾风险。在这一背景下，ESG 理财产品恰逢其时。通过 ESG 领域相关投资，金融机构既可以通过优质标的的资产增值来获取客观的投资收益，还可以优选符合绿色可持续发展、绿色金融、碳中和等主题和领域的投资标的，控制投资风险。此外，金融机构积极进行 ESG领域的投资、发行 ESG 理财产品，也是实现商业价值与社会价值的体现，有助于体现其差异化的服务优势。

数据显示，截至 2021 年 5 月 31 日，ESG 存续产品共 188 只（另有 14 只待成立，1 只已终止）。ESG 产品净值总规模达到人民币 2939.66 亿元，占资产总规模超过 90% 的 147 只 ESG 产品在 1 年内成立。从单只产品平均规模看，ESG 产品资产规模整体较大，近一半产品资产规模超过 5 亿元，其中规模超过10 亿元人民币的产品有 60 只，占 31.9%。①

截至 2021 年 5 月 31 日，处于存续期的 ESG 银行理财产品数量为 73 只，总净值规模为人民币 468.51 亿元，较 2020 年底增长 41.6%，其中，华夏银行股份有限公司的 ESG 银行理财产品存续数量、存续规模最大（见表 1）。

表 1 我国 ESG 银行理财产品发行情况（数据截至 2021 年 5 月 31 日）

机构名称	发行 ESG 产品数量	产品名称/系列	期限	募集方式	ESG 产品存续规模（亿元）
华夏银行股份有限公司	43	龙盈 ESG 混合 G 款系列理财产品；龙盈 ESG 固定收益类系列理财产品；龙盈固定收益类 ESG 理念理财产品；华夏理财 ESG 混合偏债型一年定开系列理财产品；华夏理财 ESG 固定收益增强型一年定开系列理财产品	6 个月至 3 年	公募	197.22

① 《秩鼎公司〈可持续投资已至，ESG 产品先行：ESG 资管产品研究报告（2021 年 6 月）〉》，http://www.51esg.com/researchreport/1714/detail，最后访问日期：2021 年 10 月 30 日。

续表

机构名称	发行 ESG 产品数量	产品名称/系列	期限	募集方式	ESG 产品存续规模（亿元）
农银理财有限责任公司	15	农银理财"农银安心"ESG 主题系列理财产品；农银理财"农银安心·每年开放"（ESG 主题）系列理财产品；农银理财"农银安心·一年半开放"（ESG 主题）系列理财产品；农银理财"农银同心"ESG 主题系列理财产品	6 个月至 3 年	公募	173.13
华夏理财有限责任公司	6	华夏理财 ESG 混合偏债型一年定开理财产品；华夏理财 ESG 固定收益增强型一年定开理财产品	6~12 个月	公募	52.83
兴银理财有限责任公司	1	兴银理财财智人生 ESG1 号净值型理财产品	1~3 年	公募	5.11
建信理财有限责任公司	3	建信理财"睿鑫"ESG 主题固收类封闭式系列产品	1~3 年	公募	2.98
青银理财有限责任公司	2	青银理财璀璨人生成就系列人民币个人理财计划（ESG 主题）系列理财产品	1~3 年	公募	1.71
光大理财有限责任公司	1	阳光红 ESG 行业精选	T+0	公募	0.83
中银理财有限责任公司	1	中银理财-智富中国 ESG 策略指数灵活配置（开放式）产品	7 天至 1 个月	公募	0.17
江苏苏州农村商业银行股份有限公司	1	"锦鲤鱼绿水青山 ESG 主题按周开放"净值型人民币理财产品	7 天	公募	34.53

资料来源：根据中国理财网（https://www.chinawealth.com.cn/zzlc/index.shtml）数据整理。

  关注及参与 ESG 投资，其本质是支持治理结构优、社会贡献大和环境保护好的公司，从而在享有资产收益的同时，为建设更为理想的社会和环境贡献力量。银行业金融机构作为资产管理人，其敏锐的市场嗅觉，更适合作为国内 ESG 投资的推动者，作为发行 ESG 理财产品的主体，担负着产品设计与开发的重任。

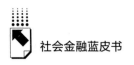
（三）"公益+金融"符合新时代发展趋势

公益理财是"公益+金融"结合的典型体现。公益金融是一种区别于传统金融模式的新型投资及财富管理方式，简单来说就是用企业家思维和金融思维来做慈善。金融将有效助力慈善更深、更广、更有效率地发展（李泳昕、曾祥霞，2019）。

"公益+金融"的理财产品形式符合新时代个人投资者日益多样化的金融服务需求及积极参与公益慈善事业的发展趋势。在新发展理念的要求下，越来越多的金融机构创新服务模式和产品，主动解决社会痛点、难点问题，探索金融向上向善的实现路径。例如，中国建设银行深圳市分行创建的"善建益行"金融慈善服务体系，紧密结合慈善与金融，根据不同客户需求，整合多种金融慈善产品与服务，包括公益理财、捐赠人建议基金、冠名慈善基金、慈善信托、影响力投资等，为客户提供更多参与公益慈善事业的路径，用新金融的方式推动社会创新和进步。"公益+金融"也符合慈善组织创新筹款方式和资产保值增值的发展趋势。公益理财产品为慈善组织提供了一个全新的筹款来源、一种筹款方式，同时也对慈善组织公益项目的执行与信息披露提出了更高的要求。公益金融为慈善组织带来了全新的可持续发展思路，用金融为公益慈善事业赋能，从而增强慈善组织资产管理能力、捐赠人服务能力与可持续发展能力。

五　对促进公益理财产品在中国发展的建议

（一）出台相关政策与监管制度

目前相关主管部门对公益理财产品并无明确的监管规定。建议政府相关部门出台针对公益理财产品的政策与监管制度，号召金融机构积极探索创新，开发可持续的公益理财产品，并对相关产品设计、产品发行、产品风险、相关公益慈善组织资质要求、公益项目资金使用披露、公益项目进展报告等做出明确规定。这样能促进公益理财产品更好地合规运作，促进相关公益项目善款使用的透明公开，有效推动公益理财产品健康发展，带动更多投资者参与到"公益＋金融"的实践中来，为中国公益慈善事业的发展贡献力量。

（二）鼓励金融机构创新公益理财产品，以商业化方式履行企业社会责任

目前市场上的公益理财产品主要由银行发行，多数为应对重大突发公共事件，如新冠肺炎疫情与汶川大地震，产品少、发行次数少，未能在个人投资者中产生规模效应。除传统银行理财产品外，还应鼓励金融机构积极进行公益金融创新，探索将商业银行理财子公司产品、公/私募基金等金融产品与公益慈善相结合。中国建设银行深圳市分行就在 2020 年与多家私募投资机构在深圳联合推出了"善建系列"公益私募产品，由产品投资顾问或管理人向指定慈善组织或公益项目捐赠其获取的部分固定投资顾问费及超额收益，产品推出10 个月来，实现捐赠金额超 400 万元。这一创新也进一步拓展了"公益＋金融"的广度与深度，为慈善组织开辟了全新的资金来源渠道。

（三）加强对公益理财产品的宣传与推广

目前国内对于公益金融、公益理财等领域还相对陌生，参与的金融机构、慈善组织与个人投资者都相对较少。加强对现有公益理财产品的宣传，加大对公益理财、公益金融等理念的传播力度将有利于更多的金融机构、慈善组织与个人投资者参与进来。

此外，推动金融机构与慈善组织更好地协同，对于加强公益理财产品的创新、发行、管理和售后服务都有重要的意义，在这一前提下，公益理财产品等公益金融产品也将得到更好的宣传与推广。

参考文献

李泳昕、曾祥霞，2019，《中国式慈善基金会》，中信出版社。

B.7
中国慈善信托发展现状与趋势分析

刘　钊*

摘　要： 我国引入慈善信托制度较晚，在《信托法》、《慈善法》和
《慈善信托管理办法》相继出台之后，我国慈善信托备案数量
迅速增长，不同社会主体积极参与其中，不断有创新模式涌
现，慈善信托总体呈现稳中向好的发展趋势，在促进第三次分
配和助力公益事业发展中发挥了重要作用。但慈善信托法律和
配套制度仍需进一步完善，社会各界对慈善信托的认知水平有
待提高。因而，我国应加快完善慈善信托税收优惠政策、明确
慈善信托公开募集资格、加强社会公众监督等，进而引导更多
的社会力量利用慈善信托参与我国的公益慈善事业。

关键词： 慈善信托；《慈善法》；公益慈善

一　慈善信托概述

信托是委托人基于对受托人的信任，将其财产权委托给受托人，由受托人
按委托人的意愿以自己的名义，为受益人的利益或特定目的，进行管理和处分
的行为。依据信托的目的，可将信托分为公益信托与私益信托。

我国于 2001 年 10 月 1 日起施行的《信托法》中专章界定了公益信托的法
律概念，然而《信托法》对公益信托没有进行概括性的表述，仅在第六十条

---

* 刘钊，法国凯致商学院商务与管理学学士，中国人民大学金融学专业本科生，现为《母基金
周刊》专栏作家；研究方向为 ESG、企业社会责任、可持续发展和公益金融。

中进行了列举式的阐述："为了下列公共利益目的之一而设立的信托，属于公益信托：（一）救济贫困；（二）救助灾民；（三）扶助残疾人；（四）发展教育、科技、文化、艺术、体育事业；（五）发展医疗卫生事业；（六）发展环境保护事业，维护生态环境；（七）发展其他社会公益事业。"我国自2016年9月1日起施行的《慈善法》中，正式界定了慈善信托，并将慈善信托划为公益信托的子类别："本法所称慈善信托属于公益信托，是指委托人基于慈善目的，依法将其财产委托给受托人，由受托人按照委托人意愿以受托人名义进行管理和处分，开展慈善活动的行为。"

公益信托和私益信托一样涉及三方主体的关系，即委托人、受托人和受益人，有些国家的法律中还设有信托监察人的角色，在不同法系和国家的信托法律框架下，各主体的法律义务也不尽相同。

慈善信托的委托人将自己的财产转移并委托给受托人管理，是慈善信托的创设人之一。信托的受托人作为信托关系中最重要的主体，负责信托财产的控制、管理、分配等事项。由于慈善信托涉及公共利益，因此法律对慈善信托受托人的资格和义务的规定非常严格。慈善信托的受益人具有不特定性，往往不是特定的人，而是处于待分配信托利益的潜在个体或群体，相对于其他种类的信托来说，慈善信托受托人的受益权和撤销权被弱化，为了弥补这种不平衡，出现了信托监察人制度，从而加强了慈善信托制度对受益人利益的保护。慈善信托的监察人指由受托人或公益事业管理机构指定的，按照法律和信托文件的规定保全信托受益权、监督受托人管理信托事务的主体。在信托起源的英美法系中并没有信托监察人这一主体，信托监察人制度是大陆法系国家引进信托时形成的。

慈善信托的客体即信托财产，包括受托人因承诺信托而取得的财产，以及因其管理运用、处分或者其他情形而取得的财产，慈善信托财产需满足具有经济价值、可流通且委托人有权处分的条件。在不同法律体系下各个国家对慈善信托财产的形式也有不同的界定，常见的形式有金钱、房屋、土地、贵金属、股票、债券和知识产权等。我国《信托法》第十四条规定：法律、行政法规禁止流通的财产，不得作为信托财产；法律、行政法规限制流通的财产，依法经有关主管部门批准后，可以作为信托财产。

目前慈善信托的相关规定尚未明确慈善信托财产投资范围和种类以及财产

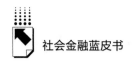

投资监督的内部治理规则，因此目前慈善信托的保值增值仍按照《慈善法》相关规定执行。但《慈善法》对于慈善组织财产的投资仅做了原则性的规定，并未满足受托人具有信托属性的慈善信托财产投资和内部治理的需求。

二　慈善信托在我国的发展现状

（一）政策法规不断完善，为慈善信托规范化发展创造了有利环境

1. 《信托法》开启中国公益信托的规范化发展进程

2001 年 1 月，中国人民银行发布《信托投资公司管理办法》，为信托公司担任公益信托受托人提供了制度基础。2001 年 4 月 28 日颁布的《信托法》填补了中国信托行业的法律空白，并专章对公益信托做出原则性的规定，虽然此法律的操作性不强，但开启了公益信托在我国的规范化发展进程。

2008 年 6 月 2 日，为支持汶川地震灾区重建工作，中国银行业监督管理委员会（下文简称为银监会）发布《关于鼓励信托公司开展公益信托业务支持灾后重建工作的通知》（以下简称《通知》），鼓励信托公司依法开展以救济贫困、救助灾民、扶助残疾人，发展医疗卫生、环境保护，以及教育、科技、文化、艺术、体育事业等为目的的公益信托业务。《通知》明确要求公益信托需要在银监会和公益事业管理机构备案，备案内容包括受托人管理费、信托监察人报酬的收取标准等，同时，《通知》允许信托公司对公益信托进行公开推介宣传。《通知》与《信托法》成为信托公司开展公益信托业务的主要依据。

2008 年 6 月 6 日，我国首单标准化公益信托"西安信托 5·12 抗震救灾公益信托计划"成立，到 2015 年底，我国共有 15 单标准化的公益信托，初始信托财产达到 12532.378 万元。但标准化的公益信托由于设立审批难、难以获得免税发票、信托财产不具备可持续性等难以普及，因此在此期间设立免收报酬的准公益信托成为信托公司履行企业社会责任的方式，标准化的公益信托未能发展为公益事业的主要模式。

2. 依托《慈善法》和《慈善信托管理办法》基本建立起我国慈善信托制度体系

2016 年颁布的《慈善法》及其配套政策的落地，构建了慈善信托运作的

基本框架，使得慈善信托的可操作性大大提高，我国慈善信托的发展驶上了快车道。在《慈善法》施行前的2016年8月25日，民政部、银监会发布了《关于做好慈善信托备案有关工作的通知》，为慈善信托的备案和操作运行提供了政策依据。

2017年7月，银监会和民政部印发《慈善信托管理办法》（以下简称《办法》）。《办法》作为慈善信托实践的具体操作指南，与《信托法》和《慈善法》一起成为我国慈善信托制度体系的基础。第一，《办法》明确了多受托人模式及多受托人模式下的慈善信托备案责任主体；第二，《办法》对信托变更情形和变更事项做出了更细致的规定，在一定程度上简化了慈善信托备案的流程；第三，《办法》在《信托法》的基础上，进一步明确了慈善信托终止的具体程序。但《办法》仍未解决慈善信托在实践过程中的信托财产公示和税收优惠两方面重要制度缺失的问题。

3. 地方性慈善信托管理办法与中央制定的法律法规及相关配套办法共同构成慈善信托的法治基础

一些地方政府也出台了地方性慈善信托管理办法。2016年10月，北京市民政局印发的《北京市慈善信托管理办法》是国内首部地方性慈善信托管理办法。此后，北京又建立了慈善信托专家研判机制、年报机制、绩效评估机制、信息公开机制，不断完善慈善信托监管体系。

江苏省是民政部慈善信托的试点省份。2017年10月，江苏省民政厅与银监会江苏监管局联合印发《江苏省慈善信托备案管理暂行实施办法》，在法律法规层面进一步探索具备可操作性的慈善信托实施办法；同年12月，江苏省人民代表大会常务委员会通过的《江苏省慈善条例》，对既有的慈善信托的规定进行了完善。

浙江、安徽、广东、江西等省民政厅或人大常委会也相继专门出台地方性慈善信托管理办法，另外，不少地区将慈善信托纳入地区性慈善条例、管理办法中。这些地区性法律法规中的"慈善信托"章节，对现有的慈善信托规定进行了进一步的细化，与中央制定的法律法规及相关配套管理办法一起构成了目前慈善信托的法治基础。

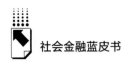

（二）慈善信托备案数量快速增长，财产规模呈现小额化趋势

自2016年《慈善法》颁布以来，慈善信托的数量快速增长。截至2021年4月底，慈善信托备案数量已经达到566单，财产规模达到33.77亿元。①

从发展趋势看，慈善信托年度备案数量持续增长，2020年慈善信托备案数量达到了261单，是2019年备案数量的两倍多。值得一提的是，在2020年3月慈善信托备案数量最多，为53单（见图1），其中绝大多数慈善信托的目的是支持抗击新冠肺炎疫情。

从财产规模来看，备案的慈善信托平均财产规模为596.67万元，其中财产规模大于等于1000万元的慈善信托有48单，占8.48%；小于1000万元、大于100万（含100万）元的慈善信托有164单，占28.98%；小于100万元、大于10万（含10万）元的慈善信托有279单，占49.29%；小于10万元的慈善信托有75单，占13.25%。其中备案慈善信托财产规模最大的为6亿元，规模最小的初始信托财产仅有1元。

尽管慈善信托备案数量逐年增加，但自2019年以来，年度备案慈善信托总财产规模大幅下降（见图2），且备案的慈善信托财产规模小于10万元的小型慈善信托大部分是2019~2020年设立的（见图3），备案慈善信托财产规模呈现小额化趋势。

慈善信托具有设立门槛低、灵活性强、几乎没有财产规模限制等特点，不仅促进慈善信托备案数量大幅增长，而且鼓励更多领域和专业的企业与个人通过设立备案金额较少的慈善信托践行公益事业。

（三）大多数省份有慈善信托备案记录，但地区分布极不平衡

截至2021年4月底，我国共有27个省（自治区、直辖市）有慈善信托备案记录，但慈善信托的地区分布极不平衡。在备案数量方面，甘肃和浙江两省分别以116单和96单的备案数量大幅领先于其他省份，具体见图4。在总财产

---

① 本报告中关于中国慈善信托的数据全部来自慈善中国信息平台公开信息，笔者根据检索的信息进行统计整理。数据统计截至（最后统计时间）2021年5月1日，下文呈现数据截止日期与此相同。

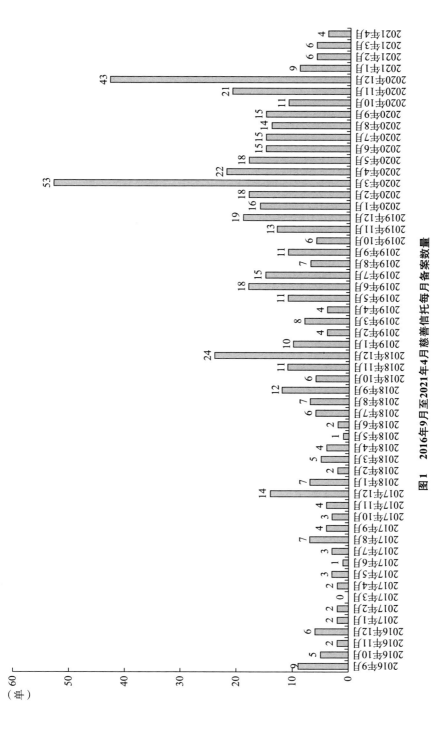

图1　2016年9月至2021年4月慈善信托每月备案数量

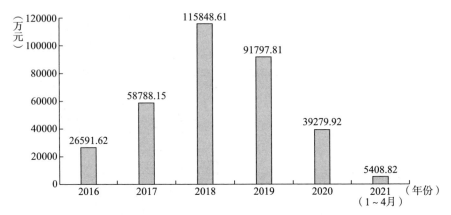

图2 2016年至2021年4月备案的慈善信托总财产规模

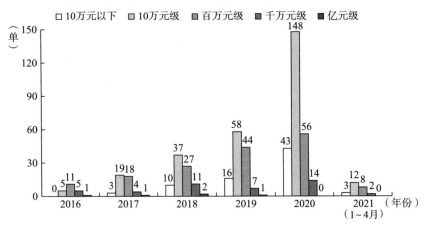

图3 2016年至2021年4月不同财产规模慈善信托备案数量对比

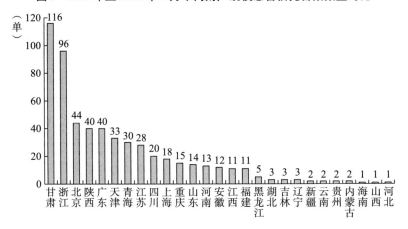

图4 2016年至2021年4月各省份慈善信托备案数量

规模方面，浙江省备案的慈善信托总财产规模超过了10亿元，甘肃省和广东省也都超过了7亿元，这三个省备案的慈善信托总财产规模大幅领先其他省份，具体见图5。

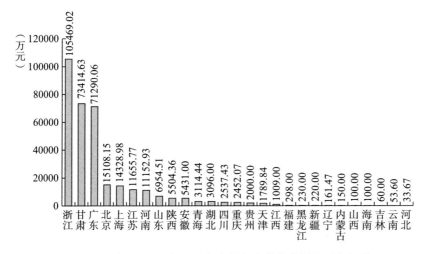

图5　2016年至2021年4月各省份备案慈善信托总财产规模

（四）慈善信托设立目的以教育和扶贫为主，期限上以短期为主

慈善信托设立目的以教育和扶贫为主，40.8%的慈善信托在设立目的中提及教育，36.0%的慈善信托在设立目的中提及扶贫，如表1所示。另外，慈善信托的设立与公共事件的发生有着紧密的联系，截至2021年4月底共有85单慈善信托为抗击新冠肺炎疫情而设立。

表1　2016年至2021年4月慈善信托业务领域统计

单位：单，%

领域	教育	扶贫	卫生健康	恤病	济困	生态环保	助残	文化	扶老	儿童救助	优抚	其他	科学	救灾	未明确	总单数
单数	231	204	139	119	104	82	78	74	50	44	38	37	34	23	21	566
占比	40.8	36.0	24.6	21.0	18.4	14.5	13.8	13.1	8.8	7.8	6.7	6.5	6.0	4.1	3.7	—

目前大部分慈善信托在设立目的中未指明具体的受助地区和受助人群，部分慈善信托直接引用《慈善法》中关于慈善信托设立目的的原文，或者

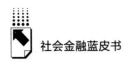

直接以"符合《慈善法》规定的慈善活动"等类似的模糊说法作为设立目的。

从期限来看,我国的慈善信托以短期慈善依托为主,永续型慈善信托尚属少数。截至 2021 年 4 月底,期限为 5 年及以下的短期慈善信托共有 264 单,占备案总数的 46.6%,具体见表 2。另外,无固定期限和永续型慈善信托单数分别占备案总数的 21.4% 和 18.7%。慈善信托实现永续的方式有四种:一是采取开放式募集的方式实现永续,即通过增加委托人、吸纳更多资金和项目资源参与的方式实现永续;二是通过委托人传承的方式实现永续;三是将慈善支出计划与信托财产投资收益匹配,信托财产本金不消耗,从而实现慈善信托的永续;四是设立先行信托,将先行信托的部分收益注入慈善信托,只要先行信托不终止,则慈善信托就实现了永续。

表 2 2016 年至 2021 年 4 月底不同期限备案慈善信托数量分布

单位:单,%

期限	数量	占比
5 年及以下	264	46.6
无固定期限	121	21.4
永续	106	18.7
大于 5 年且小于等于 10 年	55	9.7
大于 10 年	18	3.2
数据缺失 *	2	0.4

*其中"招行私行·朔如千年慈善信托"与"中航信托·天顺 2018 86 号中扶贫临洮百合百家慈善信托"均未明确说明信托期限信息,故在此归入"数据缺失"类别。

(五)委托人以企业和社会组织为主,受托人以信托机构为主,近一半慈善信托公开设立监察人

企业和社会组织为慈善信托主要的委托人类型,分别占总备案数量的36.6% 和 31.4%(见表 3),在社会组织类型中,委托人主要为基金会和各地慈善总会。

表3 2016年至2021年4月不同委托人类型的慈善信托数量

单位：单，%

委托人类型	数量	占比
企业	207	36.6
社会组织	178	31.4
自然人	65	11.5
未公开	52	9.2
混合	51	9.0
行政部门	13	2.3

2016~2020年，自然人委托人数量逐年增加（见图6），其中规模最大的鲁冠球三农扶志基金备案慈善信托财产规模达到6亿元。

信托公司担任单一受托人的慈善信托共510单，占备案总数的90.1%；慈善组织与信托公司共同担任受托人的双受托人模式与慈善组织单一受托人模式的慈善信托分别占备案总数的7.6%和2.3%。信托公司担任单一受托人的慈善信托成为主流的一个原因是慈善组织在银行开立规定的信托专户面临很多困难，这在一定程度上阻碍了慈善组织担任受托人角色。

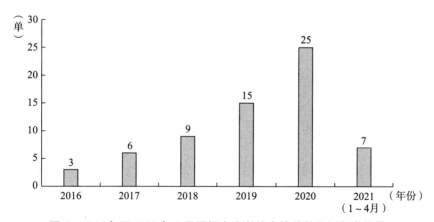

图6 2016年至2021年4月委托人为自然人的慈善信托备案数量

注：此处数量为委托人类型只包含自然人的慈善信托备案数量，混合型中包含自然人委托人的慈善信托不计入其中。

近一半慈善信托公开设立监察人，这其中又以律师事务所为主。46.8%的慈善信托公开设立了监察人，其中81.9%的监察人主体为律师事务所。另外，还有慈善组织、自然人、会计师事务所等主体担任慈善信托监察人。具体见表4。

表4 2016年至2021年4月各监察人类型慈善信托数量

单位：单，%

监察人类型	单数	占比
未设立监察人或未公开	301	53.2
律师事务所	217	38.3
其他*	14	2.5
会计师事务所	13	2.3
自然人	11	1.9
慈善组织	10	1.8

* 还有2单为自然人和机构共同担任慈善信托监察人。

三 中国慈善信托发展面临的问题与挑战

（一）慈善信托法律有待完善

《信托法》、《慈善法》和《慈善信托管理办法》等法律法规的相继颁布推进了慈善信托的法治化进程，尤其是《慈善法》的出台极大地推动了我国慈善信托的实践进程，但是其与《信托法》仍有叠床架屋之嫌，在法律层面尚有部分问题未明确进而成为实践中的重大障碍（金锦萍，2017）。例如，在慈善信托财产方面，信托财产的独立性、信托财产保值增值相关规定、非货币信托财产的转移与公示方式、财产的公开募捐等有待完善；在参与主体方面，多个主体共同受托时的权利和义务、监察人的权利和义务等模糊不清；在备案操作方面，备案变更规定不完善、委托人为多人时的备案受阻等问题亟待解决。

在完善慈善信托法律的过程中，要注意摆脱对商业信托的路径依赖。我国是在商业因素的驱动下引入信托制度，慈善信托也是在以商业信托为主导的《信托法》的基础上构建起来的。由于慈善信托是基于慈善目的，受益人是非特定的，慈善信托与商业信托的管理有着本质上的区别，所以在完善慈善信托制度的过程中，要注意和商业信托制度加以区分。

（二）慈善信托的配套制度仍需进一步完善

尽管《信托法》、《慈善法》和《慈善信托管理办法》等法律法规和相关规范性文件为慈善信托的发展做出了原则性规定、提供了基础保障，但在实践过程中，慈善信托在资金筹措、税收优惠等方面仍然面临诸多困难，在信息披露、内部管理、外部监督等方面的政策仍然不完善，总体而言，仍有许多配套制度需进一步完善。

其中税收优惠政策是目前亟须完善的。由于慈善信托不属于我国《税法》规定享受税收优惠的受赠组织，因此捐赠人无法享受相应的税收优惠，这阻碍了捐赠人的捐赠积极性。尤其是在与社会公众参与慈善信托积极性密切相关的税收优惠政策方面，目前我国慈善信托税收优惠的相关规定尚不明确，具体体现在对捐赠后抵扣申请退税、递延扣除和实物捐赠的扣减纳税无明确的规定（周贤日，2017）。对比英、美全额免除信托财产用于慈善目的孳息税额和日本免除孳息的所得税，我国慈善信托的税收政策亟须进一步完善，同时可考虑通过加大税收优惠力度鼓励社会公众参与慈善信托。

（三）社会各界对慈善信托的认知水平有待提高

慈善信托制度本来是英美法系国家土生土长的法律制度，对大陆法系国家来说，慈善信托制度甚至整个信托制度都属于"舶来品"。公益信托在被引入日本之后，在长达50年的时间内并不适用。在中国，社会各界对慈善信托的认知水平有待提高。

尽管自2016年《慈善法》实施以来我国慈善信托的发展态势良好，但是慈善信托无论是在公益领域还是在信托行业，都属于行业内机构战略发展的创新业务，并未被广大社会公众所了解，相比我国发展较为成熟的慈善基金、商业信托和每年千亿元人民币级别的社会捐赠，慈善信托仍处于起步阶段。

专业机构对慈善信托的认知水平也有待提升，例如，慈善组织作为潜在的受托人对慈善信托的认识不深，或者认为专项基金或者捐赠人建议基金完全可以取代慈善信托。然而，慈善信托的财产是独立于委托人、受托人和受益人的固有财产。相较于专项基金，有效地实现了财产的安全隔离，可以确保慈善信

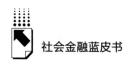

托长期稳定地发挥优势，实现慈善目的；相较于捐赠人建议基金，在我国，慈善信托的法律法规和实际应用更为成熟。

在我国，慈善组织作为受托人和委托人的慈善信托数量都很少。在目前备案的 566 单慈善信托中，仅有 13 单慈善信托的受托人是单一慈善组织，43 单慈善信托的受托人是慈善组织和信托公司共同担任受托人的双受托人模式，另外，地方慈善总会之外的慈善组织作为委托人的情况也较少。

四　慈善信托在我国的发展趋势

（一）慈善信托的政策法规趋于完善

面对相关法律法规不完善在一定程度上制约了我国慈善信托进一步发展的情况，监管部门正在逐步完善慈善信托的法律法规和配套制度。2020 年 1 月 9 日，民政部发布《慈善信托信息公开管理办法（征求意见稿）》；2020 年 5 月 8 日，中国银行保险监督管理委员会（以下简称银保监会）发布《信托公司资金信托管理暂行办法（征求意见稿）》。另外，各地也就慈善信托的管理积极征求社会意见并发布慈善信托地方管理条例。2021 年全国两会期间，全国人大代表、银保监会信托监管部主任赖秀福提出落实慈善信托税收优惠政策。相信在政府机构和专业人士的推动下，我国即将迎来慈善信托的高质量发展时代。

（二）家族慈善信托管理将迎来发展机遇

家族企业是我国慈善事业的中坚力量之一。在中国沪深 A 股、港股中资股和美股中概股拥有上市公司，并通过家族上市公司、家族基金会或家族个人的形式实际参与社会公益慈善捐赠的家族共计 2075 个。[①]

2018 年 8 月，银保监会在《信托部关于加强规范资产管理业务过渡期内信托监管工作的通知》中首次给出了家族信托的定义，即信托公司接受单一个人或者家庭的委托，以家庭财富的保护、传承和管理为主要信托目的，提供

---

① 芮萌、尹文强：《沉默的善意：一文了解中国家族慈善》，https://www.yicai.com/news/1010 54167.html，最后访问日期：2021 年 8 月 8 日。

财产规划、风险隔离、资产配置、子女教育、家族治理、慈善事业等定制化事务管理和金融服务的信托业务。

放眼全球，用信托管理家族财富是流行的方法，将家族信托和慈善信托相结合也是国际家族财富管理的主流模式，鼓励我国家族慈善信托发展，可以带动更多的家族以企业的力量参与到慈善信托的发展中，进而撬动更多资本和力量参与公益慈善事业。

（三）慈善组织与信托公司共同担任受托人的双受托人模式将成为发展趋势

擅长慈善项目运作的慈善组织和擅长财产保值增值的信托公司有着天然的互补性，两者可通过共同担任慈善信托受托人的方式开展合作，取长补短，这将是未来慈善信托发展的趋势。

另外，在目前慈善信托的实践过程中，信托公司尚不具备开具捐赠票据的资格，因此难以落实针对委托人的税收优惠政策，但在慈善组织担任受托人的慈善信托中，慈善组织可向委托人开具捐赠票据以抵扣委托人的应纳税所得额（周建蕖、王允，2019）。所以现阶段委托人如果希望享受税收优惠，较为可行的方法就是将慈善组织设为受托人，在更加完善的税收优惠政策出台之前，慈善组织作为受托人参与慈善信托的案例将增加。

（四）慈善信托将成为我国公益事业发展的重要推动力量

回顾我国慈善信托发展历史，慈善信托始终积极回应重大突发灾害和危机事件，主动服务国家重大发展战略。在2008年"5·12"汶川大地震后，在《中国银监会办公厅关于鼓励信托公司开展公益信托业务支持灾后重建工作的通知》的鼓励下诞生了我国第一单公益信托；2020年3月，涌现了大量支持抗击新冠肺炎疫情的慈善信托，当月备案数量创历史新高，到2021年4月，共有85单支持抗击新冠肺炎疫情的慈善信托；在脱贫攻坚的政策背景下，自《慈善法》出台以来，共有204单慈善信托的目的涉及扶贫。

未来，慈善信托将更多地参与到我国公益事业的发展过程中，并且将在乡村振兴及实现碳达峰、碳中和目标等背景下，再次迎来迅速发展的宝贵机遇。在全面脱贫攻坚取得胜利之后，截至2021年4月，已经有6单慈善信托为支

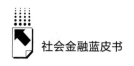

持新阶段的乡村振兴而设立。另外，在发挥第三次分配的作用、促进共同富裕的过程中，慈善信托将不断迎来新的发展机遇。

五 对我国慈善信托发展的建议

（一）加快完善慈善信托税收优惠政策

慈善信托目前不属于我国税法规定下享受税收优惠的受赠组织①，因此转移资产给慈善信托的捐赠人无法享受相应的税收优惠。对于慈善信托在运作过程中享受税收优惠的规定更是寥寥无几。无论是从提升我国慈善信托规范性的角度，还是从鼓励企业和个人参与慈善信托的角度，都有必要完善慈善信托税收优惠政策。

在公益性捐赠税收优惠政策方面，立法机关可以将慈善信托纳入享受优惠的受捐主体范围。对于慈善信托自身设立和运营中的税收优惠，首先需要厘清信托税制的一些问题，以避免重复征税和税负不公。根据信托导管理论，即把信托视为委托人向受益人输送财产及收益的导管，可在慈善信托设立，受托人管理、运用和处分信托财产，慈善信托利益分配和慈善信托终止等方面完善税收优惠政策。

在加快完善慈善信托税收优惠政策的同时，监管部门也要加强对慈善信托税收优惠的监管，避免税收优惠政策成为套利的工具。

（二）明确慈善信托的公开募集资格

目前慈善信托以定向募集为主，相关法律法规尚未明确慈善信托的公开募集资格，这在一定程度上限制了慈善信托文化的传播和参与力量的壮大。

如果法律法规明确了慈善信托的公开募集资格，在拥有品牌声誉、专业管理能力强的信托公司的管理下，充分利用互联网等媒介，慈善信托面向公众进行公开募集，并辅以严格的监督机制，不仅可以使信托公司在慈善信托运作中

---

① 《个人所得税法实施条例》中"社会团体和国家机关"和《企业所得税暂行条例实施细则》中"经民政部门批准成立的其他非营利的公益性组织"属于可以享受税收优惠的受赠组织。

发挥更加积极的作用，还可以通过引入更广泛的公众力量促进慈善信托长足发展。

（三）进一步促进慈善组织参与慈善信托

从专业角度讲，慈善组织作为慈善事业的实施主体，在项目运营管理、受益人筛选等方面拥有丰富的经验，慈善组织的参与将有助于提升慈善信托发展的专业化水平；从数量和覆盖面讲，我国慈善组织数量庞大，覆盖地区和行业广，强化慈善组织的参与有助于慈善信托的规模化发展。

除了提升慈善组织的参与积极性外，监管部门可以出台推动慈善组织进一步参与慈善信托的政策措施；信托公司也可以与慈善组织一道，设计推出更为专业的慈善信托，并尝试设计推出向社会公众募集信托财产的慈善信托产品。

（四）强化信息公开，加强社会公众监督

慈善组织、公益行为的信息透明化不仅是行业稳健发展的前提，也是社会公众的主要诉求，慈善信托也不例外。目前全国性的慈善信托信息平台为"慈善中国"平台，其主要披露了慈善信托的备案信息，另设有事务处理及财务状况、检查评估情况、表彰处罚情况和其他事项等栏目，但无相关信息披露。全国各地的地方性慈善信托管理部门对信息公开的要求不同，监管口径不一，且披露内容同样较少。

对此，民政部于2019年启动了"慈善信托信息公开管理办法"的立法工作，在前期对多个省市进行调研和课题研究的基础上，于2020年1月8日发布了《慈善信托信息公开管理办法（征求意见稿）》，该文件对慈善信托信息公开的主体、平台、时限规则进行了细化。"慈善信托信息公开管理办法"正式出台后，将有效提升慈善信托的社会公信力，有助于社会公众监督。

在信息公开的具体规定方面，民政部门可以在进一步公开慈善信托信息的基础上，制定差异化的信息公开规则，并出台更具操作性的信息公开指南，进而提升信息公开主体的认识水平和公开信息的可获得性，有效加强社会公众监督。

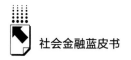

（五）加大慈善信托宣传力度

当前，有必要加大慈善信托的宣传力度，普及信托知识，提升社会公众对慈善信托的认知度，尤其是加大对民营企业和高净值人士的宣传力度，同时还可以通过在银行、农村信用合作社等机构设立信托业务代办点、宣传点，举办相应活动来帮助普通民众更好地了解慈善信托知识，为将来的慈善信托公开募集做好准备工作。信托公司、慈善组织应该加强专业知识学习，监管部门也应加强协同，履行应尽的职责。

参考文献

金锦萍，2017，《慈善信托的规制之道——兼评〈慈善信托管理办法〉》，《中国社会组织》第 16 期。

周建蕖、王亢，2019，《慈善组织与慈善信托合作模式的分析与展望》，《当代经济》第 10 期。

周贤日，2017，《慈善信托：英美法例与中国探索》，《华南师范大学学报》（社会科学版）第 2 期。

专 题 篇
Special Reports

B.8
金融社会工作促进居民金融素养
提升的现状与展望

方 舒 陈 艳[*]

摘 要: 作为社会工作和金融服务的新兴交叉领域,金融社会工作对
促进社会影响力金融发展具有重要的现实意义。本报告分析
发现,我国金融社会工作尚存在专业人才不足、职业发展受
限以及服务体系不完善等问题;实施居民金融素养提升工程
面临政府相关职能不明确、社会公众对金融素养不够重视及
工程实施的主体结构不健全等问题;此外,促进居民金融素
养提升的政策支持体系也有待完善。据此,本报告认为应当
系统推动金融社会工作服务能力和服务体系建设、鼓励多元
主体参与居民金融素养提升工程,建立健全金融社会工作促
进居民金融素养提升工作机制,以提升居民金融素养。

---

* 方舒,中央财经大学社会与心理学院副教授,研究方向为金融社会工作;陈艳,中央财经大
学社会与心理学院硕士研究生,研究方向为金融社会工作。

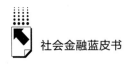
关键词： 金融社会工作；居民金融素养；金融教育

社会影响力金融的发展及作用的发挥受到居民金融素养水平的影响。金融素养所体现出的个体的金融观念和行为，会直接影响居民对社会影响力金融的认可和参与，而金融服务者的金融素养更会影响社会影响力金融的创新方向和发展速度。《2019 年消费者金融素养调查简要报告》显示，我国居民金融素养处于中等水平，居民应对金融风险的能力仍然欠佳，且不同群体的金融素养差异较大。① 金融社会工作者可以运用专业方法和技巧，依托社区、学校、银行等场所，为居民提供相关金融知识，提升其金融素养。

一 我国金融社会工作促进居民金融素养提升的现状

在金融诈骗手段层出不穷的当下，各类社会人群的金融适应能力存在差异，对社会公众进行金融素养教育已成为社会工作不可回避的职责。从某种意义上说，金融社会工作正是为回应社会金融化及其后果发展起来的，且逐步成为致力于提升居民金融素养的主要服务力量。

（一）开始形成多元主体参与的工作格局

1. 金融机构：主动开展居民金融素养教育

现代金融机构不仅是金融服务的提供者，也是居民金融素养教育的主力军，很多金融机构都将金融教育作为发展规划中的重要工作。近两年，国内不少金融机构开展了居民金融素养教育活动，例如中国建设银行尝试了"新金融实践"；Visa 中国也基于自身支付平台的网络优势，开展了丰富的金融教育活动；宁波银行股份有限公司自 2020 年 9 月起开展主题性金融知识宣教活动，包括存款保险保障、防范电信诈骗、保护个人信息、识别非法金融广告、安全

---

① 《2019 年消费者金融素养调查简要报告》，http://www.pbc.gov.cn/goutongjiaoliu/113456/113469/3868040/2019080109031290495.pdf，最后访问日期：2021 年 7 月 20 日。

使用信用卡、普及理财知识和网络安全知识等。

金融机构所开展的居民金融素养教育活动，大多采用线上线下相结合的方式，给居民讲解基本的金融知识，增强其金融技能，从而提升金融素养，降低陷入金融陷阱的可能性。同时，金融机构利用自身资源资助金融社会工作服务机构对居民进行金融素养教育，而金融社会工作服务机构也能帮助金融机构更好地实施普惠金融教育项目，促进金融教育活动顺利开展。

2. 社会组织：为开展普惠性居民金融素养教育提供平台支撑

社会组织作为开展居民金融素养教育的主体之一，依托其掌握的项目和资源整合渠道，为开展普惠性、公益性居民金融素养教育提供了支撑，从而带动社会各个群体参与到金融活动中，提升全体居民的金融知识水平，增强其应对金融风险的能力。

目前来看，社会组织开展居民金融素养教育有两种形式。一是全国性社会组织的普惠性金融教育工程。以中国金融教育基金会发起的"金惠工程"为代表，其以中西部21个省区市的贫困地区为重点，面向农民、基层领导干部、农村中学生及基层金融机构从业人员开展金融知识普及教育和培训，同时对金融机构从业人员进行培训，以提高其金融素养，提高现代金融服务在贫困地区的可获得性。"金惠工程"的普惠性教育项目有效提高了当地农民的金融知识水平和金融机构从业人员的金融素养，改善了农村信用和金融服务环境，还为促进普惠金融创新、助力精准扶贫发挥了积极作用。二是社会组织主要致力于开展金融教育与服务。例如深圳市创新企业社会责任促进中心在深圳市慈善会的支持下，近两年实施了"深圳市居民金融素养提升工程"。

3. 高校：助力培养高素质金融社会工作人才

高校为金融社会工作的发展培养专业人才，并担负着为金融社会工作从业人员提供专业培训的使命，同时也为金融社会工作的持续稳健发展提供理论支撑和智力支持。

目前，我国部分高校已开始培养金融社会工作硕士研究生，并通过举办学术研讨会推动构建高校金融社会工作人才培养体系。2018年7月，北京大学和香港理工大学联合举办了"对话尤努斯：社会工作与普惠金融教育"会议，主要介绍了格莱珉银行及其工作模式；10月，上海纽约大学和纽约大学社会工作学院联合举办了"社会工作与金融：探索可持续发展的新可能"圆桌会

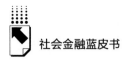

议，探讨了社会工作和金融相融合的发展机遇；11 月，"金融赋能与资产建设：金融社会工作国际研讨会"在中央财经大学召开。这些研讨会对金融社会工作实践经验进行了必要的总结，为推动高校培养金融社会工作人才提供了理论支撑。

在学术研讨基础上，近两年金融社会工作教育得以快速发展。2019 年 11 月，上海商学院主办了首届主题为"融合与赋能：新时代金融社会工作的建设与发展"的长三角金融社会工作论坛，会上正式揭牌成立"上海金融社会工作发展中心"，旨在探索社会工作与金融科技及金融产品相结合的实践领域。2020 年 12 月，经过长期筹备，中国社会工作教育协会金融社会工作专业委员会正式成立，以中央财经大学为代表的多所高校组成金融社会工作教育联盟，将培养适应新时代发展的金融社会工作人才作为专业发展方向。

4. 中小学校和城乡社区：推动金融素养教育向纵深发展

近两年来，很多机构面向中小学校和城乡社区开展了一系列金融素养教育活动。

面向中小学校的金融素养教育，一般是由政府或金融机构主导。2019 年 9 月，河北省石家庄市教育局联合招商银行股份有限公司石家庄分行、渤海国际信托股份有限公司等金融机构，在金融社会工作者协调和统筹下开展了"金融知识普及月金融知识进万家"暨"提升金融素养争做金融好网民"进校园宣传活动，为中小学校学生讲解"校园贷""现金贷"的表现形式、危害。通过面向中小学生开展金融素养教育，提高其对金融陷阱的警觉性和对金融风险的认知水平，进一步引导中小学生在未来求学阶段遇到经济困难时可使用正规渠道的助学贷款，避免学生陷入金融陷阱。

深入城乡社区的金融素养教育活动，往往是由某个社会服务机构承接实施的。四川成都金东公益服务中心在当地多个社区建立金融服务站，为社区居民提供便民取款、金融知识讲座、金融经济政策宣讲、金融需求调查、金融服务咨询等服务。在实践中，大多数深入社区的金融社会工作服务机构都以创建社区儿童财商课、金融知识讲堂、企业财务课堂等服务项目的形式，对居民进行金融赋能，帮助居民更好地应对金融市场带来的风险，积极营造社区金融教育氛围。

（二）金融社会工作已触及众多服务领域

1. 通过小额信贷助力脱贫攻坚和乡村振兴

金融社会工作不仅致力于提升居民金融素养，也为金融弱势群体提供普惠金融机会，因此在脱贫攻坚和乡村振兴中，少不了金融社会工作的积极参与。如《推进普惠金融发展规划（2016～2020 年)》倡导，社会各界应当向金融弱势群体提供适当有效的金融服务。

在传统金融机构开展普惠金融服务的同时，以格莱珉有限公司（中国）、中和农信项目管理有限公司为代表的小额信贷公司作为新兴的金融机构，在扩大普惠金融覆盖面方面发挥着重要的作用。在精准扶贫阶段，它们采用金融社会工作的方法和技巧，面向农村地区贫困人群，积极开展小额信贷服务，为无法接触到传统金融服务的金融弱势群体提供服务。在乡村振兴和普惠金融融合的大背景下，此类机构能够帮助农村地区持续巩固脱贫攻坚成果，并促进农户经营的可持续发展。

2. 通过资产建设为特殊群体提供支持性服务

资产建设是以帮助个人和家庭持续积累资产为目标（谢若登，2007）。目前国内在此领域仅有零星的以推进相关理论研究和金融社会工作实务为目的的项目。例如，北京大学科研团队于 2016 年在陕西省开展了主要面向贫困残障儿童家庭的"儿童发展账户"项目。该项目实践表明，资产建设与跨代干预取向的结合对儿童及其家庭发展产生了积极的影响。2020 年 7 月，山东省临沂市山泉社会工作发展中心实施的"贫困家庭配对储蓄"计划，主要面向患有自闭症的贫困儿童及其家庭，通过发挥金融社会工作的专业优势，实现了对人力资产、文化资产、金融资产、社会资产等多角度融合介入。以上资产建设项目在实施中都包含了提升参与对象金融素养的行动。

3. 儿童、青少年金融教育等领域的实务

《2019 年消费者金融素养调查简要报告》显示，88.27% 的人认为应当重视金融素养教育，认为在学校开展金融素养教育很有价值的人占受访者总数的82.52%。[①] 该报告表明，我国居民在金融素养认知方面的整体表现良好，即

① 《2019 年消费者金融素养调查简要报告》，http://www.pbc.gov.cn/goutongjiaoliu/113456/113469/3868040/2019080109031290495.pdf，最后访问日期：2021 年 7 月 20 日。

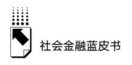

大多很重视金融素养。因此开展相关的金融素养教育是有必要的。

令人欣喜的是，越来越多的社会工作服务机构以开展金融社会工作实务项目的形式，主动寻求与中小学校的合作，开展面向儿童、青少年的相关服务。2019年，由北京市昌平区英博社会工作服务中心实施的"青少年金融赋能服务项目"致力于运用金融社会工作专业手法提升青少年的金融素养，项目遵循"金融脆弱性—金融赋能—增进经济福祉"的逻辑主线，开展金融教育、金融困境咨询、金融风险防范以及金融与生涯发展规划等社会工作干预服务，对其他社工服务机构开展青少年金融赋能服务具有参考价值。

（三）深圳市在全国率先启动居民金融素养提升工程

普惠性金融素养教育离不开各地政府的大力推进，深圳在这方面走在了全国前列。深圳市致力于打造全球创新资本形成中心、全球金融科技中心以及全球可持续金融中心。居民金融素养提升工程作为长期民生服务项目，各个政府部门都将其作为重点项目，持续推进"金融+"战略，即促进金融业向各产业赋能，深化金融改革，改善居民金融适应状况。

由深圳市地方金融监督管理局组织发起的"深圳市居民金融素养提升工程"于2020年7月16日正式启动，以"识别金融风险，守护财产安全"为口号，将"我是金融安全守护者，服务百姓学金融"作为工程宗旨，联动监管部门、区（街道、社区）、行业组织、金融机构等，通过寓教于乐、百姓喜闻乐见的形式，开展居民金融素养提升服务。

"深圳市居民金融素养提升工程"值得借鉴的经验体现在以下三个方面。首先，该工程采取社会征集和定向联络方式，组建了由金融、财税、法律、心理咨询、社会服务等专业志愿者队伍组成的后援中心，通过建设基层金融社会工作者队伍，为社区各类人群提供多类型的金融素养提升及风险防范意识教育服务，帮助社区居民掌握基础金融知识，提升金融素养。

其次，深圳市政府在"深圳市居民金融素养提升工程"中主要承担资源提供者、协调者、合作单位的统领者及行动支持者等角色，为基层金融社会工作者提供适当的资源，帮助其协调来自各参与主体的资源，以更好地提供金融素养提升服务，帮助居民增加金融知识储备，降低陷入金融风险的可能性。

最后，形成了主管部门牵头、协调联动的工作推进机制。《加强校园金融教育，提升居民金融素养》合作备忘录的签署是"深圳市居民金融素养提升工程"联动建设的标杆事件，其由深圳市地方金融监督管理局、中国人民银行深圳市中心支行、中国银行保险监督管理委员会深圳监管局、中国证券监督管理委员会深圳监管局、深圳证券交易所五方于2020年12月26日签署，致力于形成联动合力，以推动形成金融教育新格局，促进全社会形成学习金融知识、培养金融风险防范意识的良好氛围。

此外，经过十多年的快速发展，深圳现已构建起较为完备的社会工作体系，社会工作从业人员和社会工作服务机构大幅增加，在"深圳市居民金融素养提升工程"持续实施背景下，当地金融社会工作必将获得快速发展。

二 金融社会工作促进金融素养提升面临的问题与挑战

（一）金融社会工作发展面临的问题

1. 金融社会工作专业人才不足

当前，我国社会工作人才数量呈上升趋势，但是依然无法满足社会需要。其中，金融社会工作作为新兴发展方向，其培养的人才数量与社会所需数量之间依然有较大差距。从总体人才情况来看，截至2020年底，我国持证社会工作者共计66.9万人，其中助理社会工作师50.7万人，社会工作师16.1万人。《2020年民政事业发展统计公报》显示，2020年，全国共有10.2万人通过助理社会工作师考试，3.2万人通过社会工作师考试，从发展数量来看，专业社会工作者的数量逐年增加，对促进社会工作的发展起到重要的作用。[1] 2016年中共中央、国务院颁布的《国家中长期人才发展规划纲要（2010~2020年）》（以下简称《纲要》）提及"到2020年，社会工作人才总量达到300万人"，而从2020年数据来看，全国社会工作专业人才总量为157万人，其中持证社

---

[1] 民政部：《2020年民政事业发展统计公报》，http://images3.mca.gov.cn/www2017/file/202109/1631265147970.pdf，最后访问日期：2021年10月29日。

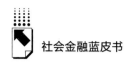
工为66.9万人，与《纲要》中的目标还存在较大差距。

金融社会工作人才不仅需要具备社会工作专业知识及相关技能，还需要具备金融学相关素养，因此人才队伍缺口更为明显。在高校中，国内仅有以中央财经大学为代表的部分财经类高校开设了金融社会工作专业，导致金融社会工作人才供给严重不足。另外，目前国内以提升社会工作者金融能力为主题的专业培训也才刚刚起步。

2. 金融社会工作职业发展受限

金融社会工作的职业空间主要包括政府相关职能部门的金融社会工作管理岗位、金融监管部门下设的事业单位相关岗位、全国性金融相关社会组织（基金会）管理服务岗位、城乡基层社区工作岗位、金融社会工作服务机构一线岗位，以及金融机构内设的金融社会工作服务岗位等。可以说，金融社会工作的职业空间是非常广阔的。

然而，总体上看，当前我国社会工作专业面临薪资待遇问题、升职机会问题、社会大众对社会工作行业的认知问题、社会工作的专业性实现问题、专业教育问题五大问题。金融社会工作处于两个专业交叉结合领域，对金融知识的运用及社会工作专业技能的掌握都有较高要求，具有知识储备要求高、职业应用场景较为特殊等特点，导致当下金融社会工作岗位供给相对不足，最终导致金融社会工作者面临职业选择的困境。

3. 金融社会工作服务体系不完善

从现实情况看，当前我国金融社会工作服务体系尚不完善：一是服务主体多元结构还未成型，目前在金融社会工作服务领域还看不到清晰的实施主体架构；二是需要进一步明确界定服务对象，金融教育所面向的儿童、青少年、大学生、老年人等群体是普遍意义上的服务人群，作为专业性的服务，金融社会工作目前还没有明确界定具有突出特征的特定服务对象；三是服务机制尚处于探索阶段，例如在打通金融社会工作面向服务对象的服务渠道方面，目前仍要在购买服务、购买岗位等服务机制建设方面持续加大探索力度；四是服务成效评估工作亟待开展，在缺乏全国统一的行业组织指导的情况下，金融社会工作服务目前陷入服务成效评估"无章可循"的困境，同时专门的评估人员还没培养起来，导致目前金融社会工作的服务成效评估基本处于空白状态。

（二）实施居民金融素养提升工程面临的问题

1. 政府相关职能不明确

实施居民金融素养提升的行动离不开政府的倡导和支持。政府作为权威公共部门及资源配置者，既要引导全社会重视居民金融素养的提升，也要直接开展居民金融素养提升工程。然而，当前政府主管部门尚未明确在此项工作中的具体职责。

首先，中国人民银行设立的金融消费权益保护局统筹开展金融消费者教育，中国银行保险监督管理委员会（以下简称银保监会）设立的消费者权益保护局也在开展宣传教育工作，但二者仅在维护国家金融安全、促进金融消费者保护、打击非法集资活动方面进行金融教育，要实现面向全民的金融素养教育整体布局，还有很长的路要走。同时，在现有行政体系中，地方金融监管机构大体有十三项主要职责，其中虽然将"协调、指导金融服务社会民生工作；引导、协调金融机构创新服务产品，扩大服务范围，延伸服务领域，提升服务效率"等作为相关的工作职责，却并未将各部门对提升居民金融素养的公共职责做出明确的规定。而民政部作为社会工作服务机构和社会工作人才队伍建设的主管部门，也未对金融社会工作服务机构建设和相关人才队伍培养给予政策关注和资金支持。

2. 社会公众对金融素养不够重视

系统接受过金融素养教育的消费者对金融风险具备基本的识别能力，金融消费者作为金融市场的主要参与者，在具备良好金融能力的前提下，对金融市场的稳定持续发展起着重要的作用。但从现实来看，当前我国金融消费者的金融素养状况却不容乐观，这集中体现为居民金融素养与日益复杂的金融服务、金融产品严重不匹配，主要原因是社会公众对金融素养不够重视。

《2019年消费者金融素养调查简要报告》显示，在选择金融产品或服务时，仅有44.21%的消费者会仔细阅读合同条款，47.06%的消费者简要浏览，8.73%的消费者甚至根本不阅读。[①] 同时，从我国股市中的个人投资者进行风

---

① 《2019年消费者金融素养调查简要报告》，http://www.pbc.gov.cn/goutongjiaoliu/113456/113469/3868040/2019080109031290495.pdf，最后访问日期：2021年7月20日。

险投资的占比来看，个人投资者的金融风险意识也亟待提高，部分个人投资者在投资时为了追求高利润而过度追求高风险，投机性非常强，不考虑投资所带来的无法承担的后果，导致股市经常出现"踩踏事故"，最终损害消费者利益。

3. 工程实施的主体结构不健全

作为新兴的领域，金融社会工作对居民金融素养提升的促进作用尚未显现。目前，实施居民金融素养提升工程的主体结构还不健全，主要表现为服务主体的多元结构还未成型，政府支持、行业企业主导、社会组织协助、公众广泛参与的现代社会工作服务体系，目前在金融社会工作服务领域还未形成清晰架构。其主要原因在于，政府主管部门的职责尚未明确，金融相关部门与社会工作主管部门之间缺乏协调联动工作机制，因此在组织实施具体项目时，存在推进乏力和落实不到位的问题。在这样的主体结构下，无法更系统地实施项目，无法为居民金融素养提升工程提供强有力的组织支撑。

（三）金融社会工作促进居民金融素养提升的政策支持体系有待完善

1. 相关政策尚处空白或欠缺状态

完善的政策是金融社会工作促进居民金融素养提升的必要保障。随着互联网科技的快速发展和广泛应用，金融业态、服务模式的发展速度远超消费者金融素养提升速度，同时也对相关政策提出了更多要求。但当前相关政策尚处于空白或欠缺状态。

从政府金融监管政策角度来看，近两年，各种金融系统负面外部性后果的产生主要源于缺乏相关政策监管。目前金融行业仅有关于上市公司的相关规定，要求其发挥环境－社会－公司治理（ESG）"三位一体"社会效应。从居民金融素养提升相关政策来看，虽说中国人民银行设立了金融消费权益保护局，银保监会设立了消费者权益保护局，此外中国人民银行也专门发文明确了"金融教育进中小学"的具体办法，但尚无宏观层面的统一政策行动。

2. 尚未纳入政府购买服务范围

购买社会工作服务是政府履行基本公共服务职能的关键性举措，也是为金融社会工作促进居民金融素养提升提供直接支持。自民政部与财政部在 2012

年联合出台《关于政府购买社会工作服务的指导意见》以来，越来越多的社会工作服务已被纳入政府购买服务范围，在实践中形成了"购买项目"和"购买岗位"两大模式，但是金融社会工作服务尚未被纳入政府购买服务的范围。

究其原因，一方面，在为广大居民开展金融素养提升服务的过程中，目前由中国人民银行、银保监会、地方金融监管机构组成的一行、一会、一局的"三位一体"主体责任部门，并未意识到运用金融社会工作来提升居民金融素养的重要性；另一方面，现有金融社会工作服务效能也未能充分显现，这种上下割裂的状态直接导致在提升居民金融素养行动中，大多数时候，金融社会工作是"缺席"的。

政府购买金融社会工作服务的政策空白，既导致金融社会工作的本土发展受到极大限制，也限制了居民金融素养提升工程向纵深发展。

3. 缺少金融机构的资金支持

市场主体付费是政府购买服务以外社会工作服务项目的另一重要资金来源。根据福利多元主义，政府、企业、家庭是现代社会民生福祉的三大主要来源；从现实来看，以往我国社会工作发展的资金主要源于政府购买服务，新兴的金融社会工作需要更多元的资金支持。

金融机构作为重要的市场主体，在居民金融素养提升方面，有不可推卸的社会责任。当前我国金融机构对居民金融素养提升服务领域的资金支持力度较小，对金融社会工作没有直接资金支持，使得金融社会工作的发展缺少重要的资金来源，进而导致其无法有效参与居民金融素养提升工程。

三　发展金融社会工作，提升居民金融素养

随着互联网金融的发展，金融服务渗透到居民的日常生活中，提升居民金融素养是政府促进金融稳定与安全、推动金融向上向善发展的关键性工作。同时，伴随金融社会工作的快速发展，专业社会工作者从社会各个层面、在各种场合积极参与居民金融素养提升工程，以增强居民应对金融风险的能力。

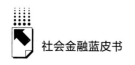

（一）系统推动金融社会工作服务能力和服务体系建设

1. 扎实推进高质量金融社会工作人才培养工作

专业人才尤其是高质量专业人才，是推动金融社会工作高质量发展最重要的资源保障。只有实现人才供给数量的大幅增加，才能为金融社会工作参与居民金融素养提升工程提供强大的人力资源保障。

扎实推进高质量金融社会工作人才培养，必须做好以下四方面的工作。第一，将财经类高校作为金融社会工作人才培养的主阵地，积极推动原有社会工作专业向金融社会工作专业方向转型，推动专精化金融社会工作教育发展。第二，以社会工作硕士教育为重点，鼓励各高校设置金融社会工作专业方向，同时以本科教育为基础，推动本硕联动培养。第三，推动金融社会工作及相关研究不断发展。通过引进、吸收、消化和再开发，增加金融社会工作本土教材、教学案例和研究成果的产出，形成专业教育支撑体系。第四，加强金融社会工作专业师资队伍建设，通过专题性培训，以及国际交流等，切实提升金融社会工作专业教师的教学、研究和实务能力。

2. 通过一线社会工作者金融赋能提升金融社会工作服务效能

一线社会工作者是实际提供金融社会工作服务的主要力量。在实施居民金融素养提升工程中，一线社会工作者需要有更多的专业知识来帮助广大居民认识到学习金融知识的重要性，因此其自身也需要不断进行金融赋能，即提升金融素养和金融社会工作服务能力。

具体而言，依托社会工作行业组织如中国社会工作联合会，开展面向一线社会工作者的金融社会工作专题培训，组织国内外金融社会工作师资团队，结合基础知识和实务案例，精心开发适合一线社会工作者学习的课程，促进一线社会工作者的金融赋能，进而提升其金融素养和金融社会工作服务能力。

3. 拓展金融社会工作职业空间，推进服务体系建设

职业空间拓展和服务体系建设是盘活金融社会工作人才"存量"的关键举措。推动金融社会工作参与居民金融素养提升工程，需要大力拓展金融社会工作职业空间，推进服务体系建设。

金融社会工作的职业空间涉及多元的职业应用场景，因此有关部门应加大对金融社会工作职业发展的资金和岗位支持力度，在政府部门、金融机构、社

会组织等中开发专业岗位，促进金融社会工作人才融入职业体系，做好相应薪酬激励工作。同时，大力推进金融社会工作服务体系建设，完善政府支持、金融机构主导、社会组织承接和公众广泛参与的服务主体结构，进一步明确金融社会工作服务人群，推进服务标准化建设，帮助金融弱势群体实现金融赋能。

（二）鼓励多元主体参与居民金融素养提升工程

1. 鼓励金融行业企业参与居民金融素养提升工程

金融行业企业促进居民金融素养提升的途径主要有三条。一是金融创新，主导力量是银行、保险公司等金融机构。将社会影响力金融作为发展理念，为社会中的金融弱势群体提供普惠金融服务和金融产品；运用金融科技弥合老年人、残障人士的"金融鸿沟"，以营造包容性金融服务环境。二是金融教育。金融机构应主动设置社会工作岗位、招聘专职金融社会工作者，直接实施居民金融教育活动，或者积极寻求与社会工作服务机构的合作，采取购买服务或服务付费的方式，委托金融社会工作者及其团队开展相应金融教育活动。三是金融保护。金融机构在提升居民金融素养的行动中，应当大力打击非法金融活动，以降低居民日常金融生活中的风险；同时也应当帮助居民甄别非法金融平台，在确保其资金安全的前提下，实现居民金融素养的提升。

2. 推动基层社区开展居民金融素养教育活动

居民金融素养教育离不开基层社区的"土壤"，基层社区既是实施金融教育最广阔的平台，也是金融社会工作促进居民金融素养提升的重要场所。

具体来说，基层社区应当积极配合相关政府部门开展金融素养教育，创新居民金融教育方式，采取社区居民喜闻乐见的方式宣传金融知识、培训金融技能，并建立分层分类的教育体系。同时，基层社区可以联合金融机构开展"金融素养进社区"活动，通过"请进来"的方式，协助金融机构在社区内为居民开展金融素养教育和金融技能培训，通过案例讲解和业务咨询等形式，切实提高居民的金融素养、理财技能和防诈骗能力。此外，基层社区还可通过利用已有金融社工服务站点，进一步开发金融社工岗位，借助专业社工的优势，深入开展居民金融素养教育活动。

3. 大力实施金融素养教育进学校工程

大中小学校是大中小学生接受金融素养教育的主阵地，应当大力实施金融

素养教育进大中小学校工程，实现金融素养教育对儿童、青少年的全覆盖，以此来提升居民金融素养。

首先，应当加大对金融素养教育的政策和资金支持力度，将金融素养教育课程作为选修课程纳入中小学及高等教育体系，同时加强师资队伍建设。其次，进一步完善学校金融社会工作体系。2021年6月初，《国务院未成年人保护工作领导小组关于加强未成年人保护工作的意见》指出，"通过建立学校社会工作站、设立社会工作岗位、政府购买服务等方式，推进学校社会工作发展"。最后，积极开发个性化教材教案，探索多样化教育教学方法；充分考虑金融素养教育内容和方式的异质性，针对不同年龄段学生群体开展不同层次的金融素养教育，借助新媒体、新技术，实现金融素养教育进大中小学校效果最大化。

（三）建立健全金融社会工作促进居民金融素养提升工作机制

1. 建立健全金融社会工作和金融素养教育工作机制

金融社会工作促进居民金融素养提升是一个系统工程，需要有一整套行之有效的工作机制。在社会日益金融化的背景下，应当加快建立健全金融社会工作和金融素养教育工作机制，以适应广大居民了解越来越多创新型金融产品的现实。因此，建立健全金融社会工作和金融素养教育工作机制，需加紧落实以下四方面措施。

第一，积极创新金融社会工作发展推进机制。建立以民政部门牵头，中国人民银行、银保监会、证券交易所和地方金融监管机构协同配合的工作机制，整合行业内实务专家、学术专家，推进金融社会工作全国服务标准体系建设。第二，建立政府主导的金融素养教育体系。由中国人民银行牵头出台相关政策，地方金融监管机构、地方金融工作行政部门和地方教育主管部门协调组织，银行、证券交易所等金融机构与高校紧密结合，形成协同教育体系，发挥各部门在金融素养教育活动中的作用，实现金融素养教育在整体联动的基础上从不同层次和方向并行推进。第三，明确各主体职责。应当进一步明确地方金融监管机构、中国人民银行、银保监会及证券交易所的工作职责，加大对金融素养教育、金融社会工作的支持力度，及对金融机构履行社会责任的监管力度。第四，国家有关部门制定金融素养发展规划。结合已有调研资料，动态监测居民金融素养水平及其变化趋势，可结合国情、社情开展金融素养教育活动，明确金融素养教育的目标、阶段性任务、实施步骤和保障机制，推动居民金融素养教育稳步发展。

2. 创新金融社会工作服务多元资金支持方式

资金支持是社会工作能够发挥专业优势的关键保障，目前可分为政府购买服务、基金会项目资助和其他主体付费三大方式。但目前在金融社会工作领域，这三种资金支持方式均需要进一步创新。

首先，在金融服务日益创新的背景下，政府相关部门也应当创新购买社会工作服务的方式，加大对金融素养教育、金融社会工作的购买力度。其次，鼓励社会组织尤其是与金融行业、金融消费者权益保护相关的慈善组织和基金会，立足自身岗位职责，主动组织实施金融社会工作服务，或与社会工作服务机构签订服务协议，购买金融社会工作服务和金融素养教育服务。最后，中国人民银行、银保监会和证券交易所也应从各自职责出发，出台鼓励金融机构提供服务或者参与公益项目的激励政策，金融机构直接购买服务或为服务付费，切实提升居民金融素养，营造良好金融市场环境。

3. 规范金融社会工作促进居民金融素养提升的路径

第一，政府有关部门的首要任务在于，制定普及金融知识、提高居民金融素养的制度规范，保护居民参与金融市场的正当权益；同时，建立金融知识终身学习制度，构建宽领域、广覆盖的金融知识和金融技能培训体系，为居民金融赋能营造良好氛围和社会支持环境。

第二，作为金融服务的主体，金融行业的相关企业掌握最新的金融知识，其可以利用自身的金融知识储备，支持金融社会工作开展普及金融知识的活动；重点提高居民对新兴金融科技服务的认知水平和使用技能，适当转变其投资理财心态和行为。

第三，金融社会工作作为资源的协调者、链接者，可以与金融机构合作宣传金融知识；深入基层社区、学校、医院等场所开展居民金融素养教育活动，促使居民自觉了解金融市场运行环境，以提升其金融素养。

参考文献

方舒、兰思汗，2019，《金融社会工作的本质特征与实践框架》，《社会建设》第

2 期。

刘国强，2018，《我国消费者金融素养现状研究——基于 2017 年消费者金融素养问卷调查》，《金融研究》第 3 期。

谢若登，迈克尔，2005，《资产与穷人———一项新的美国福利政策》，高鉴国译，商务印书馆。

Wolfsohn, Reeta, and Michaeli, Dorlee. 2014. "Financial Social Work." Encyclopedia of Social Work. Accessed July 14, 2021. https://doi.org/10.1093/acrefore/9780199975839.013.923.

B.9
社会影响力金融与新冠肺炎疫情防控

王修晓　段玲童*

摘　要： 在举国上下全力抗击新冠肺炎疫情的过程中，金融监管部门
在第一时间出台了一系列引导政策、开辟绿色审批通道。在
此背景下，金融行业及时推出一系列兼顾财务回报和社会价
值的社会影响力金融产品和服务，为疫情防控和复工复产提供
强有力的金融支持。本报告尝试从全景图谱和典型案例两个
层面，呈现社会影响力金融在助力新冠肺炎疫情防控过程中
所发挥的积极作用，总结若干典型模式，并基于目前存在的
问题，提出相关建议。

关键词： 新冠肺炎疫情；重大突发公共卫生事件；社会影响力金融；典型
模式

在举国上下全力抗击新冠肺炎疫情的过程中，金融行业坚决贯彻落实党中
央、国务院的重大决策和周密部署，及时推出社会影响力金融产品和服务，兼
顾财务回报和社会价值，为疫情防控和复工复产提供强有力的金融支持，谱写
了金融行业应对重大突发公共卫生事件的新篇章。

一　金融行业助力抗疫的全景图谱

（一）监管部门的政策引导和大力支持

新冠肺炎疫情发生以来，党中央、国务院和地方各级政府在第一时间出台

---

* 王修晓，中央财经大学社会与心理学院社会学系副教授，研究方向为组织社会学、金融社会学；段
玲童，中央财经大学社会与心理学院社会学系硕士研究生，研究方向为组织社会学、金融社会学。

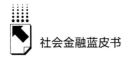
了一系列扶持企业和实体经济发展的相关金融政策，引导资金流向疫情防控的核心领域，促进抗疫资金和紧缺资源的合理配置。为促进金融行业持续发展和产品创新，监管部门在一系列产品备案规定和审批流程上都放宽了限制，开通"绿色通道"，助力社会影响力金融产品不断创新和发行。

早在 2020 年 2 月 1 日，中国人民银行、财政部等五部门联合印发《关于进一步强化金融支持防控新型冠状病毒感染肺炎疫情的通知》，对于注册地址在湖北等疫情严重地区辖区内的相关企业，以及所募资金主要投入疫情防控相关领域的企业，实施公司债券、资产支持证券发行"绿色通道"政策，优化工作流程，提供"专人对接、专项审核"的贴身服务。第二天，中国证券监督管理委员会（以下简称证监会）有关部门负责人在答记者问时表示，对疫情防控期间到期的公司债券，支持发新还旧，助力金融行业及时参与疫情防控。2 月 3 日①，银行间市场交易商协会（以下简称交易商协会）印发《关于进一步做好债务融资工具市场服务疫情防控工作的通知》，要求建立债务融资工具注册发行"绿色通道"。2 月 4 日，《国家发展改革委办公厅关于疫情防控期间做好企业债券工作的通知》指出，将最大限度简化疫情防控期间企业债券业务办理流程，实行非现场业务办理、适当延长批文有效期、优化发行环节管理等。2 月 7 日，交易商协会印发的《"疫情防控债"十问十答》指出，对于募集资金用于与疫情防控相关且金额占当期发行额不低于 10% 的债务融资工具，均可添加"疫情防控债券"标识；产品发行后，用于疫情防控的募集资金不得变更用途。

有研究指出，"疫情防控债券"的监管工作更多地集中在前端发审环节，后续募集资金监管细则相对较少，并大致呈现以下几个特征：一是增开"绿色通道"，对接抗疫相关企业债券融资需求；二是简化并加快债券业务办理流程；三是做好存续债的信批和风险监控工作。② 可见，决策层和监管层对疫情的响应速度之快，在短短一周时间内密集出台了一系列"特事特办"的防疫专项政策，极大地鼓舞了金融行业在这个特殊时期的创新热情。

---

① 如未加以特殊说明，本文所指年份均为 2020 年。

② 马婧妤：《重磅！证监会：市场基本回归常态，股票质押业务稳中有降，积极拓展中长期资金来源》，https://cj. sina. com. cn/articles/view/5115326071/130e5ae7702000yng1？display = 0&retcode = 0，最后访问日期：2021 年 8 月 9 日。

（二）抗疫金融产品的全景图谱

为落实中央打好疫情阻击战的相关要求、提升金融市场资金融通效果、优化资源配置、保障民生基本需求，各类金融机构充分发挥中介和带头作用，纷纷推出与疫情防控相关的金融产品，具体情况见表1。

表1　与疫情防控相关的金融产品

产品发行目的		发行主体	产品名称
金融产品	服务于企业融资	企业	疫情防控信用债
		政策性银行	疫情防控政金债
		商业银行	防疫专项存单
			抗疫专属企业贷款
	服务于居民群体	保险公司	疫情防控保险产品
		商业银行	抗疫专属个人贷款
	服务于抗疫资源的优化配置	基金公司	抗疫债基
		银行理财	疫情防控理财产品
		保险资管	债权资管计划
		信托公司	疫情防控资产支持票据

资料来源：《"抗疫"金融产品大盘点，创新进行时——华创债券疫情跟踪系列之十一》，http://finance. sina. com. cn/stock/stockzmt/2020－02－28/doc－iimxyqvz6625259. shtml，2020年2月28日。

在疫情防控过程中金融行业发行的金融产品，大概可以分为以下三个类别：第一，服务于企业融资的金融产品，助力中小企业复工复产，包括疫情防控债券以及商业银行发行的防疫专项存单、抗疫专属企业贷款；第二，服务于居民群体的金融产品，为个人提供一定的健康保障，包括抗疫专属个人贷款及疫情防控保险产品；第三，服务于抗疫资源的优化配置，充分补充疫情严重地区物资的供应，包括基金产品和银行理财产品。

二　抗疫金融的典型案例

在此次抗疫过程中，金融行业逐步探索出一系列颇具典型性和创新性的做

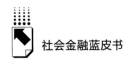

法和模式，大致包括疫情防控债券、公益理财、公益保险、慈善信托、抗疫基金、普惠贷款等，并涌现出了各具代表性的典型案例。

（一）"战疫专题债券"：国家开发银行案例

在抗击新冠肺炎疫情的"金融保卫战"中，债券融资成为抗疫金融的一个高光亮点。银行业纷纷发行疫情防控债券，新型债券产品快速落地。截至2020年2月13日，三家政策性银行，包括中国进出口银行、国家开发银行（以下简称国开行）、中国农业发展银行，已累计发行高达215亿元的抗疫专题债券；逾320只疫情防控债券开始发行上市，加上非公开发行券种，发行规模超过260亿元。

商业银行也不甘落后，截至2020年3月10日，中信银行已率先在湖北省、广东省等九地落地首单疫情防控债券。其下属的中信银行资产管理业务中心，先后协同该行15家分行，累计投资疫情防控债券31笔，具体金额为27.54亿元（胡群，2020）。此外，总部位于上海的浦发银行，先后为珠海华发实业股份有限公司、中国南方航空集团有限公司、中国宝武钢铁集团有限公司、北京首农股份有限公司、黄石市城市发展投资集团有限公司、四川科伦药业股份有限公司、山东高速股份有限公司等29家企业，承分销疫情防控债券总规模累计达到236亿元。利率方面，已发行的疫情防控债券，半年期以下的平均年化利率为2.81%，半年到1年期的平均年化利率为3.94%，其余少数3年期、5年期和10年期的债券成本也不高，平均年化利率为3.56%。[①]

以国开行为例，2020年2月6日发行的"战疫专题债券"为1年期固定利率债券，规模为135亿元，发行利率为1.65%，按年付息。该债券向多市场、多渠道投放，认购倍数远超预期，达到11.85倍。同时，国开行还通过近些年新兴的电子渠道，向社会公众零售55亿元，多家银行承办，包括中国工商银行、中国农业银行、兴业银行、中国银行、南京银行、上海农村商业银行股份有限公司、交通银行和宁波银行等，积极引导社会闲散资金通过数字支付和网络银行等电子渠道汇集到支持疫情防控工作上来。总体来看，"战疫专题

---

① 《"抗疫"金融产品哪家强？这些"防疫专项"理财产品收益率高》，http://finance.ce.cn/bank12/scroll/202003/20/t20200320_34528623.shtml，2020年3月20日。

债券"特征鲜明，亮点是"利率低、倍数高"，充分彰显和体现了投资者对在党中央和国务院坚强领导下，万众一心打赢疫情防控阻击战的坚定信心（蒋梦莹，2020）。

（二）公益理财：中国农业银行案例

根据相关统计数据，截至 2020 年 3 月 4 日，我国 15 家商业银行共对外发行抗疫理财产品 51 款。[①] 这些"抗疫"主题的理财产品，重点服务医护、军人等职业和岗位比较特殊的目标人群。这 15 家商业银行中，既有国有大行与在全国范围内布局的股份制商业银行，也有中原银行股份有限公司、贵阳农村商业银行、重庆银行等区域性中小银行的身影。其中，有三类银行最具代表性：一是中国农业银行推出针对医师、军人与湖北地区用户的三期抗疫专属理财产品；二是商业银行联手理财子公司共同创新推出多款特色理财产品，其中工银理财、交银理财的起购金额仅为 1 元；三是中原银行股份有限公司、贵阳农村商业银行等中小银行的产品具有"慈善爱心"性质，引入社会影响力金融的特征和模式。

以中国农业银行（以下简称农行）为例，在抗击新冠肺炎疫情时期农行陆续推出了"致敬·军人"、"致敬·医师"和"加油湖北"三期抗击疫情主题的专享理财产品。其中，"致敬·军人"产品期限为 155 天，业绩基准为 4.06%，发售区域为全国，起点金额为 1 万元；"致敬·医师"产品期限为 182 天，业绩基准为 4.06%，发售区域为全国，起点金额为 1 万元；而"加油湖北"产品期限为 122 天，业绩基准为 3.90%，发售区域仅限湖北省，起点金额为 1 万元。

与农行平时发行和代销的其他理财产品相比，上述疫情防控理财产品的特点是利率稍高。例如，其他理财产品的业绩基准通常在 3.7% 上下浮动，而疫情防控理财产品的业绩基准最低为 3.9%。此外，疫情防控理财产品的门槛低，收益率高，还享有一定程度的管理费减免优惠。如农行"加油湖北"专享理财产品，托管费的费率仅为 0.05%，此外还免除销售认购费、投资管理费和管理费等其他收费项目。

---

① 李薇：《无接触理财（二）：51 款银行抗疫理财产品盘点》，http://www.01caijing.com/finds/report/details/259201.htm，最后访问日期：2021 年 8 月 30 日。

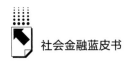

（三）公益保险：中国人寿保险股份有限公司案例

在疫情防控背景下，各大保险公司也奋力出击，互联网巨头和传统保险公司纷纷推出抗疫专属保障产品。还有的保险公司拓宽现有医疗险种的赔付范围，将新冠肺炎治疗费用专门纳入赔付范畴。根据中国保险行业协会的统计数据，截至2020年4月10日，保险行业累计完成抗疫专属理赔176739件，赔付金额共3.47亿元。其中包括财产险公司赔付1.23亿元，以及人身险公司赔付2.24亿元。此外，以抗击疫情捐款、捐物等名义，保险行业也贡献总额达3.76亿元的爱心（孟凡霞、刘宇阳，2020）。保险公司持续解企业之所忧、急企业之所需，全力支持中小企业发展。

通过物资捐赠、保险捐赠、理赔服务升级等方式，中国人寿保险股份有限公司（以下简称中国人寿）积极助力打赢疫情防控阻击战。除此之外，为全面应对小微企业复工复产后可能面临的风险，中国人寿还将商业收益与社会公益两大目的相结合，特别推出新冠肺炎疫情"关爱保"团体保险方案，以及外出务工人员系列个人保险保障计划。凡购买以上产品的客户，将获得最高100万元的风险保障。"关爱保"产品增加了新冠肺炎疫情保障责任，保险期为1年，交费在基准费率基础上降幅超过80%。该产品保险时间最短10天、最长1年，保险金额最高给付100万元。

同时，中国人寿不断扩展保险理赔责任范围，在疫情防控关键期充分发挥了保险行业的优势。早在2020年1月8日，中国人寿将"国寿附加国寿福提前给付重大疾病保险（庆典版）"等34款产品的保险责任，扩展至包含感染新冠肺炎导致的身故、伤残和重疾的赔付。①

（四）慈善信托：光大兴陇信托有限责任公司案例

中国信托行业迅速成立"中国信托业抗击新型肺炎慈善信托"，也积极投身于全民抗疫的浪潮中。数据显示，截至2020年2月17日，共有61家信托

---

① 《中国人寿保险股份有限公司关于〈国寿附加国寿福提前给付重大疾病保险（庆典版）等34款产品责任扩展的公告》，https://www.e-chinalife.com/c/2021-01-08/517573.shtml，2021年1月8日。

公司募资 3080 万元，开展慈善项目近 20 个，投入各类慈善和公益项目的实际资金累计超过 1300 万元。① 据不完全统计，在过去一年里，全国共有 91 单、总规模高达 1.47 亿元抗疫相关的慈善信托登记备案。如早在 2020 年 1 月 26 日，重庆国际信托股份有限公司（以下简称重庆信托）就推出了两款信托产品，分别是"重庆信托·万众一心共抗疫情慈善信托"和"重庆信托·三峡银行疫情防控慈善信托"；1 月 27 日，中国民生信托有限公司也推出一款名为"中国民生信托 - 民生有爱救助疫灾公益信托"的产品；1 月 30 日，"新华信托·华恩 10 号迪马股份医护关爱慈善信托"备案（翟立宏，2020）。

此外，仅 2020 年上半年，光大兴陇信托有限责任公司（以下简称光大信托）就设立疫情防控相关慈善信托 48 单，总规模超过 5000 万元，同时还筹集了包括 10 辆负压急救车、2 万套防护服，以及大型医疗 CT 机专用设备、危重呼吸机 ECMO 等各类当时最紧缺的医疗物资，第一时间运往最需要的地区。另外，光大信托还提供融资支持近百亿元，专门面向小微企业。湖北省科技投资集团有限公司等处于疫情防控核心区的企业，以及武汉地区重点医疗防控物资生产、运输和销售企业——九州通医药集团股份有限公司，都分别获得了 30 亿元和 10 亿元的信托融资服务（邢萌，2020）。

2020 年 1 月 25 日，在蓝帆医疗股份有限公司的支持和配合下，国内首单医疗实物类慈善信托——"光信善·蓝帆医疗实物救援慈善信托"，在光大信托设立。同一天，光大信托又协同四川省欣鑫慈善基金会，联合设立"光信善·欣鑫慈善专项慈善信托"。此外，光大信托还充分发挥"公益基金 + 慈善信托"双平台运营优势，采用集合信托模式，发起成立了"大爱无疆系列慈善信托"。2020 年 2 月 4 日，光大银行代销的慈善信托类产品"光信·光筑·浦汇恒鼎尊行——加油武汉集合资金信托计划"正式上线发行，2 天销量即破亿，首期最终募集资金 3.69 亿元（樊融杰，2020）。

（五）抗疫基金：招商基金管理有限公司案例

据中国证券投资基金业协会的不完全统计，截至 2020 年 2 月 18 日，涉及

---

① 胡萍：《中国信托业抗疫专项慈善信托诞生记》，https://www.chinanpo.org.cn/index/index/show/id/1358.html，最后访问日期：2021 年 8 月 9 日。

抗疫类的私募股权和创投基金，在投金额达到 170.46 亿元，在投项目累计 46 个。[1] 2020 年 1 月 27 日，招商基金管理有限公司（以下简称招商基金）及旗下子公司招商财富资产管理有限公司启动紧急决策程序，捐款 250 万元，款项专用于武汉华中科技大学同济医学院附属协和医院、湖北省妇幼保健院的物资捐助与医护人员慰问。2020 年 2 月 12 日，一款名为"招商中债 - 湖北省地方政府债交易型开放式指数证券投资基金"的基金产品，由招商基金申请注册成立。该基金跟踪中债 - 湖北省地方政府债指数，是行业定向支援湖北的首只"抗疫基金"，凭借投资门槛低、投资客群广、存续期限长等优势，公募基金能够为湖北省地方政府债提供长期稳定的现金流入。此外，招商基金计划仅收取必要的运营费用，其余的基金管理费将全部用于支持财政指定的抗疫援助有关项目。[2] 公募基金与政府债券在抗疫方面有效结合，是金融抗疫的一项创新举措。

（六）普惠贷款：渤海银行股份有限公司案例

在抗疫过程中，普惠贷款不断创新。粗略来看，已推出的专项企业贷款产品主要以两类客户群体为服务对象：一是因疫情影响导致正常经营暂遇困难的中小企业，主要分布在物流运输、文化旅游、住宿餐饮等行业；二是提供医疗类物资保障的企业，包括为医院提供医用耗材、医疗器械、诊断试剂的厂商等。抗疫专属的普惠金融产品，集中了种类多、门槛低、额度大、利率低、放款快、手续简单等多种优势；从产品来看，主要在贷款利率、贷款期限、审批速度、办理渠道等方面予以特殊照顾。

这个领域的典型案例，是疫情初期渤海银行股份有限公司（以下简称渤海银行）推出的一款专属线上信用贷款产品——"抗疫勇士贷"，主要面向白衣天使、后勤保障、人民卫士等抗疫勇士，目的是为这些大无畏的"逆行者"提供及时、便捷且高效的金融服务。2020 年 9 月初，渤海银行再度将"抗疫勇士贷"升级，不仅产品适用客群范围进一步扩大，还将对援鄂工作人员和优质续授信客

---

[1] 《全面动员，全力以赴，为彻底打赢新冠肺炎疫情攻坚战贡献力量——中国证券投资基金业协会私募基金行业奋战疫情倡议书》，https://lanjinger.com/d/130898，最后访问日期：2021 年 8 月 9 日。

[2] 《招商基金争当金融抗"疫"排头兵：捐款捐物，保证业务运行》，https://finance.sina.com.cn/money/fund/jjyj/2020-03-04/doc-iimxxstf6310103.shtml，2020 年 3 月 4 日。

户实行"在原有定价基础上，提款利率至少下调15BP"的利率优惠政策。该产品采用"线上申请、额度专享、利率优惠、随借随还"的方式，最高贷款额度为50万元。截至2020年9月中旬，"抗疫勇士贷"在渤海银行32家分行均已实现业务落地，累计服务近3万名客户，批复金额14亿元，实现放款11亿元，五成客户在当天处理完毕。

在为抗疫英雄们提供金融服务的同时，渤海银行加大了对小微企业的金融支持力度，对小微企业涉及的"贷款承诺函"和"银行信贷证明"等实行免费政策。2020年上半年，渤海银行普惠金融贷款余额达到246.68亿元，比上年增加100.53亿元，普惠金融贷款客户比上年增加2.17万户（王军，2020）。

综上，在疫情防控期间，金融行业的抗疫金融和社会影响力金融的创新不断涌现。新浪财经频道联合中国证券投资基金业协会，做了"抗击疫情、基金业在行动"的专题报道，更新相关信息。①

三　社会影响力金融助力抗疫的主要特征

在抗击新冠肺炎疫情的过程中，社会影响力金融发挥了巨大作用，涌现出许多可圈可点的创新模式。

（一）政府和金融行业配合默契

西方国家的社会影响力金融，大多是金融机构或其他市场主体追求社会目标的自发性行动，缺乏政府的协调和统筹，无法形成有效的合力。尤其是在应对新冠肺炎疫情这样的重大突发公共卫生事件时，更需要一个强有力的政府来统一引导和协调各金融机构的市场行为，让多元的市场力量能够"拧成一股绳，劲往一处使"。湖北疫情最严重时期，我国采用"一省包一市"的对口支援模式，以举国之力，对疫情最前线实施"饱和式救援"。这种理念，在社会影响力金融助力抗疫的过程中，也体现得淋漓尽致。在国家出台一系列引导政策和意见之后，"抗疫金融产品"如雨后春笋般迅速涌现，无论是产品数量，

---

① 《抗击疫情，基金业在行动》，https://finance.sina.com.cn/zt_d/kjfyyqjjyzxd/，最后访问日期：2021年12月7日。

还是募集资金规模，都令人叹为观止。社会影响力金融仿佛一夜之间就在中华大地上生根发芽。

政府和监管部门审时度势，及时出台各项引导政策，为金融行业通过社会影响力金融参与疫情防控创造了良好的制度环境。这种"特事特办"的理念，和各种"绿色通道"的及时开启，使得金融行业能够充分发挥自身配置资源的杠杆作用。金融行业充分抓住这个特殊的政策窗口期，以疫情防控债券、公益理财、公益保险、慈善信托、普惠贷款、抗疫基金等多种方式和手段，在短时间内推出种类较多、规模较大的抗疫金融产品，极大地满足了疫情防控对资金的需求。

（二）金融机构在传统金融业务基础上进行微创新

通过分析上述六个典型案例可以发现，银行、保险、证券等金融机构大多通过在其传统业务、产品和服务的基础上，积极响应国家的政策号召，及时引入社会影响力目标，放弃（部分）利润，引导资金支持抗疫企业。在面对重大突发公共卫生事件时，金融机构不断创新金融产品和服务模式，使得传统金融产品衍生出社会公益的新特征。基于自身在传统业务领域的专长，金融机构在市场运作机制和纯利润导向的单一目标基础上，引入社会影响力这个第二目标，在特殊时期兼顾财务回报和社会价值。

"抗疫金融产品"是在新冠肺炎疫情防控背景下应运而生的，具有一定的时效性，产品设计的初衷是助力疫情防控，精准高效地为疫情防控做及时、充分的资金引流。社会影响力金融在中国还是一个新事物。此次金融行业助力新冠肺炎疫情防控，大多是在传统金融业务的基础上，对产品和服务进行微调，体现出在传统业务基础上叠加微创新的色彩。这意味着我国金融行业还没有发展出相对独立的社会影响力金融产品和服务模式，"抗疫金融产品"只是其主营业务的临时应急性补充。

（三）金融机构、投资者与社会三方实现共赢

社会影响力金融助力疫情防控的典型做法，能够促进金融机构、投资者和社会三方实现共赢。在"财务回报 + 社会价值"双目标的驱动下，金融机构积极主动发布一系列"抗疫金融产品"，在让出部分盈利、牺牲部分利润的同

时，积极履行企业社会责任。各大机构投资者和中小机构投资者也都积极认购社会影响力金融产品，在获得合理投资回报和利润的同时，为疫情防控尽一份绵薄之力。

简言之，社会影响力金融充分汇聚金融机构、投资者和社会三方力量，共同参与重大突发公共卫生事件的应对，从长远、可持续发展的角度，促进金融机构、投资者和社会多元协作。

四　社会影响力金融助力新冠肺炎疫情防控面临的问题

在像新冠肺炎疫情这样的重大突发公共卫生事件中，社会影响力金融还处于萌芽阶段，产品、机制和模式都不成熟，面临许多亟待解决的问题。

（一）整体规模和施行力度相对较小

整体上看，社会影响力金融在疫情防控中的整体规模和施行力度还相对较小。从整体规模来看，与传统金融产品相比，各大金融机构发布的社会影响力金融产品，无论在数量上还是在募集资金规模上，都相对较小。从施行力度来看，社会影响力金融产品在市场上的流通还不够充分，其中大部分"抗疫金融产品"被大型机构投资者认购，中小机构和个人投资者的认购份额非常小，市场主体的参与面还比较有限。

（二）传统与创新之间的边界不够清晰

如前所述，由于绝大部分"抗疫金融产品"是在已有传统产品和服务的基础上稍加创新开发的，因此社会影响力金融的特征不够鲜明，传统与创新之间的边界还不够清晰。这导致社会影响力金融在短时间内还无法作为一个独立的业务领域在中国站稳脚跟。

（三）临时应急有余，可持续性不足

作为应对新冠肺炎疫情的临时应急措施，社会影响力金融产品在短时间内大量涌现，且大多集中在疫情突袭而至后的较短时期内，其行为带有"刺激－反应"的应激色彩，缺乏相对长远的规划。此外各大金融机构出于回应政策引

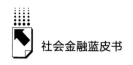

导的考虑，更多地带有"表态"的象征意义。一旦疫情趋缓，或者来自各方面的政策压力或社会期待消失，各大金融机构能否在社会影响力金融领域持续发力、继续投入，还有待我们进一步观察。

（四）制度建设相对缺乏

如本书总报告指出的那样，社会影响力金融有三个准则，其中之一，就是市场主体要在产出和结果上对社会价值进行衡量、评估和管理。社会影响力金融不仅要对特定人群（比如一线医护人员）提供某种金融支持（比如公益保险）或社会服务，还要评估这种支持或服务给个体、社区带来的改变（比如"抗疫金融产品"的社会效果）。以疫情初期发行的各种一年期"抗疫金融产品"为例，截至目前，我们还很少看到各大金融机构发布相关的评估报告。这表明社会影响力金融在助力抗疫期间的各种努力，还缺乏系统、科学的机制设计及制度建设。

五　对社会影响力金融助力应对重大突发公共卫生事件的建议

当前，我国新冠肺炎疫情防控向好态势进一步巩固，防控工作已从应急阶段转向常态化。然而，随着新冠病毒不断变异和迭代，有传染病和公共卫生专家审慎地预测，该病毒有较大可能会与人类长期共存。[①] 因而，我们应该在现有成绩的基础上，及时梳理和总结社会影响力金融助力应对重大突发公共卫生事件的成功经验和有效模式。

（一）政府科学引导，做好顶层制度设计

在制度设计层面，政府应该不断完善金融监管的顶层设计和协调机制，创建一套科学灵活且可持续的应急方案和政策工具，以鼓励和引导金融机构在社会影响力金融领域进行可持续的投入。各级政府应及时总结在重大突发公共卫

---

① 《重磅！Nature 调研：近九成科学家认为新冠病毒将长期与人类共存》，https://www.cn-healthcare.com/articlewm/20210222/content-1191690.html，2021 年 2 月 22 日。

生事件背景下，社会影响力金融高效、科学地助力危机应对的经验。

在激励手段方面，政府和监管部门可以通过设立社会影响力金融引导基金，共同推动社会影响力金融助力应对重大突发公共卫生事件。同时建立一套测量指标体系，完善对金融工具或产品在危机应对过程中社会影响力效果的衡量、评估，为后续政策、制度的制定提供科学依据。

在长效机制建设方面，有关部门应该把社会影响力金融助力应对重大突发公共卫生事件的长效机制建设提上议事日程，防止出现"病急乱投医"和"临时抱佛脚"现象。"凡事预则立"，要把社会影响力金融的孵化和培育纳入日常工作中。

（二）金融行业放下顾虑，积极拥抱社会影响力金融

金融行业要充分意识到，"唇亡齿寒"，金融和产业、社会是"一荣俱荣、一损俱损"的命运共同体。因此，无论是在类似新冠肺炎疫情这样的重大突发公共卫生事件背景下，还是在平时的常规业务中，金融机构都要主动履行企业社会责任，积极探索和践行以社会影响力金融为代表的可持续金融模式，把社会影响力金融的理念真正渗透到产品和服务中。在此基础上，还要专门安排特定比例的人员、资金和资源开发社会影响力金融产品，不能仅仅把社会影响力金融看成一种"门面装饰"，只是作为主营业务的点缀。

金融行业还应该形成合力，积极探索制定社会影响力金融的行业标准，尤其是要及时总结自身以及同行在新冠肺炎疫情防控期间发行各种"抗疫金融产品"及提供服务的经验与教训，汇总形成全行业的共识。在条件成熟时，组织行业力量起草、出台社会影响力金融助力应对重大突发公共卫生事件的指导意见及实施方案。鼓励并邀请第三方社会影响力评估机构对"抗疫金融产品"及各个金融机构进行及时评估，支持金融机构在内部建立社会影响力评估体系，推动社会影响力金融助力应对重大突发公共卫生事件的规范化发展。

（三）多主体参与构建社会影响力金融生态圈

一个社会影响力金融助力应对重大突发公共卫生事件的生态圈，包含各个相关主体，监管部门、金融机构、第三方社会影响力评估机构、重大突发公共卫生事件的所有利益相关方，都应该通力协作。建议通过针对不同主体

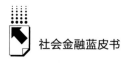
制定不同的扶持和引导政策，有效实现多方联合、良性互动，逐渐形成一个主体清晰、模式多元、资源丰富的可持续发展的生态圈。这需要发挥政府、市场和社会三方合作的协同效应，督促市场主体积极承担社会责任，营造全社会共同发展社会影响力金融的良好氛围，不断提升民众对社会影响力金融的关注度。

综上，新冠肺炎疫情突袭而至和后期的常态化防控，给社会影响力金融提供了特殊的发展空间。我们要积极推动金融向善，让兼顾财务回报和社会价值双重目标的社会影响力金融实现可持续发展，成为金融行业的普遍共识。社会影响力金融助力重大突发公共卫生事件应对，未来还有广阔的发展前景。

参考文献

樊融杰，2020，《记者观察：发挥慈善信托优势　打赢疫情阻击战》，http://xw. sinoins. com/2020－02/11/content_327298. htm。

胡群，2020，《中信银行：疫情时刻彰显担当和温度》，http://www. eeo. com. cn/2020/0307/377873. shtml。

蒋梦莹，2020，《国开行成功发行135亿元战疫专题债券，机构认购倍数达11.85倍》，https://www. guancha. cn/economy/2020_02_06_534842. shtml。

孟凡霞、刘宇阳，2020，《保险业协会：截至4月10日行业抗疫累计赔付金额3.47亿元》，https://www. bbtnews. com. cn/2020/0414/349383. shtml。

王军，2020，《渤海银行"抗疫勇士贷"全面升级》，http://sc. people. com. cn/n2/2020/0911/c345167－34287352. html。

邢萌，2020，《今年上半年光大信托设立48单慈善信托助力疫情防控，总规模超5000万元》，https://finance. sina. com. cn/trust/roll/2020－08－04/doc-iivhuipn6834483. shtml。

翟立宏，2020，《慈善信托助力防疫有五大优势》，http://xw. sinoins. com/2020－02/25/content_330392. htm。

技 术 篇
Technical Reports

B.10
金融科技创造社会价值的模式与趋势

张樹沁　曹伟奇*

摘　要：　金融科技的快速发展为社会价值的创造提供了新的路径。本
报告基于中国金融科技相关企业的具体实践案例，关注金融
科技创造社会价值的四种主要模式，分别为跨界数据的整
合、公益场景的营造、公益信任的重构和公益意愿的挖掘。
金融技术在公益领域的应用也使得公益领域需要面对新的挑
战，公益组织应在人才队伍建设、制度设计和技术创新上寻
找新的突破点。

关键词：　金融科技；社会价值；公益活动

　　近些年，金融科技的发展在全球成为热点议题，英文缩写为 FinTech，是

---

* 张树沁，中央财经大学社会与心理学院讲师，研究方向为技术社会学、金融社会学；曹伟奇，
中央财经大学社会与心理学院硕士研究生，研究方向为企业社会责任。

由金融"Finance"与科技"Technology"两个词合成而来。业界和学术界虽然并未对金融科技做出明确的界定。一般而言，应用于传统金融行业的支付技术与新兴的平台技术是金融科技的重要组成部分，另外还包括"ABCD"技术[或与技术紧密关联的元素在金融领域的应用，人工智能（AI）、区块链（Blockchain）、云计算（Cloud Computing）和大数据（Data Analytics）]。根据金融稳定委员会（FSB）的定义，金融科技指的是那些在金融活动中能够衍生新的服务、应用、产品的科技类型。① 金融和科技共融共生，借助线上流量和大数据、人工智能科技等，相比于传统金融系统，金融科技具有普惠性高、适应性强、降本增效、支持实体等优势。

本报告对金融科技公司的选择参照了《2020 中国金融科技竞争力百强榜》，② 选取百强榜中的金融科技公司，以其实践作为资料的来源。

2018 年 6 月发布的《民政部关于发布慈善组织互联网公开募捐信息平台名录的公告》显示，③ 当前，中国共有 20 家慈善组织互联网公开募捐信息平台（以下简称互联网募捐信息平台）可为慈善组织提供募捐信息，其中有 8 家平台是由发展较为成熟的互联网平台（分别是腾讯公益、淘宝公益、新浪微公益、京东公益、百度公益、美团公益、滴滴公益和苏宁公益）筹办的，这 8 家平台背后的支持企业分别对应着当前中国居民日常生活中不可或缺的技术支持；其中有 4 家平台则是由在金融领域积累了海量数据的金融企业[蚂蚁金服公益、善源公益（中国银行）、融 e 购公益（中国工商银行）、易宝公益]牵头创建；还有 3 家平台则是由专注于互联网公益的科技公司——轻松公益、水滴公益、公益宝创建的。从上述名单也可以看出，来自金融和科技领域的互联网募捐信息平台已达 15 家，传统公益领域的平台只有 4 家，互联网公益领域呈现明显的科技和金融属性。

金融、科技和公益之所以能够有上述深度融合，源自金融科技在实现公益

---

① 金融稳定委员会（FBS）有关 FinTech 的具体定义，请参见 FinTech 词条（https：//www.fsb.org/work-of-the-fsb/financial-innovation-and-structural-change/fintech/），最后访问日期：2021年 5 月 6 日。

② 《2020 中国金融科技竞争力百强榜》，http：//www.czifi.org/html/2020 - 07/5640.html，最后访问日期：2021 年 5 月 6 日。

③ 《民政部关于发布慈善组织互联网公开募捐信息平台名录的公告》，http：//www.mca.gov.cn/article/xw/tzgg/201806/20180600009425.shtml，最后访问日期：2021 年 5 月 6 日。

目标和提升社会影响力上具有天然优势：第一，在线捐赠行为的比例逐渐升高，大量的捐赠行为必须依赖技术的支持；第二，金融科技的核心是促进不同人群的资金进行高效便捷的匹配，这和许多公益慈善行为的内在逻辑是一致的；第三，金融领域大量应用的资产拆分组合技术，同样适用于公益目标的重新组合，提高公益匹配的效率；第四，金融活动充分渗入各行各业，以及大量的日常生活场景，这为公益活动拓展发展的领域提供了可行的路径。

与传统的科技助力公益慈善不同，金融科技创造社会价值的模式可以分为以下四种：第一，跨界数据的整合，通过科技手段收集使用者不同维度的数据，并基于公益目标对数据进行拆分组合，提高公益活动的连通性；第二，公益场景的营造，通过互联网平台技术营造线下公益活动中难以创建的互动场景，创新公益的模式，提高公益活动的可见性；第三，公益信任的重构，通过平台公开、实时流程跟踪，特别是区块链算法的应用，来增强公益活动中的公众信任，形成稳定的公益环境；第四，公益意愿的挖掘，通过人工智能的算法识别有较强公益慈善意愿的潜在捐赠者，维系公益活动的持续运作。接下来，本报告将着重围绕这四种模式展开论述。

一　金融科技创造社会价值的四种模式

（一）跨界数据的整合

对大多数人来说，慈善领域并不是人们日常高频接触的领域，这也相应地导致公益慈善领域沉淀的数据十分有限，活动组织者不仅无法将公益活动与其他领域的行为结合起来，也难以基于已有的数据形成有效的公益组合。金融科技的应用在一定程度上可以解决公益慈善活动中的数据缺失和数据孤岛问题。金融与科技跨界进入公益领域的重要意义在于，能够迅速拓展公益领域的联动场景，将公益目标融入其他平台的场景活动中。

第一，金融科技平台能够将公益慈善活动与其他领域的活动结合起来。以腾讯公益和微众银行合作的应用为例，基于对现代公益慈善的理解，腾讯公益先后上线"运动捐步""全民爱公益"等小程序，将行走步数、游戏积分等网络行为转化为公益效果。从 2015 年开始，腾讯公益和微众银行每年支持并发起"99 公益日"活动，聚焦公益慈善行为的便捷性、趣味性和社交性，为大量的公益慈善项目筹集资金。以 2020 年的"99 公益日"为例，腾讯公益和微众银行利用微信强大的用户触达能力，以公益"玩法"激发用户的兴趣，不仅改进了"小红花""一起捐"等捐赠方式的用户体验，还推出公益消费券、定制接龙、直播公益等新"玩法"。① 这些新"玩法"将原先并不属于标准慈善行为的日常行动整合到公益活动中。

第二，金融科技平台能够将公益慈善活动数据化，并嵌入其他的社会情境中。以水滴筹平台为例，水滴筹平台的运作模式充分利用了已有的互联网平台：求助者需要首先得到水滴筹平台的认证，比如上传身份证、医疗证明或相关图片等，获得平台的初步证明。为了提高证明的可信度，求助者还需要邀请自己的家人和朋友对自己提交的资料进行协助验证，协助验证的人越多，平台为求助者赋予的真实性权重就越大。正因为求助者的一系列资料在互联网上形成了"数据投射"，这些资料也很容易与其他平台链接，其中最为常见的是和微信平台链接，求助者及其亲友均可以将水滴筹平台上的筹款信息转发到自己的朋友圈，进一步扩大筹款的影响力。一般而言，筹款 30天后，或是筹款已经达到目标额度，求助者即可以通过提现获得筹集的款项。在水滴筹平台上，求助者的一系列信息通过数据化的方式得到了平台的背书，并通过求助者自身的社会关系网络保证了信息的真实性。而在数据化的基础上，求助者的信息也同时获得了在多平台上流动的可能性，由此获得了社会中更多人的帮助。

由此可见，金额科技在公益慈善领域的跨界数据整合过程中发挥着巨大的作用，不仅可以将日常生活的数据导入公益慈善中，实现线上线下的相互印证，还可以将公益慈善活动的数据导入其他平台中，实现跨平台的流动。在跨界数据的整合中，对个体而言，原先无法在更广范围内传播的基于人际关系的信任，通过数据化的方式赋能，成为在互联网平台上被认可的身份符号，而这样的赋能方式基本可以通过平台算法自动完成。另一方面，对于做公益慈善的平台来说，多维度标准化的数据为公益活动在更大平台上的传播提供了技术基

---

① 《陈一丹：互联网公益继续深耕透明度、数字化、生态效率》，https://tech.qq.com/a/20200903/019247.htm，2020 年 9 月 3 日。

础，从而也催生了后续围绕技术的一系列可延展的公益活动创新。

（二）公益场景的营造

金融科技的另一个重要作用体现在场景的营造上。这一场景营造不仅体现在对传统金融活动场景的改造并创造社会价值上，还体现在通过技术在网上的虚拟空间中创生新的公益场景，激发更多的人参与公益慈善。

近年来，传统商业银行充分利用金融科技的硬件支持，大力推动普惠金融发展，金融机构积极主动作为，取得了明显的成效。在这一过程中，也存在一些不容忽视的问题。一方面，由于不熟悉新兴的数字技术，原先依赖传统金融服务的老年群体并不能很好地适应金融服务领域的变革，无法使用金融机构提供的手机 App 等相关产品；另一方面，偏远地区的很多人还未被纳入正规金融体系中，对传统的金融体系和互联网产品来说，这些人通常不是目标客户，这导致他们缺乏信用记录，无法受益于基于最新的数字技术衍生的一系列普惠金融服务。这一处在数字鸿沟另一端的弱势群体，已经成为新一代金融技术应用的重要公益对象。例如，中国交通银行在 2015 年推出的智能网点机器人，引发了银行界的广泛关注，也一度成为网络关注的热点。为提高人机交互的舒适程度，这种智能网点机器人被设计为实体机器人，基于语音识别和人脸识别技术，与客户进行人机语音和电子屏互动，为客户提供业务指引和问题解答服务。在数据支持的情况下，在技术层面上还可以识别熟悉客户，为客户提供快捷指引服务，匹配相关业务。在语言交流过程中，智能网点机器人既可以通过程序预设的方式与人互动，也可以由银行工作人员在后台通过机器人直接与客户进行拟人式互动。[①] 智能网点机器人的出现，让那些既不熟悉金融数字产品操作又排不上传统金融服务长队的老年人不再无助，有效地满足了老年人的金融需求。另一方面，数字技术在偏远地区、农村地区的应用也为当地的数字技术弱势群体搭建了跨越金融数字鸿沟的桥梁。中国农业银行自 2017 年开始，为缓解农民贷款难问题，借助互联网、大数据技术，专门为农民设计研发了简便、快捷的农户小额信贷产品"金穗快农贷"。"金穗快农贷"有以下三个特

---

① 《交行推出智能机器人"交交"银行智能服务到身边》，https://finance. huanqiu. com/article/9CaKrnJNRtk，最后访问日期：2021 年 6 月 10 日。

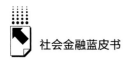

点：第一，贷款额度和授信期限都较为灵活，贷款额度上限为10万元，期限最长为5年；第二，"金穗快农贷"是信用贷产品，无需农户提供抵押；第三，审批非常快，系统自动审查审批，信贷成本极低。上述三个特点依托的是中国农业银行专门通过大数据和互联网平台技术建构的授信模型，基于线上线下相结合的方式汇集信息，线下搜集当地产业的消息和农民人际关系信息，线上则积累关联产品的风险大数据，测算类似产品的风险，最后给出合适的额度区间、授信期限，最终实现面向农民贷款发放的自动化。①

与传统商业银行改造实体空间使之能够创造更大的社会价值不同的是，新兴金融科技公司专注于创生公益场景，通过构建一种新的数字空间来激发用户的慈善行为，进而创造社会价值。这类实践已经在许多互联网公司的公益业务板块普及开来，如腾讯"520告白日"项目、京东"地球一小时"项目、百度"文化遗产守护者计划"等公益项目。这些项目都有一些共同特征：基于用户日常的一些与公益相关或保持好习惯的行为，如走路或乘坐公共交通替代驾车等碳减排行为、早起学习等，通过算法生成或积累一些虚拟数值，用户可以基于这些虚拟数值在公益组织线上搭建的趣味空间互动，比如种虚拟树、点亮图片、走地图等，维持在线上积累数据的习惯。与此同时，互联网公司再根据用户积累的数据完成相应的公益活动，如资助环保组织、发动企业配捐等。一些互联网公司还进一步整理了企业参与公益活动的影像资料，使用户的虚拟公益活动与企业的真实公益活动紧密结合。在这样的项目中，公益组织通过创生一个新的数字场景吸引人们对公益项目的关注，不仅软件的使用者通过"虚拟游戏"参与了公益活动，关联的企业程序也获得了稳定的流量，有助于开展其他业务，实现了企业盈利目标与公益慈善目标的统一。金融科技的线上公益场景营造能力极大地拓展了公益慈善的空间，为在更多领域创造社会价值提供了有效的路径：一方面，金融技术可以改造传统实体金融空间和流程，在风险可控的情况下，以技术的手段使更多原先难以参与金融活动的群体参与到金融活动中，从而提高金融的普惠能力；另一方面，金融技术在创生新的互动场景方面有明显优势，通过特定的技术使金融活动、技术活动与公益活动三者

---

① 《科技创新助推"三农"普惠金融服务转型升级》，http://www.abchina.com/cn/special/jrkjz/jrcx/201705/t20170515_1069209.htm，2017年5月15日。

相结合，最终实现多个领域的互利共赢。

（三）公益信任的重构

无论是传统公益慈善还是当今较为流行的平台公益慈善，都面临如何建构信任的问题。传统公益慈善在善款管理、信息记录等方面常常受到他人的质疑，比如：受助人信息错误、捐赠项目信息审核不够严格等；钱款的募集和使用中的信息披露只能依靠公益组织主动公开账目；捐赠款项先进入机构账户，再由机构进行操作，流程烦琐，人力、时间成本高。平台公益慈善同样也面临数据操纵、资金不透明的诟病。相比较而言，金融科技中的典型代表技术——区块链技术——能够在一定程度上解决上述问题。

在公益活动中应用区块链技术能够兼顾隐私保护和信息公开。一些互联网公益平台已经开始尝试与公益基金会合作，在公益平台上设立一系列基于区块链技术的公益项目，为特定的群体募集资金。基于区块链技术，公益组织在创建公益信息时就将其存到搭建好的区块链平台上，通过分布式存储的技术保证公益组织无法单方面篡改信息，捐赠者可以看到"爱心传递"记录的反馈信息，在进行必要的隐私保护基础上，展示自己的捐款从账户划拨到基金会账号，以及最终进入受助者指定账号的整个过程。通过区块链技术，可以做到既公开了捐赠者最关心的钱款流向，也适度隐去了受助者不便透露的信息，还保障了捐款款流向信息的真实性，有助于公益项目节省信息披露成本，建构组织的社会信任。

区块链技术不仅在新兴的金融科技公司中有诸多应用，在传统金融机构的新项目中也有应用。例如，由中国建设银行联合深圳市创新企业社会责任促进中心、建信金融科技有限责任公司共同成立的"善行公益平台"，依托捐赠者建议基金（DAF）服务模式，采用银行级别安全认证，将建行研发、拥有知识产权的区块链技术与公益慈善相结合，为捐赠者和公益组织提供信息交互服务。区块链技术的应用，不仅使平台的捐赠者能够对捐款进行全程跟踪，提升了监管的智能化和透明化水平，使平台慈善公信力得到有效提升；同时，基于区块链技术存储的数据具有可追溯和不可篡改的特性，从技术上保障了慈善数据的真实性和安全性。

区块链技术在慈善领域的应用有以下四种功能。首先，区块链技术具有

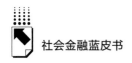
"去中心化"特征,慈善信息通过区块链技术发布后不可被篡改。根据区块链技术的基本原理,发布后的慈善信息会被存储在区块链网络上的所有节点中。要修改这一信息,需要至少同时修改51%以上的节点,任何一个节点都无法单方面修改发布的信息。其次,正是由于这一"不可篡改"特征,区块链上的慈善信息经过适当匿名化后,可以向公众开放,捐赠者、受助者、公益组织、监管机构以及其他相关组织与群体都能够通过访问区块链网络,来观察慈善活动中不同群体间的互动。再次,区块链技术的分布式网络存储方式使得信息可追溯、可证实,区块链网络中节点的任何一次行动都会被所有节点存储,为后续多方主体的监管和查询提供可证实的痕迹数据。最后,在理论上,区块链技术可以使公益活动无须通过公益组织来认证慈善信息,实现受助者和捐赠者的点对点匹配。基于上述技术特征,通过应用区块链技术支持的智能合约,公益活动的运作过程将更加透明。

区块链技术的应用可能使之后的公益慈善模式发生以下变化:第一,公益组织的角色发生转变,从原来的慈善中间人转变为慈善信息的发布者,信息披露与对接交由区块链技术完成。第二,角色转变使公益组织与关联群体的行为发生变化,公益组织难以通过信息造假来获得收益,受助者也必须考虑区块链技术的信息存储特征,提高发布信息的质量。第三,公益组织的运营模式发生变化,公益组织不再需要投入大量精力来管理受助者的信息和捐赠的流程。第四,公益组织财务机制的变化,区块链技术系统可以与其他管理系统联动,准确地提供实时的财务数据。第五,公益组织信息披露方式的变化,得到授权的个人或团体可以随时访问区块链目前存储信息的状态,了解项目的实施情况。

目前,已经有多家公益组织开始尝试使用区块链技术赋能原先的公益慈善模式,但受制于区块链技术的应用领域和门槛,这样的技术实践并没有普及,其应用也主要局限于已经有较好公信力的公益组织。随着应用门槛的降低和公众对区块链技术的了解,未来区块链技术将会赋能更多的中小公益组织。

(四)公益意愿的挖掘

金融技术在公益领域的应用,特别是大数据、平台技术、AI的应用为公益组织提供了新的信息收集途径,公益组织洞察潜在捐赠者公益需求的主要手段,不再仅依靠大量的定量、定性调研,而是尽可能地收集人们"存留"在各大互联网平台上的消费习惯、行为模式等数据，再通过人工智能技术对收集到的数据加以分析比对，得到哪些人有潜在的公益动机，进而对其进行定向推广和激励。

要实现上述目标，就需要公益组织与成熟的科技平台合作，借助成熟科技平台的数据收集和运算能力，扩大公益活动的覆盖人群。以百度集团推出的"共益计划"为例，百度公益有百度集团海量的数据作为支撑，可以在一定程度上为大量不同类型的公益组织匹配到合适的潜在捐赠者。因此百度公益推出了为中国公益组织赋能的"共益计划"，使公益内容的推送更加精准。根据百度集团对"共益计划"的描述："共益计划"背后的技术支持是"百度大脑"。"百度大脑"是百度 AI 核心技术引擎，包括视觉、语音、自然语言处理、知识图谱、深度学习等 AI 核心技术和 AI 开放平台。基于全网"7 亿＋"网民的大数据用户画像、200 万用户兴趣标签，通过 7×24 小时的不间断深度学习，精准把握用户的"意图、兴趣、地域"，捕捉他们的意图，展现适合他们"千人千面"的互联网世界。借助"百度大脑"的 AI 智能算法，在茫茫海量的信息、用户互动行为中，去捕捉每一个公益诉求，找到每一个公益用户，从而更高效、精准地让公益组织与用户进行对接。①

在实际运作中，凡是入驻百度公益的公益组织，均可申请加入"共益计划·流量赋能"项目，符合要求的公益组织将获得相应推广资源。公益组织提交项目申请后，符合要求的公益项目将获得不少于 7 天、百万以上流量的支持。借助"百度大脑"的大数据分析和人工智能学习，实现对公益项目的精准推荐和分发，有效触达目标用户。借助百度系产品在覆盖搜索、浏览、阅读等主流场景方面的优势，结合人群属性、搜索意图、兴趣爱好等用户标签数据，公益组织将更精准地分析用户的行为和需求，从而将公益信息精准地推送到目标用户面前。

对于许多潜在的公益捐赠者来说，没有参与捐赠活动并不是因为没有公益意愿，而是在当下信息爆炸的时代，许多人并没有足够的时间关注公益信息；另一方面，每个公益捐赠者的公益偏好也不相同。公益组织要有效地匹配符合捐赠者公益偏好的项目，就需要借助长期研究消费者行为并积累大量数据的金融科

① 胡彬：《"人工智能＋公益"：百度公益的 3.0 时代》，http://www.gongyishibao.com/html/gongyizixun/17374.html，最后访问日期：2021 年 3 月 16 日。

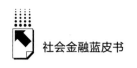

技。对公益意愿的有效挖掘将成为未来衡量公益组织能力的一个重要维度。

二 金融科技在创造社会价值过程中面临的挑战

（一）人才的缺口与适配问题

公益领域应用金融科技首先面对的问题是人才缺口巨大。一些研究机构通过测算发现，仅金融领域，金融科技人才的缺口就达到了150万。[①] 传统商业银行、证券公司以及科技公司都加入这场"抢人大战"中，相比较而言，公益领域的薪资待遇在吸引金融科技人才上并没有竞争优势。

即使一定程度上解决了人才缺口问题，公益组织也需要在技术应用与公益价值之间权衡。随着金融技术在公益领域应用案例的增多，技术在公益活动中扮演着越来越重要的角色。如果公益组织在践行公益目标的过程中越来越依赖技术，甚至把组织的运作目标从创造社会价值转变为推动技术创新发展，就可能导致组织目标上的本末倒置。因此，在吸纳金融科技人才时，需要特别注意人才的适配问题。在公益活动过程中，技术作为一种赋能手段存在，公益组织真正的价值内核依然是公益目标的实现。

（二）算法的风险与歧视问题

当公益活动依赖特定算法时，也就相应地吸纳了该算法可能携带的技术风险，对于这一技术风险的识别并不是公益组织所擅长的。例如，如何平衡公益意愿的挖掘与可能产生的隐私泄露风险？在营造线上公益场景时，在出现与预期的公益目标不一致的用户行为时如何处理？在跨界数据的整合过程中，如何处理多来源的数据之间的相互印证问题？这些问题都是公益组织在享受技术带来的便利的同时所必须承担的技术风险。

另一方面，在应用技术的同时也必须注意技术可能带来的常见伦理问题，比如算法歧视。算法歧视是指人工智能算法在收集、分类、生成和解释数据时产生的一种"偏见"，这种"偏见"往往与生成数据的人类行为有着类似的取

---

① 张漫游：《金融科技人才缺口超150万 银行扎堆"抢人"》，http://www.cb.com.cn/index/show/jr/cv/cv12519524234，最后访问日期：2021年3月16日。

向，主要表现为消费歧视、年龄歧视、性别歧视、职业歧视、弱势群体歧视等。人工智能和大数据等技术在公益领域的应用，势必会将这种算法歧视带入，从而一定程度上损害相关群体的利益，形成伦理和道德风险。例如，一般情况下，无固定收入人群、消费能力较低的学生、农村老人等群体的公益捐赠能力相对较弱，在大数据的筛选中，这些群体大概率会被算法从潜在捐赠者中"剔除"掉，使其中也期待实现公益价值的人更难获得公益信息。

（三）"超级平台"的出现

金融技术的应用还会改变已有的公益组织间的关系，需要特别注意在公益领域出现平台垄断的可能性。平台技术被引入公益领域，使公众得以在线上和线下各种场景，以轻量化、多样化、社交化、无感化方式参与公益，从而使许多公益慈善项目筹集到了大量资金。然而，平台的演进和发展容易引致平台垄断。在平台公益快速发展过程中，"超级平台"可能会掌握大量捐赠者、公益组织和求助者的数据，从而垄断流量入口，进而对平台内的利益相关者产生不对等的影响力。这种平台的崛起导致一种新的关系出现，即捐赠者、平台、公益组织间的链式关系，平台可以通过影响其中一方的行为，影响另外一方的利益。同时，"超级平台"可能会将一些公益组织、求助者和捐赠者排除在外，形成公益活动的进入门槛。

三 对金融科技创造社会价值的建议和思考

（一）加强跨界人才队伍建设

与传统公益慈善的模式不同，当金融科技等要素被加入公益慈善中时，更需要公益组织的从业人员拥有多方面的技能，既能秉持公益组织的价值目标，也能有效地使用金融工具和新兴科技工具，助力公益目标的实现。

因此，公益组织在发展初期，应该积极探索跨界合作，加强业务协同，聚焦公益慈善活动中的各类困局，弥补组织自身在利用大数据、云计算、人工智能等信息技术上的短板，推动金融、科技与公益领域数据和目标的融合。在之后的发展中，公益组织应该积极鼓励原先的从业人员参与到对金融和科技的应用中，形成一支懂金融、懂技术的从业人员队伍，以公益目标为第一驱动力，有选择性

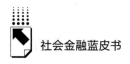

地将金融科技工具引入公益慈善领域，改造部分金融科技工具以适配公益目标的实现，最终形成外部联动成熟的金融科技公司、内部熟悉金融技术原理的组织模式。

（二）完善公益领域新技术应用的制度设计

新技术的出现也呼唤监管制度的创新，特别是在公益领域，金融技术的引入既有可能带来公益效率的提升，也可能会背离公益的初衷，影响社会价值的实现。以区块链技术为例，目前信息科技领域在应用区块链技术的过程中面临缺乏制度政策保障、监督规范不统一、实践应用模式多变等困境。一些区块链项目可能会制造虚拟货币，虚拟货币进一步演变成"空气币"，最终让使用者因虚拟货币价值丧失而蒙受损失。一些区块链项目和公益项目的结合仅有"区块链"的噱头，并未真正按照区块链技术的原理存储与传递信息。

在之后的发展中，公益领域应以顶层规划、权威规范构建、应用示范等为重点，凸显金融技术在优化公益信息匹配领域的应用价值，提高民众对公益制度环境的信任度，助力公益组织的互联网慈善项目建设。为此，公益组织应结合近些年的技术实践经验，梳理技术应用的潜在风险点，为完善制度设计提供案例支持。

（三）通过技术创新形成新的金融－技术－公益联动的模式

金融科技的本质仍旧是技术，随着信息技术的创新和发展，金融科技在解决公益的匹配问题上还会有更多新的应用路径，公益慈善也会逐渐成为互联网技术应用的主要场域。2020 年 7 月 14～15 日，2020 中国互联网公益峰会在"云端"举办。民政部副部长王爱文在峰会上指出，随着互联网、大数据、云计算、移动终端等信息技术的迅猛发展，互联网汇集慈善资源、聚合慈善力量、传播慈善文化、推动合作创新的效益日益凸显，互联网慈善已经成为公益慈善事业新的增长点。① 未来，公益慈善的发展将不可避免地与金融和技术深

---

① 《2020 中国互联网公益峰会"云端"举办，民政部党组成员、副部长王爱文发表致辞》，ht-tp://www.mca.gov.cn/article/xw/mzyw/202007/20200700028701.shtml，最后访问日期：2021 年 3 月 16 日。

度融合。

　　需要注意到，技术在金融和公益之间也发挥了重要的桥梁作用。随着金融工具与公益慈善的深度融合，如何处理金融与公益目标之间的平衡问题，使金融工具的优势能够在公益活动中得到充分彰显，提升金融活动的普惠能力，提升社会公众的金融服务满意度，仍旧需要在实践层面做出诸多努力，探索如何通过新技术来弥合金融目标与公益目标间的冲突，甚至将这两类目标整合为一类目标，还需要做更多的基础性技术研究。

B.11
中国金融领域信息无障碍的
发展现状及相关建议

杨　骅[*]

摘　要：　金融科技的发展为大多数人的金融生活带来了极大的便利，
但也导致了新的数字鸿沟。本报告对我国金融科技领域中信
息无障碍的发展现状和存在的问题进行分析，并提出相应的
发展建议。在倡导政府部门、金融行业、社会组织、个人等
推动金融科技发展的同时，要考虑对老年人、残障群体等更
多社会群体的包容，创造信息无障碍的金融环境，推动数字
普惠金融发展。

关键词：　金融科技；信息无障碍；数字鸿沟；数字普惠金融

在当前的数字经济浪潮中，数字技术与金融科技是促进中国数字化发展的
重要力量。金融科技的本质是科技驱动的金融创新，而数字技术在其中起到至
关重要的作用，带来了更多的新机遇。大数据、云计算、人工智能等技术在金
融领域的应用，使我们可以享受到诸如移动支付、小微贷款等便捷、普惠的金
融服务，在降低金融交易成本的同时，也使得简单的金融工具变得更加容易
获得。

然而各地在基础设施、文化、经济、技术能力等方面存在的差异，导致部
分群体存在信息获取障碍，从而产生数字鸿沟。因而，应通过推动信息无障碍
发展来弥补数字鸿沟，促进社会包容。

---

* 杨骅，深圳市信息无障碍研究会秘书长；研究方向为信息无障碍。

信息无障碍是指通过信息化手段弥补身体机能、所处环境等方面的差异，使任何人（无论是健全人还是残疾人、无论是年轻人还是老年人）都能平等、方便、安全地获取、交换和使用信息。① 信息无障碍的重点受益群体是老年人、残疾人、偏远地区居民、文化差异群体，这些群体与金融科技普惠的群体高度重合。大力发展金融科技领域的信息无障碍是推动普惠金融发展和共同富裕的重要手段，让更多的群体方便地了解和应用创新金融产品，享受发展红利，减少因信息差产生的金融安全问题，有助于残障群体更好地融入数字社会，获得所需的金融服务，实现平等包容发展的目标。

一　金融领域信息无障碍相关政策法规陆续出台

进入 21 世纪以来，信息无障碍的理念逐渐在国内传播，相关政府部门通过出台政策法规指导和推动各个领域的信息无障碍发展。

2012 年国务院颁布《无障碍环境建设条例》，对于包括金融在内的公共服务场所提出优先推进无障碍设施改造的要求，规定应为残疾人提供语音和文字提示、手语、盲文等信息交流服务，并对工作人员进行无障碍服务技能培训。

2015 年底《国务院关于印发推进普惠金融发展规划（2016～2020 年）的通知》中提到开发适合残疾人特点的金融产品；加强对网上银行、手机银行的开发和推广，完善电子支付手段；引导有条件的银行业金融机构设立无障碍银行服务网点，完善电子服务渠道，为残疾人和老年人等特殊群体提供无障碍金融服务。

2016 年 8 月，国务院印发的《"十三五"加快残疾人小康进程规划纲要》明确提出加强政府和公共服务机构网站信息无障碍建设，推进电信业务经营者、电子商务企业等为残疾人提供信息无障碍服务，强化针对残疾人的科技创新和信息化建设。

---

① 《工业和信息化部、中国残疾人联合会关于推进信息无障碍的指导意见》，http://www. scio. gov. cn/xwfbh/xwbfbh/wqfbh/42311/44021/xgzc44027/Document/1690214/1690214. htm，最后访问日期：2021 年 9 月 8 日。

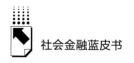

2020 年 3 月，国家市场监督管理总局、国家标准化管理委员会发布的《信息技术互联网内容无障碍可访问性技术要求与测试方法》（GB/T37668－2019）正式实施，用明确的技术要求来统一规范互联网产品和服务，同时覆盖了电脑端、移动端的应用。该标准目前已成为实施信息无障碍建设的重要依据。

2020 年 9 月，《工业和信息化部、中国残疾人联合会关于推进信息无障碍的指导意见》明确提到金融服务相关的网站与移动互联网应用应优化信息无障碍功能、符合信息无障碍通用标准要求；推进公共服务终端设备的无障碍改进；鼓励企业设计开发适应重点受益群体不同服务需求的自助公共服务设备，如银行 ATM 机等，在城市范围内推进公共场所的无障碍自助公共服务设备的部署。

为解决老年群体遇到的实际困难，让老年人更好地分享信息化发展成果，2020 年 11 月国务院办公厅印发《关于切实解决老年人运用智能技术困难的实施方案》，在"便利老年人日常消费"的专章中，强调"保留传统金融服务方式""提升网络消费便利化水平"，并由中国人民银行、国家发展和改革委员会、国家市场监督管理总局、银保监会、证监会等相关部门分工负责。

为响应国务院的号召，2020 年 12 月，工业和信息化部印发《互联网应用适老化和无障碍改造专项行动方案》，针对老年人、残障人士的需求，推动 115 家网站和 43 个 App 进行为期一年的适老化及无障碍改造。中国工商银行、中国建设银行、中国农业银行、中国银行、中国交通银行、支付宝、微信等银行和互联网企业的金融服务类网站及应用被列入首批改造名单。

另外，在金融行业方面，也有多项相关政策与标准对无障碍工作提出了要求。如 2012 年中国银行业监督管理委员会办公厅印发《中国银监会办公厅关于银行业金融机构加强残疾人客户金融服务工作的通知》、2013 年中国银行业协会发布《关于进一步改进无障碍银行服务的自律约定》、2018 年中国银行业协会发布《银行无障碍环境建设标准》、2018 年中国银行业协会发布《银行业营业网点文明规范服务评价指标体系和评分标准》等，主要为相关场所设施、网站应用等提供了无障碍改造的指引，并将对特殊群体的权益保护、文明服务纳入了对银行业的管理要求。

2021 年 6 月，《中国人民银行关于印发移动金融客户端应用软件无障碍服务建设方案的通知》，针对老年人、乡村地区群体等有特殊需求的群体，规定了移动金融客户端应用软件无障碍服务及产品设计原则和要求，旨在提升金融服务及产品的普惠性和便利性。

综合近十年来的国家相关法规政策与标准，可以看出相关部门一直致力于保障残障人士和老年人等特殊群体的权利，强化数字普惠金融的落实；通过开展针对性的行动，逐级对政策进行细化，并通过标准、规范等方式引领企业发展。对此，相关银行及企业积极响应，目前已有多家银行和企业宣布开展适老化及无障碍改造工作。

二　金融企业与机构开展信息无障碍实践的情况

在相关法规政策的指引下，不少金融企业与机构已从金融科技的产品、服务和平台三个方面开展了满足残障群体需求的信息无障碍实践。

（一）针对残障群体推出定制化的产品

在产品方面，金融领域的信息无障碍实践主要体现为针对残障群体推出定制化的数字普惠金融产品。如 2017 年中国平安保险集团推出了国内第一款面向视障群体的保险产品，希望更多的视障人士能够和普通人一样，通过保险进一步保障自身的利益。2020 年益保（北京）科技有限责任公司与中国平安保险集团、深圳市信息无障碍研究会联合上线了视障者普惠保险保障项目——视安保，涵盖了重大疾病、意外伤害及意外责任保障。项目围绕视障者生活、工作、出行和社交活动中的主要风险提供有效的保障，致力于为视障者提供风险分担服务，助力更多的视障者走出家门，融入社会，并在一定程度上减少视障群体在求职中面临的障碍。除了保险产品外，还有金融科技企业为特殊的商家群体提供便捷的贷款及金融工具。如 2021 年支付宝联合深圳市信息无障碍研究会等机构发起"无障碍小店计划"，为认证的残障人士开设的小店提供无障碍商家服务工具包，包括快速开店审批、免息贷款快速审核、经营课程、无障碍经营设备和物料等。①

---

① 《支付宝公益项目 | 静静的小店，静静等你》，https://mp.weixin.qq.com/s/b8pXfHhJ9Qckven 55cVH8A，最后访问日期：2021 年 8 月 9 日。

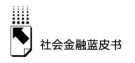
（二）针对残障群体的交流方式和服务需求提供相应的服务

在服务方面，一些金融科技企业针对残障群体的交流方式及服务需求，提供相应的服务，并对工作人员进行培训。如早在 2016 年，微众银行的"微粒贷"业务就专门针对听障人士和语言障碍人士组建了一支专职手语专家服务团队，通过远程视频以手语方式核实客户身份和借款意愿，使得听障人士和语言障碍人士能够享受到安全、便捷的普惠金融服务。此外，"微粒贷"客服团队还会根据市场情况，向听障客户推送教育科普文章，并在视频交流过程中讲授贷款知识，提升听障客户的金融风险意识，保护客户权益。中国建设银行将多个网点改造为无障碍网点，设置无障碍通道、柜台等，并安排大堂服务人员为有需要的残障人士提供协助和引导服务，对于公示的网点电话号码安排专人负责接听，等等。

（三）针对移动金融客户端功能进行信息无障碍优化

在平台方面，在相关部门出台适老化及无障碍行动政策前，已有一些金融机构和企业对自己的金融类互联网产品进行无障碍优化，如中国建设银行App、江苏银行 App、微众银行 App、随手记 App、鹏华基金"A＋"理财钱包 App 等。这些 App 研发团队与专业的信息无障碍机构合作，通过专业人士的协助，根据相关无障碍标准［如《信息技术、互联网内容无障碍可访问性技术要求与测试方法》（GB/T 37668－2019）］进行体验优化，满足残障群体的使用需求。

除了基础的功能无障碍优化外，对于残障群体在使用金融产品时遇到的一些复杂场景，App 研发团队也结合前沿技术给出了创新解决方案。如中信银行开发了智慧语音助手功能，为用户提供快捷的操作指引。随手记 App 同样也为用户提供了语音方面的便捷功能，残障用户可通过语音指令完成记账操作。微众银行针对视障用户在操作人脸识别时遇到的问题，结合人工智能、生物识别等技术，推出一套可供视障用户顺利进行人脸识别的解决方案；另外还对身份证识别、银行卡识别功能进行了升级优化，提供更加精准、便捷的使用体验。

三 金融领域信息无障碍发展面临的问题

（一）广大残障群体的金融服务需求尚未得到充分满足

虽然政府部门和金融科技企业都在大力推进金融领域的信息无障碍工作，但残障群体的金融便利化和普惠化需求仍未得到充分满足。

我国有 8500 万残障人士，他们在金融服务使用中存在较多不便。在传统的金融服务模式下，需要通过前往线下场所办理业务、只有纸质的文本说明与协议等，都是造成残障群体在享受金融服务时面临的显而易见的问题。除此之外，对于残障群体的误解和刻板印象，也导致一些残障人士无法享受金融服务。

实际上，随着经济社会发展水平的提高，在国家政策的保障下，超过 10% 的残障人士稳定就业，每年有数万名残障人士获得高等学历或职业技能培训，贫困残疾人实现脱贫（中国残疾人联合会，2018）。调研显示，理财需求早已成为视障群体的刚需。受访的视障用户中有 74.68% 的人有过投资理财的经历，其中超过七成的视障者会拿年收入的 10% 用于投资理财。[1] 除了支付、理财、保险等基础的金融服务需求外，残障群体在征信、金融安全等方面也有着迫切需求，人工智能、生物识别、大数据等技术在金融领域的应用为满足残障群体的金融服务需求提供了技术条件。

除了残障群体外，我们还需要考虑另一个数量庞大的群体——老年人群体。第七次全国人口普查数据显示，我国现有 60 岁及以上老年人 2.64 亿。[2] 老年人在身体、学习等方面能力均有所下降，再加上其习惯于传统模式的心理和行为因素，使他们在使用金融科技产品和设施的过程中面临一定的困难。

当前，银行的不少业务已经可以通过网上银行、手机银行等线上办理。而

---

[1] 《支付宝与研究会调研显示：理财需求已成为视障群体刚需》，https://mp. weixin. qq. com/s/ tTCEgrY3P - X8LPkk-JlqLg，最后访问日期：2021 年 8 月 9 日。

[2] 翟振武：《新时代高质量发展的人口机遇和挑战｜第七次全国人口普查公报解读》，https:// proapi. jingjiribao. cn/detail. html？id=339961，最后访问日期：2021 年 8 月 9 日。

我国 60 岁及以上网民数量占全国网民的比例约为 10%，这意味着有 1.6 亿老年人不在银行线上业务服务的对象范围内。[①] 而 2020 年 9 月，"一位 94 岁老人为激活社保卡，被子女抬进银行在柜机前进行人脸识别"一事[②]更是引发社会关注与讨论。在金融科技快速发展的背景下，做好移动金融服务的适老化及无障碍改造仍任重而道远。

（二）金融类互联网应用在信息无障碍方面还有较大的改进空间

互联网应用作为当前金融科技面向用户服务的主要载体，其信息无障碍水平直接决定了用户是否可接受、使用金融科技产品和服务。国家金融科技测评中心（银行卡检测中心）与深圳市信息无障碍研究会（2020）联合发布的《金融 App 信息无障碍研究报告（2020 年）》显示，金融类互联网应用在信息无障碍方面还有较大的改进空间。报告聚焦移动端 iOS 和 Android 系统的 12 款银行类应用，通过专业的信息无障碍工程师依据相关无障碍指标进行测评打分，并综合用户的使用反馈得出分数，得出金融类互联网应用整体无障碍发展情况欠佳的结论，除个别已开展无障碍优化的应用或有限提供无障碍服务的应用外，其他应用都无法兼容残障用户使用时所需的辅助技术。[③] 其主要问题集中在三个方面：一是应用核心功能只能勉强供残障用户使用，而在安全键盘输入方面，视障用户存在较大障碍；二是增值功能繁多且大部分无障碍情况很差，残障用户无法使用，也不愿意使用；三是语音助手等便捷服务普及不到位，80% 的残障用户表示不清楚应用中有此功能，因此也无法使用。虽然报告中选取的 12 款应用均为银行类应用，但由于这 12 款银行类应用与其他金融类应用的功能相似度较高，且行业整体的信息无障碍认知与技术水平差距不大，因此测评结果对于金融行业有参考价值。

---

① 根据 2020 年 9 月中国互联网络信息中心（CNNIC）发布的第 46 次《中国互联网络发展状况统计报告》（http://www.cac.gov.cn/2020 - 09/29/c_1602939918747816.htm）相关数据推算。

② 《94 岁老人被抬进银行进行人脸识别：公共服务还需多点温度》，https://baijiahao.baidu.com/s?id=1684307991874955004&wfr=spider&for=pc，最后访问日期：2021 年 8 月 10 日。

③ 《银行卡检测中心 & 信息无障碍研究会：2020 年金融 App 信息无障碍研究》，http://www.199it.com/archives/1168919.html，最后访问日期：2021 年 10 月 30 日。

（三）金融领域信息无障碍的标准和政策仍不完善

虽然近十年国家相关部委、行业协会多次出台与信息无障碍相关的政策，对金融行业提出专门的要求，也得到了社会的广泛关注及金融企业与机构的响应，但响应程度不高、实施效果不一、实施无持续性等现状，反映出金融领域信息无障碍标准与政策仍不完善。由于此前出台的相关政策，大多为呼吁、倡议性质，缺少可落地执行的方案，对于行业并无实际的约束力，金融企业与机构开展信息无障碍工作更多的是出于履行社会责任的考虑。另外，信息无障碍标准和政策中还存在要求不一、级别差异较大等问题，例如，信息无障碍相关的国家标准、行业标准、团体标准对具体的技术描述有差异，对金融企业与机构应遵循哪个标准进行改造没有明确要求，导致金融企业与机构在实施过程中无所适从。

四　对金融领域信息无障碍发展的建议

当前我国金融领域的信息无障碍工作尚处于起步阶段。做好信息无障碍工作，需要政府部门、金融行业、社会组织，以及每个人的共同努力。结合上述分析，本报告给出以下建议。

（一）完善金融领域信息无障碍相关政策法规与标准

在政策方面，建议中央牵头，联合中国残联、国家发改委、中国人民银行、银保监会、工信部等相关部门进一步出台可执行的、有约束意义、有具体指标的政策。同时进一步推动信息无障碍工作条例的制定，使得信息无障碍工作的开展有法可依。此外，应组织信息技术领域、金融领域等专业机构，联合金融企业与机构、用户共同制定金融领域的信息无障碍标准，标准应具有可执行性。标准不仅应关注残障群体的需求，包含普适性的无障碍指标，也应覆盖信息保护、风险防范等方面。

（二）提升金融产品与服务的无障碍体验，有针对性地开发符合残障群体需求的产品，提供配套服务

作为金融科技的创新方、产品和服务的提供方，金融企业与机构应将信息

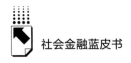

无障碍作为主要工作方向，并将相关工作融入日常的管理与运营中。对于现有的金融产品与服务，按照相关标准进行无障碍体验提升。尤其对于拟新开发的金融平台，在设计开发之初就考虑信息无障碍工作，可以大幅减少后期修复带来的成本投入，也便于长期维持平台的无障碍水平，保障用户的可及性。同时，在安全合规的前提下，合理应用新技术，针对残障群体的普遍需求与特殊需求，开发相应的金融产品，让金融科技真正普惠大众。除了产品外，还需要同时考虑配套的服务。金融企业与机构应向自己的工作人员普及无障碍理念、培训服务残障人士的流程和方法，避免出现因服务流程不合规造成新的障碍问题。考虑到信息无障碍是一个专业的工作方向，金融企业与机构可以通过与专业的信息无障碍机构合作的方式，保证工作有效、持续开展。

金融企业与机构开展信息无障碍工作，不应仅考虑其须承担的社会责任，更应意识到该项工作对金融行业发展的促进作用，意识到数字普惠金融的重要意义。庞大的残障用户群体有金融消费的刚需却未被满足，率先提供无障碍服务的金融企业与机构，将有更大可能占领这一用户市场，并且获得用户认可。

（三）推广信息无障碍理念，提升残障群体的金融素养

目前，信息无障碍在我国仍然是一个未被普及的理念，大部分未参与信息无障碍工作的金融企业与机构不了解这一理念。因此，通过相关节点、活动推广信息无障碍理念，是金融企业与机构目前要做的工作。信息无障碍与每个人都息息相关。当无障碍成为社会共识时，金融行业必然会重视信息无障碍工作，并加大投入力度。

另外，当前残障群体相对缺乏金融知识获取渠道，存在不了解金融基础知识、不熟悉金融产品和平台的操作、在金融安全方面容易成为诈骗对象等问题。因此，金融企业与机构可以联合相关的服务组织和团体，为残障群体提供金融知识、安全防诈、信息保护等方面的培训，结合线上平台及线下社区，用不同的形式提升残障群体的金融素养。

（四）设置畅通的反馈渠道，积极听取用户的需求和建议

以往因为社会的无障碍环境不完善，残障群体的需求常常被忽视，或是面临没有反馈渠道等问题。有的残障人士选择通过媒体、诉诸法律等形式将问题曝

光，在社会的关注和支持下处理问题。这样的手段不能持续、有效地帮助用户克服困难，也并不利于金融企业与机构了解用户的真实需求。因此金融企业与机构应设置畅通的反馈渠道，真正了解用户的金融需求，将用户的意见作为改进的动力，将解决用户面临的问题、为用户提供更好的服务作为无障碍工作的目标，只有这样，才能使金融行业信息无障碍水平持续提高，让金融与科技真正普惠每个人。

参考文献

中国残疾人联合会，2018，《2017 年残疾人事业发展统计公报》，http：//www. gov. cn/xinwen/2018 – 04/26/content_5286047. htm。

案 例 篇
Case Reports

B.12
用新金融解决社会痛点：中国建设银行的社会影响力金融实践

曾亚琳　陈鹏飞*

摘　要： 银行作为资本分配和整合资源的核心枢纽，在现代科技助力下，在解决社会痛点上可以扮演重要角色。中国建设银行在"新金融"理念的引导下，以人民为中心，将银行的核心优势与社会责任担当相结合，实践服务于社会民生大局，这正是中国特色社会影响力金融的重要体现。本报告对中国建设银行在住房租赁、创新创业、公益慈善、环保、乡村振兴等领域的社会影响力金融实践模式进行总结，以期为社会影响力金融实践提供银行样本。

关键词： 银行社会责任；新金融；可持续发展；社会影响力金融

---

* 曾亚琳，深圳市创新企业社会责任促进中心主任，研究方向为企业社会责任、战略慈善、公益金融；陈鹏飞，深圳市创新企业社会责任促进中心咨询研究经理，研究方向为慈善咨询、公益金融。

2020 年 7 月，由深圳市地方金融监督管理局主办的首期鹏城金融大讲堂以"社会影响力金融的深圳实践"为主题，聚焦社会影响力金融的具体案例，倡导"金融向善，铸就可持续发展"，以金融"软"实力破解社会中存在的"硬"难题。

中国建设银行（以下简称"建行"）深圳市分行作为唯一受邀的银行业代表，以"金融慈善项目及创业者港湾项目"，向金融监管单位、学界专家、上百家金融机构代表介绍了建行如何以社会目标为导向，发挥金融技术、人力资本、渠道网络、资源整合能力优势，进行多层次社会影响力金融产品和服务的创新。

这是建行首次以"社会影响力金融案例示范者"形象进入大众视野。实际上，建行的社会影响力金融实践，还远不止于此。

建行在其董事长田国立提出的"新金融"理念引领下，将核心优势与社会责任担当相结合，跳出传统的金融框架，将银行的角色置于解决各种社会痛点的场景中，寓商业模式于社会服务本源之中，寻求可持续发展的社会、环境与经济效益的共赢，这种双目标驱动的"新金融"理念与实践是中国特色社会影响力金融的重要体现。

一 建行的新金融战略和服务体系

近年来，民生环境改善和弱势群体生存发展及相关的社会热点、痛点问题受到各级党委和政府的高度关注，各种社会资源逐渐向这些领域聚集。此外，以投资拉动为主要动力的经济增长模式在持续 30 余年后，逐渐被消费升级带来的以需求拉动为主的经济增长模式替代。另一方面，技术对金融的赋能，使得传统金融体系无法覆盖的领域和人群变得越来越容易获取便捷安全的信贷、支付和财富管理等服务。金融在社会治理中承载着社会资源配置的重要功能，在经济环境变化和科技高速发展的背景下，金融的社会属性要求金融机构主动去纾解经济社会发展的痛点问题。

2018 年建行董事长田国立提出"新金融"理念，并不断在实践中加以完善。新金融是顺应新发展理念要求，以服务人民和经济社会发展为目标，以数

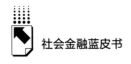
据为关键生产要素，以科技为核心生产工具，以平台生态为主要生产方式的普惠、共享、开放的新的金融体系。

相较于传统金融，新金融有以下三大变化：

（1）服务内涵的变化：深入"数字中国各个领域"，助力国家治理体系和治理能力现代化。

（2）服务能力显著提升：银行不再仅仅是融资等传统金融服务的提供者，更是融智赋能的资源整合者。

（3）服务人民美好生活的方式更加灵活、多元：银行变"从动式"服务为"能动式"融合，化解社会痛点问题、赋能社会进步。

建行积极履行国有大行责任，以"人民为中心"，纵深推进"新金融"理念，全面实施"住房租赁、普惠金融、金融科技"三大战略，用金融这把"温柔的手术刀"，从服务社会民生大局着眼、从解决社会民生痛点入手，以新金融探索实践努力提供更有针对性的金融解决方案，以新金融行动回应新时代人民对美好生活的热切期盼（见图1）。

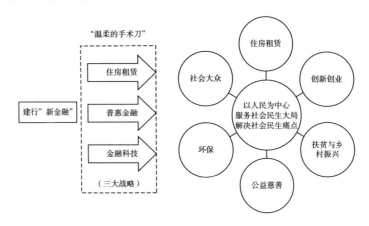

图1　建行社会影响力金融示例图

（一）住房租赁战略

建行坚持"房子是用来住的，不是用来炒的"定位，以金融力量激活住房要素市场、稳定租赁关系、纾解社会痛点，主动实施住房租赁战略，为"安居"提供建行方案，打造集五大共享系统于一体的住房租赁综合服务平台，通过构建住房租赁金融生态圈，为住房租赁相关主体提供"全链条"产品和服务。

目前，住房租赁平台逐渐连片成网，"CCB 建融家园"、城中村新居、环卫工人之家等助力社会不同群体实现"安居梦"；协助政府建设全国房地产市场监测系统，为分析研判房地产市场形势、开展有效调控提供支撑；协助政府构建全国公租房信息系统，提高保障房源使用效率，助力政府建立并完善房地产市场发展长效机制；在全国推进工建审批、智慧建筑、智慧房管、交易资金监管系统等"数字房产"系统建设，助力各地政府提升住建领域治理能力。①

（二）普惠金融战略

普惠金融战略，是建行为落实党中央、国务院大力发展普惠金融的重要部署，践行国有大行责任，解决社会难点和民生痛点问题，主动对接市场新形势、适应新变化而制定的发展战略。自 2018 年实施《中国建设银行普惠金融战略规划（2018～2020 年）》以来，建行围绕"数字、平台、生态、赋能"发展理念，依托金融科技和大数据应用，坚持创新驱动、平台经营和社会赋能，不断丰富普惠金融实践，重构中小企业信用体系，探索完善"五化三一"② 特色服务模式，逐步破解融资难、融资贵的世界难题。

截至 2020 年末，惠普金融贷款余额 1.45 万亿元，较年初新增超 4892 亿元，同比增长 50.79%。惠普金融贷款客户数 170 万户，较年初新增近 37.5 万户，同比增长 28.31%。完成"裕农通·村村通"工程，建成"裕农通"普惠金融服务点 54 万个，基本覆盖全国所有乡镇及行政村。③

（三）金融科技战略

2018 年，建行积极拥抱科技创新，发布"TOP＋"金融科技战略，以"新一代"核心业务系统为抓手，通过完善科技创新体制机制，激发全行科技

---

① 《中国建设银行股份有限公司 2020 年社会责任报告》，http://group1.ccb. com/cn/ccbtoday/up-
load/qyzrbg/society_report/20210702113121280159. pdf，最后访问日期：2021 年 8 月 31 日。
② "五化三一"，其中，"五化"即批量化获客、精准化画像、自动化审批、智能化风控、综
合化服务；"三一"是指"一分钟"融资、"一站式"服务、"一价式"收费。
③ 《中国建设银行股份有限公司 2020 年社会责任报告》，http://group1.ccb. com/cn/ccbtoday/
upload/qyzrbg/society_report/20210702113121280159. pdf，最后访问日期：2021 年 8 月 31 日。

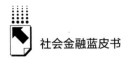

创新活力，促进更多科技创新成果转化为现实生产力，以共享理念整合资源，以科技的力量造福大众，以金融的智慧回馈社会，打造金融服务新优势，布局未来金融新生态，引领面向未来的新金融模式。

建行通过推进金融科技战略的实施，全面加强业务中台、数据中台和技术中台建设及技术创新建设；同时，围绕"生态、场景、用户"开展探索，推进智慧金融建设。建行在金融科技领域发挥"建行全球撮合家"线上平台优势，实现全流程、数字化的线上展会运营与跨境对接，形成横向服务数字政府治理能力提升，纵向服务住房租赁、乡村振兴、教育医疗等多个领域的智慧生态服务体系。截至2020年末，累计注册用户数超2.8亿，全行1.4万多个网点开放政务服务超1.4万项。此外，建行还赋能中小金融机构，累计向328家中小银行输出风控工具，推动风险共治。①

二 重点领域案例

改革开放40多年来，市场经济日益繁荣，国内生产总值跃居世界第二位，与此同时，环境、住房、就业创业、教育、医疗等重要民生领域面临不同的社会问题。任何社会痛点问题对银行来说都是重要的社会服务机会，商业银行若寻找到专业的解决方法和技术路径，就能在解决社会痛点问题的同时实现银行自身的稳健、持续发展。

（一）住房租赁领域

建行在住房租赁领域要解决的社会痛点问题是"住房难、住房贵"，拟实现的社会服务目标是助力解决百姓住房问题，培育健康住房与长租文化。

建行发挥金融企业在社会经济活动中特有的信用、服务和技术优势，从供给侧入手，探索创新共享理念与金融科技相结合的新金融模式，依托建信住房服务有限责任公司，形成了推动住房租赁市场发展的有效路径和实施方案。（1）倡导"长租即长住，长住即安家"，"房子是用来住的，租挺好"的长租住房新理

---

① 《中国建设银行股份有限公司2020年社会责任报告》，http://group1.ccb.com/cn/ccbtoday/upload/qyzrbg/society_report/20210702113121280159.pdf，最后访问日期：2021年8月31日。

念。（2）打造"CCB 建融家园"住房租赁特色品牌，包括住房租赁综合服务平台、"CCB 建融家园"品牌社区等服务渠道和平台。（3）住房租赁综合服务平台由监管服务系统、监测分析系统、企业租赁服务管理系统、政府公共住房服务系统、住房租赁服务共享系统五大系统组成，监管服务、监测分析提供给政府使用，为监管租赁市场提供有效工具和手段；企业租赁服务管理系统、政府公共住房服务系统、住房租赁服务共享系统覆盖市场所有交易主体和交易形式，开放给所有市场主体无偿使用。（4）可持续经营模式。一是贷款服务。为可能存在收入支付能力与租金支付错配问题的承租人提供个人住房租赁贷款，为开展住房租赁业务的公司发放公司住房租赁贷款。二是存房业务，包括"两权分离"和"撮合"两种业务模式。"两权分离"模式是将租赁住房的租赁权和经营权相分离，房主将房源交给建信住房服务有限责任公司，该公司保留房屋租赁权，并提前支付房主一定期限的租金。建信住房服务有限责任公司在保留房屋租赁权的同时将租赁住房的经营权委托给优选的专业运营机构，并通过协议对专业运营机构进行约束和管理。"撮合"模式则是充分发挥建行资源整合优势，在有需求的房主与租赁企业间搭起连接之桥，促成交易。

建行在住房租赁领域实现的社会效益有：（1）配合建设全国房地产市场监测体系，进行住房价格指数和住房租赁指数分析，为政府分析研判房地产市场形势、进行有效调控提供技术支撑。（2）支持公租房信息系统建设及贯标，2019 年底完成 150 个城市的系统贯标和联网数据采集工作，为构建全国性、规范化的公租房管理体系奠定了坚实基础。（3）利用"智慧房产"助力地方政府提升微观治理能力。针对部分城市由于历史原因存在的房地产市场管理系统分散、功能单一等痛点问题，在安徽马鞍山、湖北襄阳等城市试点构建"智慧房产"政务平台，整合原有十多个与住房相关的系统，围绕房产全生命周期，打造功能齐备、智能协同的一体化住房政务服务体系，为地方政府落实城市主体责任提供抓手。（4）打造"CCB 建融家园"长租社区，以高品质租赁房源培育居民长租理念。"CCB 建融家园"在建行 29 个分行落地，挂牌总量达到 159 个项目，涉及房源 10 万套。如河北唐山 CCB 建融公租公寓项目、江苏管家桥建融公寓项目、北京交通大学教师周转房、福州马尾自贸区云集公寓，涵盖金融服务、住房租赁、生活消费、养老医疗的长租社区不断创新，

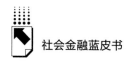
"长租即长住，长住即安家"理念逐渐深入人心。① 截至 2020 年末，住房租赁综合服务平台推广覆盖全国超 96% 的地级及以上行政区，累计上线房源超 2400 万套。建行积极开展存房业务，累计签约房源 120 万套。②

（二）创新创业领域

针对初创期及成长期企业缺资源、缺管理、缺经验的痛点，建行推出"创业者港湾"，秉承新金融科技性、普惠性、共享性的服务理念，联合政府部门、创投公司、核心企业、科研院校、孵化机构等，共同为创新创业企业打造"金融＋孵化＋产业＋辅导"线上、线下一站式综合服务平台。

建行"创业者港湾"于 2019 年初在深圳试点，逐步推广至多家分行，已形成以旗舰店为主，联盟店、服务点辅之的多种特色化服务模式。"创业者港湾"提供包括创业孵化、信贷融资、创投服务、辅导培训、产业对接等一系列服务，并配备专门人员、协调各项政策资源，为创业者提供高效、完善的全方位指导与服务。截至 2020 年末，建行"创业者港湾"在全国建立孵化空间 165 个，联合各类社会机构 275 家，服务企业 8302 家，已为 24757 家企业提供信贷支持 147 亿元。③

（三）扶贫与乡村振兴领域

脱贫攻坚与乡村振兴是我国为实现"两个一百年"奋斗目标而做出的重要战略部署。建行将扶贫、推进乡村振兴与新金融行动紧密结合，与实施建行"三大战略"统筹安排，建立了总分行、母子公司联动的精准扶贫机制，形成了电商扶贫先行、信贷扶贫创新、服务网络延伸、公益扶贫带动、综合化扶贫支持的金融大扶贫格局。（1）"善融商务"电商带动消费扶贫，发行"北京消费扶贫爱心信用卡"。（2）"N＋建档立卡贫困户"产业扶贫模式，构建新型农

---

① 中国建设银行网站（http://www.ccb.com/cn/gjzwfw/brand_story/detail/20190821_1566376896.html），最后访问日期：2021 年 8 月 9 日。
② 《深化新金融行动　推动高质量发展——中国建设银行公布 2020 年度经营业绩》，http://group1.ccb.com/cn/ccbtoday/newsv3/20210326_1616772206.html，最后访问日期：2021 年 8 月 9 日。
③ 《中国建设银行股份有限公司 2020 年社会责任报告》，http://group1.ccb.com/cn/ccbtoday/upload/qyzrbg/society_report/20210702113121280159.pdf，最后访问日期：2021 年 8 月 31 日。

业主体与贫困户利益联结机制，如安康扶贫每销售 1 瓶"扶贫水"，提取 0.3 元作为扶贫基金，专项用于贫困大学生助学、留守儿童关爱及大病医疗救助等；此外，企业还定向招聘建档立卡贫困户务工。（3）"裕农通"普惠金融服务在县域乡村指定合作商户服务点布放银行卡受理终端设备或建行"裕农通"App，实现定点扶贫村全覆盖。（4）融合理财、信托、租赁、保险、期货等功能，开展综合化扶贫服务。

建行将扶贫、推进乡村振兴与新金融实践有机结合，立足新金融的科技、普惠、共享属性，实现引流直达、精准滴灌，发挥新金融的融入、融通、融汇功能，促进城乡经济高质量发展。截至 2020 年末，帮助贫困村 1370 个，贫困人口实现脱贫 19.55 万人，全行定点扶贫捐赠 1.32 亿元，精准扶贫贷款余额 2632.15 亿元，派出定点扶贫干部 1622 人。通过"善融商务"平台帮助贫困地区销售农产品 25.18 亿元，惠及 10.87 万贫困群众。①

（四）环保领域

生态文明建设是中华民族永续发展的千年大计。建行充分发挥自身综合性、多功能的金融服务优势，综合运用金融工具，拓宽融资渠道、降低融资成本，进一步化解中长期资金来源不足的问题，广泛调动各类社会资源支持和培育绿色产业，助力"美丽中国"建设，推进新时代中国特色社会主义生态文明建设。

（1）建行总行搭建"智汇生态"绿色金融服务平台，高效撮合建筑节能等新兴领域项目，助力银、政、企需求精准对接；发行绿色金融债券、绿色信贷资产支持证券。（2）建行广东省分行瞄准绿色出行，推出绿色 e 销通、绿色电桩融、绿色租融保等产品；建行浙江省分行把握环境权益物权化发展态势，推出"排污权融资贷"，推动传统产业转型升级。（3）建行子公司建信金融租赁有限公司在业内率先提出打造"绿色租赁"品牌，着力拓展新能源汽车、城市轨道交通、铁路客货运、清洁能源、水环境治理等重点领域，将"绿色租赁"作为优先发展业务加以培育。支持制造业绿色升级改造，以租赁

---

① 《中国建设银行股份有限公司 2020 年社会责任报告》，http://group1.ccb. com/cn/ccbtoday/upload/qyzrbg/society_report/20210702113121280159.pdf，最后访问日期：2021 年 8 月 31 日。

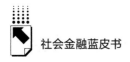
手段促进节能减排、环保降耗新技术在制造业的广泛应用，逐步将存量的煤炭、钢铁等产业"绿色"化。

建行通过与行业龙头合作、开展产业布局、与产业资本合作、支持绿色产业发展的形式，在助力投资者分享可持续发展成果的同时，以金融工具引导社会资本协同支持绿色经济高质量发展。截至 2020 年末，建行绿色贷款余额 1.34 万亿元，较年初增长 1669 亿元。2020 年，绿色信贷支持项目节约标准煤 3506.48 万吨，较上年增加 309.52 万吨；减排二氧化碳 7388.66 万吨，较上年增加 155.35 万吨；节水 11333.87 万吨，较上年增加 4703.97 万吨，以实际行动做好"美丽中国"的建设者和守护者。[①]

（五）公益慈善领域

建行董事长田国立指出，现代金融与慈善事业有越来越多的共通共鸣之处，慈善可赋予金融向上向善的价值内涵，金融则可赋予慈善专业专注的表达方式，"慈善＋金融"将成为一种新的形态、新的生活方式。[②]

目前慈善行业存在多个痛点问题，对于捐赠人而言，捐赠途径单一、捐赠过程透明度低、捐赠后服务缺失；对于慈善组织而言，资金募集难、善款管理难、人才流失率高。建行围绕"慈善＋金融"，在企业社会责任实践、金融慈善产品创新、金融慈善场景搭建、金融慈善科技支撑、金融慈善人才培训等方面，以新金融方法论助力现代慈善事业发展。

金融慈善项目充分发挥建行金融资源及产品优势，搭建公信力高、服务能力强的金融慈善平台，多层次产品设计推动从"要我捐"到"我要捐"的转换。建行深圳市分行在金融行业内率先注册"善建益行"金融慈善服务品牌，推出从大众参与的慈善理财到全球家族慈善服务的五级金融慈善服务体系，满足不同客户的公益慈善需求。（1）为满足大众客户的小额捐赠需求，推出了慈善

---

① 《中国建设银行股份有限公司 2020 年社会责任报告》，http://group1.ccb.com/cn/ccbtoday/upload/qyzrbg/society_report/20210702113121280159.pdf，最后访问日期：2021 年 8 月 31 日。

② 田国立：《以"慈善＋金融"汇聚向上向善的力量——在中国建设银行与中华慈善总会战略合作协议签约暨"善建智爱"慈善信托启动仪式上的致辞》，http://www.chinacharityfederation.org/nv.html？nid＝8030d28d-f5ef–4817–a131–b36e0a24a136，最后访问日期：2021 年 8 月 9 日。

理财、捐赠人建议基金、定制慈善理财服务产品；（2）为满足中小企业及终端客户的自定义捐赠及税收优惠需求，推出了"冠名慈善基金会"服务产品；（3）为满足家族企业及高端客户的家族财富与精神传承需求，推出了"慈善信托"服务产品；（4）为满足大型集团的社会荣誉、企业社会责任需求，推出了"慈善信托＋慈善基金会"服务产品；（5）为满足榜单客户及知名家族回馈社会、自我价值实现的需求，推出了"影响力投资"服务方案；（6）开展专业金融慈善顾问认证培训，选拔培养既懂慈善规划又懂金融工具的专业慈善顾问，可结合客户需求客观公正地提供专业慈善规划，全方位提升捐赠人服务体验。

用金融这把"温柔的手术刀"解决社会问题，让"金融活水灌溉慈善之田"。截至2021年4月，建行深圳市分行已成功发行了22期"乾元－爱心捐赠"理财产品，累计发行金额89亿元，已实现捐赠善款703万元，参与人次近3万人次，成立冠名慈善基金6个，为5家公益基金会提供咨询服务，设立2单慈善信托，培训77名认证慈善顾问。①

（六）社会大众领域

在金融科技快速发展的当下，农民工、信息障碍人群等劳动者及弱势群体往往会被忽视，难以平等地获得金融资源。

胸怀"服务大多数人而不是少数人"的新金融愿景，建行积极回应人民的期盼和诉求，把新金融的科技属性、普惠属性、共享属性和传统的金融属性更好地结合起来，为普通劳动者和弱势群体等奉上一杯解渴的金融"甜水"。（1）"民工惠"：为解决农民工工资发放痛点问题创新的金融服务产品。（2）建行信息无障碍：优化手机银行交互界面元素，支持手机系统读屏软件朗读，提供智能语音交互服务，方便视障客户、老年客户使用。（3）"劳动者港湾"：重点为环卫工人、出租车司机、交通警察、城管、快递员、志愿者等户外工作者及其他劳动者，老弱病残孕、走失儿童、考生等需要特殊关爱的群体以及其他有需求的社会公众提供周到、贴心的服务。（4）"善融商务"：B2C购物平台，支持担保支付、在线个人贷款和分期付款，是建行致力打造的国内创新型电子

---

① 数据源于对建行深圳市分行慈善顾问的访谈。

商务金融服务平台。（5）"金智惠民"：深入开展惠政、创、农、工、学五大培训，融通线上线下渠道、深入社会各类场景"送教上门"，打造建行大学"裕农学堂"，扎根基层，组织乡村振兴万名学子下乡主题实践。

2020年，建行集中投放"民工惠"820亿元，让768万农民工在疫情期间能够按时拿到工资。建行大学在全国各地举办"金智惠民"系列公益培训，累计4.33万期，惠及331万人次。建行大学打造"裕农学堂"1381个，为60多万"裕农通"业主、乡村致富带头人、返乡创业青年等提供普惠公益培训；支持全国妇联举办的全国巾帼家政服务职业风采大赛，帮助女性就业增收。全国共有1.42万个"劳动者港湾"，累计服务超过1.40亿人次。[①]

诚如建行田国立董事长所说："金融的普惠性不只是体现在对中小企业金融资源的提供，更体现在从金融的角度对社会各阶层需求的深刻理解，以及对社会大众特别是弱势群体根植于心的服务热忱。新金融有能力也应该为那些曾经被忽视的、位于金融需求金字塔底层的企业和个人，奉上一杯解渴甜水。建行三大战略的路径选择，赋予银行格局和视野、情怀和担当，让金融成为解决社会问题温柔而有效的手术刀，成为整合社会资源的耦合剂。"[②]

三　总结

建行的新金融战略是中国特色社会影响力金融的具体实践和生动写照。建行坚持以人民对美好生活的向往为奋斗目标，聚焦社会痛点、难点问题，重构金融逻辑，重塑金融的价值观和方法论，形成了体系化的新金融理念、方法和模式。通过实施"住房租赁、普惠金融、金融科技"三大战略，把新金融的科技属性、普惠属性、共享属性和传统的金融属性更好地结合起来，从服务社会民生大局着眼、从解决社会民生痛点入手，基于新金融探索实践，努力提供更有针对性的金融解决方案，全面承担起国有大行的社会责任。

---

① 《中国建设银行股份有限公司2020年社会责任报告》，http://group1.ccb.com/cn/ccbtoday/upload/qyzrbg/society_report/20210702113121280159.pdf，最后访问日期：2021年8月31日。

② 《中国建设银行董事长田国立：服务大众安居乐业　建设现代美好生活》，https://baijiahao.baidu.com/s?id=1607035847722880548&wfr=spider&-for=pc，最后访问日期：2021年8月9日。

（一）以人民为中心，推进新金融实践

建行坚持以人民为中心的发展思想，推动新金融实践，实现由资本向人本的转变、由客户思维到用户思维和人民思维的升华。在住房租赁、创新创业、社会大众、公益慈善、环保、扶贫与乡村振兴等领域，充分回应社会的金融服务需求和民生关切，让金融活水畅通经济社会的微循环，纾解政府难点、社会堵点、百姓痛点，让全体人民共享发展成果，走向共同富裕。

（二）在解决社会民生痛点、服务经济民生发展中体现新金融的价值

建行以新金融重塑商业银行文化与战略，从社会化职能角度去思考其存在的价值与意义，创建其解决社会问题的独特的金融服务体系和产品，以金融工作者的专注和社会工作者的责任，注重在解决社会难点问题、服务经济民生发展中体现新金融的价值，这也是中国特色社会影响力金融发展的重要意义。

（三）服务社会民生大局，贡献新金融力量

作为新金融的探索者、推动者、实践者，建行主动回溯金融底层逻辑，把为实体经济服务作为出发点和落脚点，全面提升服务效率和水平，把更多的金融资源配置到经济社会发展的重点领域和薄弱环节，更好地满足人民群众和实体经济多样化的金融需求，为服务大众安居乐业、建设现代美好生活贡献新金融力量。

在"金融解决社会问题"的指引下，需要更多的金融从业者在新金融全新的服务方式下与社会各领域深度合作，在推动整体社会进步和实体经济发展中释放新金融巨大的能量。正如诺贝尔经济学奖得主罗伯特·席勒（2012）指出的：金融并非"为了赚钱而赚钱"，金融的存在是为了帮助实现社会目标。如果金融不负众望，那么它就是帮助我们实现美好社会的至佳手段。

参考文献

罗伯特·席勒，2012，《金融与好的社会》，束宇译，中信出版社。

B.13
集合信托：慈善组织资产保值
增值的创新模式

王小伟*

摘　要：　《慈善组织保值增值投资活动管理暂行办法》的出台为慈善组
织合法合规地进行资产的保值增值活动提供了制度保障。粤港
澳大湾区作为全国先进示范区，于2018年和2020年分别在该领
域做了创新性的尝试，多家慈善组织联合起来以集合信托的方
式与信托机构合作，同时积极与第三方评估机构和担保机构合
作，这种多方协同"抱团取暖"的投资模式对后续慈善组织进
一步开展资产保值增值活动具有一定的借鉴意义。

关键词：　慈善组织；资产保值增值；信托投资；多方协同

近年来，随着社会组织的资产规模不断扩大，社会组织特别是以基金会为
代表的慈善组织开展资产保值增值活动的需求日益增长，通过资产保值增值活动
取得的投资收益正逐渐成为基金会重要的收入来源。2016年颁布实施的《慈善
法》专门规定了慈善组织为实现资产保值增值进行投资的基本原则和相关要求。
2018年10月25日，民政部通过了《慈善组织保值增值投资活动管理暂行办
法》，自2019年1月1日起施行。然而全国慈善组织在开展资产保值增值的过程
中也面临各种各样的问题。从分布来看，目前基金会主要分布在经济发达地区，
这与我国财富和慈善资源的地区分布是相吻合的。与此同时，我国金融机构的总

* 王小伟，深圳市创新企业社会责任促进中心副秘书长；研究方向为公益理财、慈善基金会资
产保值增值。

部也多集中在北京、上海、广州和深圳，便于为慈善基金会的资产保值增值提供金融服务，但是也有大量的中小基金会分布在经济不发达地区，得不到较好的金融服务。从资产状况来看，我国的基金会以净资产在 3000 万元以下的为主（基金会中心网、浙江大学社会治理研究院，2020），加上非限定性资产的比例较高，非限定性资产的投资限制较大，故各家基金会能够进行保值增值的资产体量并不大。这对于基金会的资产安排和金融机构能够提供的金融服务而言具有一定的挑战性。一方面，较小的资产体量无法做多样化的投资安排；另一方面，出于成本的考虑，金融机构对于小体量的资产也难以提供专门化的服务。高校基金会资产体量较大，与金融机构在资产保值增值方面的合作也更加多样化、更加深入，从银行理财产品、公募基金产品、信托产品到股权投资产品均有不同程度的涉及。总体而言，从投资收益在基金会收入中的占比来看，慈善组织进行资产保值增值的投资收益占比很低，资产保值增值工作亟须加强（基金会中心网、浙江大学社会治理研究院，2020）。

不过，近年来，广东围绕慈善组织资产保值增值有一些创新性的尝试，多家慈善组织联合起来以集合信托的方式与信托机构合作进行投资，为资产体量小的基金会进行资产保值增值提供了有益的启示。

一 慈善组织资产保值增值：两个案例

（一）案例一："顺德向善"集合信托计划

2018 年 10 月，中信信托有限责任公司（以下简称中信信托）受邀参加了由顺德创新创业公益基金会、深圳市创新企业社会责任促进中心联合举办的"顺德向善"金融产品答辩评审会。"顺德向善"集合信托计划集合了顺德地区的多家慈善基金会，建立了慈善组织和金融机构跨界合作的平台，提升存量公益资产效能。11 位评审嘉宾来自顺德创新创业公益基金会、广东省和的慈善基金会等十家本土慈善机构，从公益的立场和诉求出发，甄别出最能满足资产保值增值及公益需求的金融机构作为合作伙伴，对慈善基金进行投资和管理。①

---

① 《公益基金探路"慈善 + 金融""顺德向善"首笔善款"花落"中信信托》，https://www.sohu.com/a/285531480_100003119，最后访问日期：2021 年 8 月 8 日。

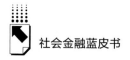

该项目前期主要由第三方评估机构深圳市创新企业社会责任促进中心通过公开征集，对所有参与项目的金融机构做同类专业评估，提出综合意见后择优选择了八家优质金融机构参与答辩评审会。经过评审和慈善基金会自主投票，中信信托成为首期"顺德向善"集合信托计划的唯一信托合作机构，接受了来自三家慈善基金会共3800万元的投资款项。本次投资的本息已经于2019年11月21日返还给各家基金会，同时信托中0.6%的超额收益捐赠给顺德创新创业公益基金会"顺德向善"专项基金，用于顺德地区公益金融行业建设工作。"顺德向善"集合信托计划交易结构如图1所示。

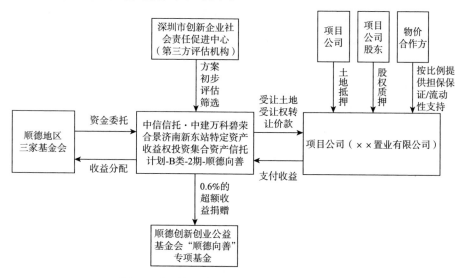

图1 "顺德向善"集合信托计划交易结构

（二）案例二："深圳慈善共同基金"集合信托计划

2020年9月，"深圳慈善共同基金"集合信托计划在深圳宣告成立。此集合信托计划由深圳多家慈善基金会作为委托人，由深圳市基金会发展促进会（以下简称深基会）担任委托人代表/监察人，将慈善资产委托平安信托有限责任公司（以下简称平安信托）进行管理。首期两只慈善共同基金信托总额2亿元，深圳壹基金公益基金会、万科公益基金会、深圳市社会公益基金会等13家基金会参与其中。在该项目中，深基会与信托公司、债券发行（担保）公司合作，采用集合信托计划的形式发行"深圳慈善共同基金"产品。

该集合信托计划投资于由深圳市高新投集团有限公司（以下简称高新投）担保的标准债券，通过引入高新投增信，既能够提升慈善资产投资标的的安全性，又能够以"金融＋慈善"赋能实体经济，为深圳市科技类上市公司提供资金支持。[①] 其投资策略是固定的："符合平安信托债券入池标准、高新投连带责任担保、银行间/交易所公开交易的标准债券、标的个数控制在 2 个以内，并配置持有至标的债券到期。""深圳慈善共同基金"集合信托计划交易结构如图 2 所示。

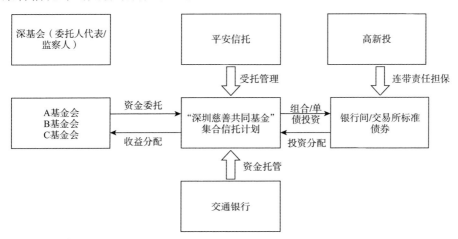

图 2 "深圳慈善共同基金"集合信托计划交易结构

二 集合信托与多方协同：对两个案例的比较分析

（一）两个案例的区别

1. 供给模式的差异

"顺德向善"集合信托计划是由顺德地区的慈善组织主动发起的团购活动，将零散的资金汇聚起来，通过规模和影响力来吸引更多的金融机构参与竞标。"顺德向善"集合信托计划由顺德创新创业公益基金会联合第三方评估机构深圳市创新企业社会责任促进中心发起，并制定整个投资流程。

---

① 《国内首只慈善共同基金信托成立》，http://xw. sinoins. com/2020 – 08/25/content_359948. htm，2020 年 8 月 25 日。

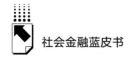

而"深圳慈善共同基金"集合信托计划是由深基会发起，联合平安信托以及高新投共同打造，本质上是为慈善组织量身打造的一款金融产品。其可持续性依赖于金融机构提供创新金融产品的能力，"深圳慈善共同基金"这种较为特殊的金融产品的长期供给存在一定的不确定性，若金融机构未能像高新投那样提供类似的强担保、高收益的金融产品，对慈善组织而言这样的模式与市场上的其他金融产品并无差异。

2. 风险评估的差异

对于金融产品的评估和风险考量，"顺德向善"集合信托计划是由第三方评估机构联合慈善组织共同成立投委会对各家金融机构的方案进行评估。答辩评审会由各家慈善组织的相关人员组成，同时第三方评估机构给出专业意见，相对而言是一种较为市场化的风险评估模式，整合了慈善组织自身能力与第三方评估机构的专业能力。各家慈善组织共同聘请专业第三方评估机构来参与方案评估，一方面可以解决中小慈善组织无法单独承担第三方评估机构咨询费用的问题，另一方面中小慈善组织因缺乏金融专业知识而无法辨别金融机构所提供产品的风险也被大大降低。

而"深圳慈善共同基金"集合信托计划由各家参与投资的慈善组织自主评估，从案例的产品情况可以看出，各家慈善组织主要是依赖高新投提供强担保作为风险评估的依据。就实质风险而言，由于有高新投这样的深圳市知名国有企业牵头作为担保人，降低了慈善组织投资时识别风险的难度，相比在金融市场中直接购买信托产品，慈善组织承担了更小的风险。

3. 投资标的的差异

从信托公司的投资标的来看，这两个案例也是不同的。"顺德向善"集合信托计划投向的是非标的债权，投向的标的为房地产项目；而"深圳慈善共同基金"集合信托计划投向的是两个企业的标准化债券。

（二）两个案例的共性

1. 多家慈善组织联合

无论是"顺德向善"集合信托计划案例中各家慈善组织的主动联合还是"深圳慈善共同基金"集合信托计划案例中金融机构对多家基金会的共同营销，从结果来看都是多家基金会联合起来，将拟投资资金整合为共同基金，形成规模效应，突破了金融机构因单个基金会投资资金体量小、不愿意介入投资的困局，同时也提高了投资收益。

多家慈善组织的联合也是共同抵御风险的一种方式。首先，每家慈善组织均有自身的投资要求和投资审批流程，能够交叉验证，降低风险；其次，联合对于各家慈善组织在投资风险的心理建设上有一定的帮助；最后，联合可引起社会各界人士的关注，形成对金融机构的共同监督，从而让金融机构在资产管理上更加审慎。

2. 第三方评估机构的参与

在两个案例中均有第三方评估机构参与其中，并发挥了牵线搭桥的重要作用。"顺德向善"集合信托计划案例中深圳市创新企业社会责任促进中心作为项目的协办方和第三方评估机构，参与组织了答辩评审会，并对各金融机构的方案给出了独立的评估，而"深圳慈善共同基金"集合信托计划案例中深基会作为委托人代表/监察人，协助各家基金会参与投资。

深圳市创新企业社会责任促进中心和深基会均是在深圳市民政局登记的社会组织，在慈善行业拥有较高的信任度，同时两家机构均有与金融机构合作的背景，对于金融产品和金融风险有比较深的认知，故能够充当基金会与金融机构之间的桥梁，促成双方合作，实现共赢。

3. 把有固定收益的债权类产品作为投资标的

在这两个案例中，投资标的均是有固定收益的债权类产品，慈善组织均未将投资标的底层资产引入社会影响力投资的考量。

因为慈善资金具有特殊性，各家慈善组织在进行资产保值增值时考虑的第一因素仍然是安全性。在资管产品净值化管理的大趋势下，上面两个案例中基金会选择的投资标的还是安全性较高、具有封闭周期、收益固定的债权类产品。这也反映出各基金会尚未能完全接受资管产品净值化管理的趋势，未来上述两个金融产品的存续具有较大的不确定性。

上述两个案例中，资金最终投向的标的，一个为房地产项目，另一个为两家上市公司的债券，两家上市公司所涉足的行业主要为建筑装饰行业和化学制品行业，由此可以看出，慈善组织在做资产保值增值的投资时，多数仍然是一种商业投资行为，主要关注的是商业价值回报，暂未将社会影响力投资的理念纳入考虑。而所谓社会影响力投资是指投资行为不仅关注商业价值回报，而且关注被投资对象的社会价值创造（刘蕾、邵嘉婧，2020）。

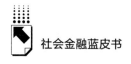

4.多方协同

除了基金会之间的合作、基金会与信托公司之间的合作外，两个案例都涉及其他机构的参与，这种集合信托是多方协同的产物。在"顺德向善"集合信托计划案例中，顺德创新创业公益基金会作为顺德地区规模较大的慈善基金会在项目中起到了发起者和协调者的作用，并聘请了第三方评估机构深圳市创新企业社会责任促进中心作为整个项目的执行方和方案的评估方，各大金融机构在提供的方案中均加入了公益合作的内容，实际上，金融机构在这个项目中既是金融产品的提供者，也扮演了公益合作者的角色，最终超额收益部分的捐赠用于支持顺德地区慈善组织在资产保值增值等方面的建设和发展。

在"深圳慈善共同基金"集合信托计划案例中，深基会作为整个项目的发起者，联合了信托公司、债券发行（担保）公司以及托管银行。高新投作为债券的担保方，不仅在该项目中起到了担保者的作用，也是金融产品的联合开发者。同时深基会也作为协调者动员多家基金会参与到该项目中来完成项目的投资。所以在这两个案例中，不是慈善组织和金融机构直接对接完成投资行为，而是有多个机构都参与其中，这些机构在投资中扮演了发起者、协调者、评估者、担保者、监察者、公益合作者等角色，助力慈善组织进行资产的保值增值。

三 案例总结

自《慈善组织保值增值投资活动管理暂行办法》施行以来，慈善组织和金融机构在慈善组织资产的保值增值领域面临诸多机遇和挑战。一方面，慈善组织需要合法合规地进行资产的保值增值；另一方面，随着《关于规范金融机构资产管理业务的指导意见》的出台，慈善组织也面临更加复杂的金融产品环境，慈善组织内部缺乏金融人才和专业投资部门，使得慈善组织在资产保值增值的工作上面临巨大的挑战。

金融机构即将面对的是一个千亿人民币的慈善资金市场，且该市场每年以10%左右的速度增长。①《慈善组织保值增值投资活动管理暂行办法》明确了

---

① 《数说基金会｜基金会十年大盘点（上）》，https://www.sohu.com/a/406923279_247771，最后访问日期：2021年8月8日。

慈善组织的投资范围。其投资范围是较为宽泛的，市场上所有的持牌金融机构都可以参与其中。目前各家金融机构暂没有为慈善组织提供专门的、成体系的金融服务综合方案，这样一种新兴的市场服务有待开发。从数据看，目前多数慈善组织暂没有采取多样的金融手段和工具进行资产的保值增值，在这一方面有较大的开拓空间。慈善组织的资产具有较高的安全性要求，也面临着更严格的公众监督和更大的社会舆论压力，这对金融机构的金融服务能力提出了更高的要求。从数据来看，净资产规模在 3000 万元以下的小型基金会是中国基金会的主体，从成本收益角度考虑，这对金融机构金融服务综合方案的设计具有挑战性，对金融机构评估慈善组织的合格投资者身份及设计相应的金融产品提出了较高要求。

在此背景下，"顺德向善"集合信托计划和"深圳慈善共同基金"集合信托计划两个案例的创新性做法给各地的慈善组织和金融机构带来了一些有益的启示：（1）慈善组织主动联合的创新方式为中小慈善组织获得优质的金融服务提供了范例；（2）第三方评估机构的介入，能够帮助慈善组织解决自身金融专业性薄弱的问题，市场需要进一步鼓励此类第三方评估机构发展；（3）有条件的慈善组织可以招募或者培养相应的金融投资人才，提高投资收入比重，促进资产保值增值；（4）行业协会、评估机构、担保公司等为促成慈善组织联合起来进行投资理财发挥协调、评估和担保等作用；（5）金融机构需要专门开发相应的产品来对接慈善组织的投资需求。

在当前慈善组织单体投资规模小和风险管理能力相对薄弱的背景下，如何帮助慈善组织在更符合安全性的原则下获得投资收益，集合信托或者共同基金的案例提供了可借鉴的经验。

参考文献

基金会中心网、浙江大学社会治理研究院主编，2020，《中国基金会发展独立研究报告（2019）》，北京联合出版公司。

刘蕾、邵嘉婧，2020，《社会影响力投资综合价值实现机制研究》，《中国科技论坛》第 10 期。

国外借鉴篇
Foreign Report

B.14
社会金融的兴起及其在英美的发展

韩　君　吴亦非*

摘　要： 本报告首先界定了社会金融的概念，回顾了社会金融在西方社会兴起的历史背景，展示了不同类型的投资方式和金融工具；其次，梳理了英国和美国不同的政策措施、行业机构、最佳实践和典型工具（如社会影响力债券）等。再次，本报告还探讨了社会金融的基础设施，包括政府性基础设施、行业性基础设施和智力性基础设施，以及社会金融面临的一些挑战。最后，本报告结合国际上社会金融的发展经验，提出促进社会金融在中国发展的三点建议。

关键词： 社会金融；英国；美国；影响力投资

＊ 韩君，牛津大学社会学博士，现任美国乔治城大学公共政策学院客座教授、世界银行顾问，研究方向为社会企业、社会金融、社会创新和社会影响力；吴亦非，哈佛大学战略学博士研究生，研究方向为企业社会责任、创新创业以及发展经济学。

社会金融（Social Finance）是社会价值和商业手段的结合，一般是指用商业方法特别是用金融工具来解决社会问题，满足社会需求，同时用社会价值的理念来引导商业部门朝着更加具有社会责任、可持续和环保的方向发展。

社会金融目前尚无统一的定义，但业界对社会金融的内涵却有着十分清楚的认识。社会金融是用金融的手段来配置资产，以实现社会价值。一般认为，社会金融的手段包括社会影响力投资、社会影响力债券、社会创新基金、慈善信托、小额信贷、微型金融、社会责任投资、社区发展金融、绿色金融等。社会组织和金融机构之间的合作，也被认为是社会金融的一部分。

一 社会金融的兴起

（一）社会金融兴起的历史背景

现代社会金融的兴起，可以从社会影响力投资（Social Impact Investment）或影响力投资（Impact Investing）的出现开始算起。"影响力投资"一词最早是由洛克菲勒基金会于2007年在意大利贝拉焦中心（Bellagio Center）的一次会议上提出，距今只有十多年的历史（韩君，2017a；Han and Shah，2020）。然而，从历史上看，兼顾社会和环境责任的理念与商业实践在几个世纪之前就有了。

早在17世纪，基督教人士就站出来反对奴隶贸易、酒精和烟草等。1758年，教友会在美国费城宣布教徒不得从事与奴隶买卖相关的活动。1760年，卫理公会创始人约翰·卫斯理（John Wesley）发表了著名的《论金钱的使用》，提出"邪恶不在于金钱本身，而在于金钱如何使用"。他号召教徒赚钱有道，与穷人分享财富，抵制奴隶贸易、烟酒、军火和赌博等（David，2007）。这一理念最终融入了1928年波士顿教会集团"先锋基金"（Pioneer Fund）的创建中。先锋基金是历史上第一只共同基金，它依据宗教标准规避对某些行业或企业的投资（Finkelman and Huntington，2017）。

20世纪50~60年代美国民权运动时期，大学生和工会要求大学审查自身的"不道德投资"（Unethical Investments）项目。60年代末70年代初，特别是越南战争期间，美国的学生运动风起云涌，反越战人士要求大学的永久性基金不再投资军火商和化学品制造商，并且抵制这些公司的股票。1973年照片

《火从天降》获普利策奖。这张照片真实记录了一个越南小女孩赤身裸体地哭喊奔跑，身后是一片因美军飞机投掷燃烧弹而燃起的熊熊烈火。这张照片推动了反越战运动的发展，也推动了投资界对军火贸易和武器制造行业的抵制进程。①

1964 年美国的《民权法》和 1965 年的《投票权法案》允许在低收入或少数族裔社区建立社区发展银行。这一时期，社会责任投资（Socially Responsible Investment，SRI）开始出现，一些社会责任投资基金（Socially Responsible Investment Funds）相继建立，并明确提出拒绝对武器制造、酒精和烟草等领域的投资（Donovan，2017）。1968~1969 年，福特基金会资助耶鲁大学举办了一系列会议，讨论大学和非营利组织考虑商业活动的社会后果问题（Donovan，2017）。1968 年，福特基金会开始试行"项目相关投资"（Program-Related Investments，PRIs）和"社会投资"（Social Investing），从提供慈善捐赠转向提供低息贷款，以资助城市重建或可负担住房等项目（Donovan，2017；Trelstad，2016）。

20 世纪七八十年代，社会责任投资者对南非的种族隔离制度提出抗议。1976 年，南非发生大规模警民冲突。1977 年，南非最大的黑人员工雇主美国通用汽车董事会成员里昂·沙利文（Leon Sullivan）提出著名的"沙利文原则"，要求企业员工不分肤色都必须得到平等待遇，以此作为通用汽车筛选在南非的商业活动的准则（Trelstad，2016）。1982 年，琼·巴伐利亚（Joan Bavaria）创立了富兰克林研究与发展机构，后更名为 Trillium，成为第一个致力于社会责任投资的资产管理机构。1985 年，纽约哥伦比亚大学的学生要求大学停止投资于在南非从事与种族隔离相关生意的公司（Finkelman and Huntington，2017）。之后，美国的一些教会、大学、城市和州决定让美国公司的业务撤离南非，这一举措最终导致种族隔离制度的瓦解（Donovan，2017）。

20 世纪 80 年代，格莱珉银行（Grameen Bank）成立，小额信贷和微型金融行业出现（Zhao and Han，2020）。20 世纪 80 年代和 90 年代，小额信贷和微型金融逐渐发展为社会金融与影响力投资的重要方式之一。20 世纪后期，合

---

① 《火从天降，一幅促使越战提早半年结束的照片》，http://news.ifeng.com/history/shijieshi/200911/1118_7182_1440753.shtml，2009 年 11 月 18 日。

作社运动（Co-operative Movement）、社区金融发展机构（CDFIs）、国际发展企业家和社会企业家纷纷涌现（Donovan，2017）。1990 年，美国第一个社会责任投资指数——多米尼 400 社会指数（Domini 400 Social Index）——出现。与标准普尔 500 指数相比，这一指数根据广泛的社会和环境标准来选择公司，并为投资者提供基于社会与环境标准筛选的投资项目的业绩比较。多米尼 400 社会指数在最初十年（1990～2000 年）的平均年收益率为 20.83%，而同期标准普尔 500 指数的平均年收益率为 18.70%。[①]

2004 年，联合国环境规划署金融行动（UNEP Finance Initiative）首次提出环境、社会和公司治理（Environment，Social and Governance，ESG）的概念。有研究发现，这三个因素可以提高股东的长期经济收益。例如，2012 年发布的研究报告显示，大多数整合了 ESG 理念的投资项目的回报率都高于市场平均回报率（Deutsche Bank Climate Change Advisors，2012）。2015 年的一项研究通过回顾 200 项学术研究成果发现，80% 的研究都指出公司股票价格与良好的可持续发展的措施呈正相关，而 90% 的研究认为良好的可持续性标准可以降低企业成本（University of Oxford and Arabesque Partners，2015）。

2006 年，联合国发布了责任投资原则（Principles for Responsible Investment，PRI），将其推广到国际投资界，签署机构承诺在其投资中考虑环境、社会和治理（ESG）议题。在 2006 年 PRI 刚提出时，只有 63 个机构（这些机构总共管理着 6.5 万亿美元的资产）签署。到 2020 年，联合国 PRI 签署方达到 3038 个机构，这些机构总共管理着 103.4 万亿美元的资产（UNDP，2021；Fahey，2017）。

2008 年，美国次贷抵押行业的危机引发了国际金融危机（Donovan，2017）。国际金融危机在一定程度上促使金融行业开始反思利润最大化和股东利益至上的原则，推动了后来金融领域的创新朝着更可持续、更负社会责任和更关注社会影响力的方向发展。社会金融和影响力投资自出现后，就受到投资者的追捧，他们将对经济利益最大化的关注拓展到对长期经济、社会和环境影响力的关注上。

---

① 《社会责任指数多米尼 400 持续战胜美国市场》，http://finance. sina. com. cn/stock/t/20100324/01427619217. shtml，最后访问日期：2021 年 8 月 11 日。

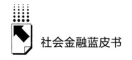

2015年9月，联合国提出可持续发展目标（the Sustainable Development Goals，SDGs）。根据洛克菲勒基金会的估计，实现可持续发展目标预计需要50万亿~70万亿美元，其中仅在发展中国家实现可持续发展目标所需的年度资金缺口就达2.5万亿美元。同时，《巴黎协定》也将在25年内花费超过12万亿美元（Keohane and Madsbjerg，2016）。要实现联合国可持续发展目标和《巴黎协定》的目标，应对全球性的挑战，包括气候变化，要求全球范围内社会金融和影响力投资大发展。

回顾社会金融在西方社会兴起的历史背景，我们发现，在历史上，社会金融发轫于投资者有意识地避免某些具有负面社会效应的行业或领域，特别是减少或停止对奴隶贸易、军火、种族隔离、酒精、烟草等的投资。而今天，社会金融和影响力投资的领域已经大为拓展，从消极避免社会不良后果转变为积极主动地去创造社会价值。为此，社会金融行业发展出不同类型的投资方式和金融工具。

（二）社会金融：社会价值和经济价值的谱系

为定位不同的投资方式和金融工具，可将社会金融视为一个从社会价值到经济价值的谱系。如图1所示，谱系的左端是追求社会价值，谱系的右端是追求财务回报。社会金融的主体从左到右，包括慈善机构（社会价值驱动为主）、有收入来源的社会企业（社会价值和财务回报混合驱动）和有社会目标的商业企业（财务回报驱动为主）。社会金融的投资方式包括慈善/公益创投、自主使用的资本和影响力投资（Nicholls，Paton，and Emerson，2015：5）。

图2是社会金融的工具谱系。从图2可以看出，从社会与环境回报，到混合价值回报，再到充分的市场财务回报，可以采用不同的金融工具，包括资助、软/次级债务、社会股权（股份）、社会风险投资、公益创投、准股权和社会责任投资（Nicholls，Paton，and Emerson，2015：5）。社会金融的投资者，既包括慈善机构、非营利组织，又包括社会企业、股份有限公司、担保有限公司、有限责任合伙公司、合作社和共益企业（Benefit Corporation）（Nicholls，Paton，and Emerson，2015）。

社会金融的出现和发展，是需求和供给两方面驱动的。一方面，慈善捐赠具有不确定性和较弱的可持续性，社会部门/组织希望减少对慈善捐赠的依赖，

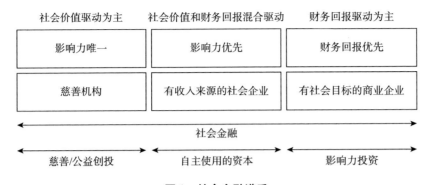

图 1 社会金融谱系

资料来源：Nicholls，Paton，and Emerson，2015：5。

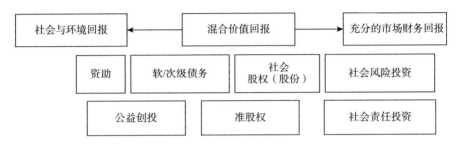

图 2 社会金融工具谱系

资料来源：Nicholls，Paton，and Emerson，2015：5。

从而重视收费、投资和其他金融工具的使用（Han，2017）。例如，在英国，慈善机构获得的政府资金，有超过 80% 是以服务合同的形式拨付的，而以无偿拨款的形式开展的项目比例在下降。2011~2012 年，英国公共服务合同的总额已经超过 110 亿英镑（Nicholls，Paton，and Emerson，2015：7）。美国也存在同样的趋势。另一方面，寻求社会价值的金融机构和基金会的数量在增长。管理慈善资产的基金会，将一部分核心资产投资于社会事业，而不是仅仅投资于追求利润最大化的商业机构（Nicholls，Paton，and Emerson，2015：7）。政府也开始从公共服务的直接供给方转向公共服务的委托方，从而催生了一些新兴的社会金融形式，比如社会影响力债券、社会创新基金等（Nicholls，Paton，and Emerson，2015：7）。主流金融机构也开始涉足社会金融，例如德意志银行成为第一个发展社会投资基金的商业银行，高盛深度参与了英国和美国的社会影响力债券的试验，欧洲投资基金在英国社会影响力投资市场也进行了

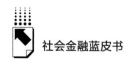

直接投资（Nicholls, Paton, and Emerson, 2015：9）。还有一些政府基金也参与了社会金融和影响力投资。例如，2017 年，日本政府养老投资基金（GPIF）表示已拨出 1 万亿日元（相当于 89 亿美元）用于社会责任投资（韩君，2017a）。尽管如此，社会金融仍是一个方兴未艾的领域。

二　社会金融在英美的发展

（一）社会金融在英国的发展

英国是现代社会金融发展的领跑者，一系列的创新实践最早都出现在英国（Han, Chen, and Toepler, 2020）。2000 年，英国最大的社会企业支持网络 UnLtd 成立，斥资 1 亿英镑进行社会领域的投资（Han, 2017）。2001 年，英国贸易与工业部成立了社会企业小组。2002 年，英国社会企业联盟（SEUK）成立（Han, 2017）。2005 年，英国确立了社区利益公司（Community Interest Company）的法律形式（张菁、韩君，2014；Han, 2017）。2009 年，英国卫生部社会企业投资基金成立（韩君，2017a）。2010 年，英国的主要政党宣布支持社会企业和社会投资发展。2010 年英国大选之后，时任英国首相卡梅伦提出"大社会政策"（韩君，2017a；2017b）。2010 年，社会影响力债券首次在英国进行试验。2012 年，大社会资本（Big Society Capital）成立。2013 年，英国《社会价值法案》出台，社会股票交易所（Social Stock Exchange）在伦敦成立，卡梅伦宣布成立八国集团影响力投资专题工作组（G8 Task Force on Impact Investing）（韩君，2017a；Han, 2017）。

在促进社会金融发展的财税政策上，英国在 2012 年出台了《社区投资税减免》（Community Investment Tax Relief），在 2014 年出台了《社会投资税减免》（Social Investment Tax Relief）（Han, Chen, and Toepler, 2020）。在法律法规上，英国出台了《社区利益公司法》（Community Interest Company Legislation）和《无人认领资产法》（Unclaimed Asset Act）。在直接社会投资上，英国成立了建设未来基金（Futurebuilder）、投资和合同准备基金（Investment and Contract Readiness Fund）和社会成果基金（Social Outcome Fund）。在政府委托服务的改革上，英国通过了《公共服务法案》或称《社会价值法案》（Public Service or Social Value Act），

试水社会影响力债券（Nicholls，Paton，and Emerson，2015：10）。

2010 年，英国社会金融公司（Social Finance UK）和英国司法部签订了旨在降低剑桥郡彼得伯勒监狱再犯罪率的《社会影响力债券协议》。据统计，该监狱服刑人员出狱后，其中 60% 的人会在一年内因再次触犯法律而入狱，服刑人员众多给政府带来了沉重的财政负担。为了解决再犯罪率高的社会问题，包括高盛和洛克菲勒基金会在内的 17 家社会投资者，提供了 500 万英镑，用于资助非营利组织和社会企业向服刑人员及其家庭提供相关服务，以减小服刑人员再犯罪及重返监狱的概率（Mirchandani，2018；Han，Chen，and Toepler，2020）。五年之后，该监狱服刑人员再犯罪率降低了 9%，投资者也收到了每年 3.1% 的资金回报（Ebrahimi，2017）。2011 年，社会影响力债券从彼得伯勒拓展到英国的哈默史密斯和富勒姆、威斯敏斯特、伯明翰和莱斯特郡四个地区，为当地受到反社会行为、犯罪、药物依赖或教育缺失等问题伤害的家庭提供援助（Mirchandani，2018）。英国社会金融公司的社会影响力债券数据库显示，目前全球已有 26 个国家共 138 只社会影响力债券在运行，总共募集到 4.41 亿美元，服务 171 万人。①

大社会资本于 2012 年 4 月在英国成立，是世界上社会投资和社会金融领域的第一家大规模社会投资银行。它的启动资金是在英国银行账户中搁置 15 年以上、约 4 亿英镑无人认领的资产，以及来自英国商业银行的 2 亿英镑资金（韩君，2017a；Han，Chen，and Toepler，2020）。大社会资本的成立源于卡梅伦的大社会政策，后脱离政府自主运营，其投资决策由投资委员会做出，对加速英国社会金融市场的发展起到了非常重要的作用。②

2008 年 3 月，洛克菲勒基金会宣布投资 25.2 万英镑用于支持社会股票交易所的可行性研究。2013 年 6 月，社会股票交易所在伦敦正式成立，成为世界上第一家服务于社会企业和慈善机构的股票交易所。第一批有 12 家社会企业（主要是可再生能源、医疗保健、净化水、可持续交通和教育等领域具有高成长性的企业）挂牌上市，市值总额达到 5 亿英镑（韩君，2013）。③

---

① 参见英国社会金融公司的社会影响力债券数据库（https://sibdatabase.socialfinance.org.uk），最后访问日期：2021 年 8 月 11 日。
② 参见大社会资本网站（http://www.bigsocietycapital.com），最后访问日期：2021 年 8 月 11 日。
③ 参见社会股票交易所网站（http://www.socialstockexchange.com），最后访问日期：2021 年 8 月 11 日。

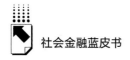
2014 年 9 月，由罗纳德·科恩爵士（Sir Ronald Cohen）担任主席的八国集团影响力投资专题工作组发布了名为《影响力投资：市场的无形之心》（"Impact Investment：The Invisible Heart of Markets"）的报告，呼吁政府与金融部门通过释放来自慈善捐赠、养老基金和私人财富的数十亿资金，推动社会投资市场和社会金融发展（Cohen，2014；Grave，2014）。

2017 年 10 月，英国国家影响力投资咨询委员会发布的一份报告显示，英国目前至少有 1500 亿英镑的资金用于影响力投资，有超过 12 万社会投资者。其中，790 亿英镑投资于环境领域（主要是可再生能源），600 亿英镑投资于社会性住房领域，120 亿英镑是私人社会影响力投资资金（如借贷和债券），还有 20 亿英镑投资于具有社会使命的机构或社会企业（The UK National Advisory Board on Impact Investing，2017）。

（二）社会金融在美国的发展

2013 年，美国进步中心发布了一份报告，重点讨论了三种类型的社会金融形式：（1）影响力投资；（2）新型公私合作伙伴关系，如社会影响力债券；和（3）创新基金，如白宫的社会创新基金（Shah and Costa，2013）。

影响力投资是投资者利用资本市场投资于寻求实现"双重底线"目标（即同时追求财务目标和社会价值目标）的企业。为了鼓励有"双重底线"目标的企业和社会投资发展，美国很多州通过了法律，允许企业注册为低利润有限责任公司（Low-profit Limited Liability Company，L3C）、共益企业、社会目标公司（the Social Purpose Corporation，SPC）、利益有限责任公司（the Benefit Limited Liability Company，BLLC）和法定公益有限合伙（the Statutory Public Benefit Limited Partnership，SPBLP）（Han，Chen，and Toepler，2020）。纽约大学法律与社会企业研究中心推出了社会企业法律追踪（Social Enterprise Law Tracker）网站，详细列出了美国各州从 2009 年到 2020 年通过的以上注册类别的法律。①

社会金融和影响力投资领域最著名的工具之一是社会影响力债券（Social

---

① 参见社会企业法律追踪网站（https：//socentlawtracker. org/#/map），最后访问日期：2021 年 8 月 11 日。

Impact Bond，SIB）。社会影响力债券其实并不是真正传统意义上的"债券"，而是一个多方参与的合作协议。在美国常被称为"为成功而付费"（Pay for Success），在欧洲叫做"社会影响力伙伴关系"（Social Impact Partnership），在澳大利亚叫做"社会利益债券"（Social Benefit Bond）。[①] 在协议开始实施时，公共机构确定具体的、可测量的目标，比如降低犯罪率、降低婴儿死亡率、提高青年就业率等，预期结果将会节省公共机构的开支。公共机构与承诺实现目标的非营利组织签订合同，寻求愿意提供所需运营资金的私人投资者（可以是基金会或公司）。如果实现了目标，公共机构将付款给外部机构，偿还投资者。如果目标没有实现，公共机构就不付款，投资者也无法得到相应的回报（Han，Chen，and Toepler，2020；Shah and Costa，2013）。

美国第一个社会影响力债券于 2012 年在纽约试行，目标是在四年内降低雷克斯岛（Rikers Island）监狱年轻犯人的再犯罪率。这一社会影响力债券由高盛提供资金，由彭博慈善机构（Bloomberg Philanthropies）提供 75% 的资金保证，以降低其他投资者的风险（Shah and Costa，2013）。自从纽约的社会影响力债券试行以来，社会影响力债券在不同领域得到了拓展。根据领域和议题的不同，出现了帮助年轻人就业的职业影响力债券（Career Impact Bond）和专注于环保领域的绿色债券（Green Bond）等。

2009 年，美国联邦政府设立了社会创新与公民参与办公室（Office of Social Innovation and Civic Participation），下设社会创新基金（后独立运作），旨在帮助成功的社会企业和社会组织扩大影响力规模。社会创新基金承诺每年拨款 100 万～1000 万美元，最长期限为 5 年。由于这一资助必须与私人资本相配套，自 2010 年以来，社会创新基金以 1.37 亿美元的资金撬动了 3.5 亿美元的私人资本投入社会公益事业。美国教育部和劳工部也有类似的创新基金，之后一些私募基金会和公司也采用了这种资助形式（Shah and Costa，2013；韩君，2017a）。

在美国，社会金融的重要推动者之一是洛克菲勒基金会和全球影响力投资网络（Global Impact Investing Network，GIIN）。2007 年，洛克菲勒基金会第一

---

① 参见 "Impact bonds, Government Outcomes Lab, University of Oxford," https://golab. bsg. ox. ac. uk/the-basics/impact-bonds，最后访问日期：2021 年 8 月 11 日。

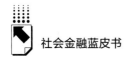

次提出"影响力投资"的概念（韩君，2017a）。2009 年，洛克菲勒基金会发起成立了全球影响力投资网络（GIIN），拿出 3800 万美元用于影响力投资行业的建设，并推出了一系列举措，包括制定评估社会和环境影响力的标准（I-RIS）。[①] 2011 年，GIIN 推出了名为 ImpactBase 的在线名录，投资者可在线搜索影响力投资基金及其产品。[②] GIIN 也进行了相关的行业研究，其每年发布的《年度影响力投资者调查》（"Annual Impact Investor Survey"）已成为影响力投资行业最权威的资料来源之一（甚至是唯一）。GIIN 对会员机构的调查发现，从 2013 年到 2015 年 GIIN 的会员机构所拥有的影响力投资的资产从 254 亿美元增加到 355 亿美元（Mudaliar，Pineiro，and Bass，2016）。截至 2020 年，GI-IN 会员共同管理着 4040 亿美元的影响力投资资产，是规模为 7150 亿美元的全球影响力投资市场的一个重要子集（Hand，Dithrich，Sunderji，and Nova，2020）。

一些主流的金融机构也是社会金融领域的先行者。摩根大通集团（以下简称摩根大通）在 2008 年金融危机之前，就开始了在社会金融领域的探索。2007 年，摩根大通推出了基于市场模式的、旨在帮助低收入人群以及实现社区可持续发展的摩根大通社会金融项目 。2010 年，摩根大通与洛克菲勒基金会联合发布报告（Han and Shah，2020）。这一报告把影响力投资界定为资产类别的一种，并估计在 2010～2020 年，影响力投资行业将达到 4000 亿～10000 亿美元的规模（O'Donohoe，Leijonhufvud，and Saltuk，2010；Han and Shah，2020）。2015 年，美国著名投资管理公司黑岩集团（BlackRock）推出了一系列影响力投资产品，使投资者能够通过影响力投资促进全球性的饥饿和贫困等问题的解决（韩君，2017a）。

诞生于美国并扩展到全球的社区基金会，也可被视为一种创新的社会金融形式。1914 年，世界上第一家社区基金会在美国的俄亥俄州克利夫兰市出现（韩君，2017b）。其基本思想是将慈善捐赠的资源和银行无人认领的资金作为永久性捐赠基金，将这一基金产生的利息，用于公益慈善事业，实现永续发展（韩君，2017b）。根据美国 Candid 机构的基金会地图社区慈善名录（原社区基

金会地图项目）的最新统计，截至 2021 年 8 月 31 日，在全球范围内，一共有
2240 家社区基金会在运作，其中包括 11 家位于中国的社会基金会。①

与英国类似，美国在社会金融领域也出台了一系列的法律和政策措施。1977
年，美国国会通过了《社区再投资法案》（Community Reinvestment Act），该法
案禁止在低收入社区做出歧视性的借贷行为。20 世纪 80 年代，切尔诺贝利核事
故和三里岛核事故引起人们对环境与气候变化的担忧，促使 1984 年美国可持续
和负责任投资论坛（US SIF）成立（Lumberg，2020）。1994 年，美国通过了
《社区发展金融机构法案》（Community Development Financial Institutions Act），美
国财政部建立了社区发展金融机构基金（CDFI Fund）（Nicholls，Paton，and
Emerson，2015：473）。2008 年美国佛蒙特州将低利润有限责任公司作为一种社
会企业的注册类别在法律上予以承认。2010 年，共益企业（Benefit Corporation，
不是 B Corp）的立法在美国马里兰州率先通过，2011 年相继有四个州通过了该
法案（Chan，2011）。2013 年，在八国集团影响力投资专题工作组的建议下，美
国的国家咨询委员会（National Advisory Board）成立。该委员会由欧米迪亚网络
（Omidyar Network）和美国社会金融公司（Social Finance US）主导，推动制定美
国影响力投资方面的政策议程（Case，2017）。美国的国家影响力投资咨询委员
会后改名为美国影响力投资联盟（U. S. Impact Investing Alliance）。2015 年，美
国劳工部将 ESG 纳入由《雇员退休收入保障法案》管理的养老基金的投资决策
（韩君，2017a）。2016 年美国可持续和负责任投资论坛召开。据该论坛估计，可
持续、负责任和影响力投资在美国的规模，1995 年为 5000 亿美元，2010 年约为
3 万亿美元，而 2016 年已超过 8. 7 万亿美元（Finkelman and Huntington，2017）。

2017 年，美国政府颁布了《减税和就业法》（Tax Cuts and Jobs Act），推出
了具有美国特色的"机会区域"（Opportunity Zone）政策，通过激励对低收入社
区的长期投资来刺激经济发展、创造就业机会。机会区域由政府划定，往往是经
济不发达、社会问题严重的地理区域，目前已划定超过 8760 个机会区域。② 这
一政策鼓励私人资本在这些区域进行投资，增加居民收入，创造更多就业机

---

① 参见美国 Candid 机构的基金会地图社区慈善名录（https://maps. foundationcenter. org/），最
后访问日期：2021 年 8 月 31 日。

② 参见 U. S. Economic Development Administration，"Opportunity Zones，" https://www. eda. gov/
ceds/opportunity-zones. htm，最后访问日期：2021 年 8 月 11 日。

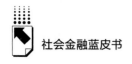

会，投资的增长获利部分，允许减税或免税。投资满 5 年，资本利得税减少10%；投资满 10 年，资本利得税全免。[1] 这其实也是在鼓励社会投资，可以视为支持社会金融发展的政策之一。

三 社会金融的基础设施及面临的挑战

（一）社会金融的基础设施

社会金融是一个有机的生态系统，它的发展离不开制度性的基础设施（Han and Shah，2020）。一般来说，社会金融的基础设施包括三大类：政府性基础设施、行业性基础设施和智力性基础设施。

1. 政府性基础设施

政府性基础设施包括注册法规、税收减免、公共部门委托和政府性社会投资基金等。

政府可以设立一种新的注册类别或法律形式，让混合型组织或社会企业得以注册，以合法地获得来自社会金融机构的投资。上文提到，美国有低利润有限责任公司和共益企业，英国有社区利益公司。在意大利和西班牙，有社会团结合作社（Social Solidarity Co-operative）。当然，一些国家并没有设立独立的法律形式。例如，在新西兰，社会企业有多种类型的法律形式可以注册，从有限责任公司、行业协会，再到合作社和公益信托（Nicholls，Paton，and Emerson，2015：492）。

政府可以出台税收政策，鼓励投资，特别是对处于早期发展阶段的成长型企业的投资。在英国，有针对社区利益公司的税收减免，还有《社区投资税减免》和《社会投资税减免》（Han，Chen，and Toepler，2020）。在美国有《减税和就业法》和"机会区域"政策。

公共部门委托（Public Sector Commissioning）也能促进社会金融发展。2012 年，英国国会通过了《公共服务法案》（又称《社会价值法案》），将企业、社会和环境方面的影响纳入公共服务招标的考察标准中。中标者未必是报

---

[1] 参见 U. S. Economic Development Administration，"Opportunity Zones，" https：//www. eda. gov/ceds/opportunity-zones. htm，最后访问日期：2021 年 8 月 11 日。

价最低的，而是社会价值和经济价值最好的（Nicholls，Paton，and Emerson，2015：499）。

英国的大社会资本、欧洲投资基金、美国的社会创新基金都是政府性社会投资基金，为社会金融行业提供了重要的基础设施。

2. 行业性基础设施

主流的金融部门有大量的律师事务所、会计师事务所及各类孵化器、加速器和咨询公司为其提供支持性、中介性、促进性的服务。社会金融行业也需要大量这样的行业性、中介性、平台型的服务机构。例如，英国有一家名为Bates Wells Braithwaite 的律师事务所，专门为慈善机构和社会企业提供法律服务。四大会计师事务所之一的安永会计师事务所设立了"加速网络"（Accelerate Network），为社会企业和社会投资提供咨询服务。普华永道为英国内阁的投资和合同准备基金（Investment and Contract Readiness Fund）提供政策建议（Nicholls，Paton，and Emerson，2015：509 - 510）。

在美国，凯斯基金会（Case Foundation）为社会影响力投资者和被投资者开发了名为"影响力投资网络地图"（Impact Investing Network Map）的在线工具，使投资者和公司之间的交易可视化（韩君，2017a）。[1] 大社会资本也开发了社会投资数据的可视化网页，将英国社会投资市场交易层面的数据整合到一起。[2] 2016 年，中国的南都公益基金会成立了"中国好公益平台"（http://www.haogongyi.org.cn），以规模化社会企业的影响力，促进社会投资在中国的发展。

3. 智力性基础设施

高校和学术机构可以促进社会金融市场发展。大学里的商学院和研究机构可以提供公益金融方面的课程、培训和认证，为社会金融的发展提供智力支持和人才。

行业研究可以加速社会金融的发展。英国国家科学、技术和艺术基金会与摩根大通进行了一系列实践和政策导向的研究，为行业发展提供新的观点

---

[1] 参见"影响力投资网络地图"（https://casefoundation.org/networkmap），最后访问日期：2021年8月11日。

[2] 参见 Big Society Capital 网站，https://bigsocietycapital.com/latest/investments-social-enterprises-and-charities-december - 2018/，最后访问日期：2021年8月11日。

和最佳实践的总结。GIIN 的《年度影响力投资人调查报告》是目前社会金融领域最大的和持续性的行业资料来源。2013 年成立的八国集团影响力投资专题工作组，后更名为全球影响力投资指导小组（GSG），也发布了一系列重要行业报告，对推进影响力投资在国际舞台上的政策议程设定起到了积极作用。

行业性的会议和合作网络可以定期将社会投资者、社会企业家和政策制定者聚在一起，大家交流和分享经验，推动行业发展。著名的会议和网络有斯科尔世界论坛（Skoll World Forum）、社会企业世界论坛（Social Enterprise World Forum）、国际社会资本市场协会论坛（SOCAP）、亚洲风险慈善网络（Asian Venture Philanthropy Network）等。2017 年，洛克菲勒基金会、比尔·盖茨夫妇、斯科尔等著名影响力投资机构和慈善家发起成立了名为 Co-Impact 的合作网络，将投资 5 亿美元用于发展中国家的卫生、教育和社区经济发展（韩君，2017a）。[1]

（二）社会金融面临的挑战

和其他领域一样，社会金融也面临一系列风险和挑战（Zhao and Han，2020）。这些挑战包括通用语言的缺失，资金和专业人士的不足，影响力测量与评估系统的复杂性高，制度性基础设施、社会价值链和生态系统不完善，政府对社会金融的政策支持力度不足，等等（曾惠子、卢轲，2020）。

通用语言的缺失很好理解。在社会金融领域，有很多表面看似不同、本质上却相同或相近的词。比如：公益金融、绿色金融、微型金融，影响力投资、社会价值投资、混合投资、社会责任投资、企业社会责任投资、ESG（环境、社会和公司治理）投资，等等。这些词从本质上来说，内涵是基本相同或十分相近的，只是关注或强调的重点和领域有所不同。随着社会金融行业的不断发展和子领域的不断分化、细化，这些术语将长期存在下去，并且会有更多新的概念和术语产生。如何将这些概念和术语统一化、标准化，将是社会金融领域进一步发展需要完成的工作（Wilson，Silva，and Richardson，2015）。

与主流的金融领域相比，社会金融领域的资金规模和专业人士的数量都相

---

① 参见 Co-Impact 网站（http://www.co-impact.io），最后访问日期：2021 年 8 月 11 日。

对较小。2019 年全球影响力投资网络（GIIN）的问卷调查显示，41% 的受访者表示"缺乏风险/回报范围内的适当资金"是投资者面临的最大挑战，34% 的受访者认为"拥有良好记录的高质量投资机会"是重大挑战，22% 的受访者认为"拥有相关技能的专业人士"也是重大挑战（Mudaliar，Bass，Dithrich，and Nova，2019：6）。

社会金融发展中的重要一环是社会影响力的测量和评估。目前学界和业界对社会影响力的定义、测量和评估缺少共识，不同社会议题领域的影响力也难以统一衡量和比较，这给社会金融的发展带来了可以说是根本性的挑战。[①] 另一方面，社会金融发展时间相对较短，缺乏公开透明、全面和历时性的数据。在确定投资收益的因果关系时，需要采集投资前和投资后的准确数据并使用复杂的评估方法，而这些方法和数据常常难以获得（Mudaliar，Bass，Dithrich，and Nova，2019）。

社会金融面临的最重要的挑战是制度性基础设施不完善、发展不平衡不充分，包括政府对社会金融的支持力度不足，以及由此带来的社会价值链和生态系统的不完善（Han，Ma，and Wang，2018；马广志、韩君，2020）。西方一些发达国家，如英国和美国，在社会金融领域起步较早，政府推出了一系列支持性政策，生态系统也相对完善，并且正在快速发展。而在发展中国家，社会金融的发展较为缓慢，基础设施不完善。政府的支持性政策、行业内的中介机构和平台，及大学、研究机构和智库的知识性与策略性产品的供给也都严重不足。社会价值链不完善，社会金融的生态系统还处于发展的早期阶段；但是反过来说，这也正说明社会金融发展面临巨大的机会，有提升潜力。

四 促进社会金融在中国发展的建议

从全球范围来看，社会金融是一个方兴未艾的领域。在中国，社会金融还是一片蓝海。结合国际上特别是英美社会金融的发展经验，本报告提出促进社

---

① 参见"Impact Investing：Opportunities and Challenges，"https://www.ampcapital.com/americas/en/insights-hub/articles/2019/june/impact-investing-opportunities-and-challenges，最后访问日期：2021 年 8 月 11 日。

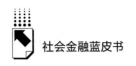

会金融在中国发展的三点建议。

（一）为促进社会金融的发展制定中国标准

这一标准包括通用概念和通用语言，社会金融参与方的准入、退出和资格认证机制，探索和制定社会金融行业的影响力评估与量化标准。

中国近些年开始对社会企业进行认证，探索出不同的发展模式和路径。社会金融领域也需要有不同的标准、发展模式和路径，应当允许和鼓励它们相互竞争。关于社会金融参与方的准入、退出和资格认证方面，可以设立专门服务于社会金融领域的股票交易所或社会股票交易所，也可以在现有的股票或证券交易所的基础上设立类似创业板的社会金融或社会投资板块。目前，世界上至少已有八个国家或地区（英国、苏格兰、加拿大、新加坡、南非、肯尼亚、巴西和牙买加）建立了社会股票交易所，此外，印度也在积极筹备组建社会股票交易所。社会股票交易所无疑会对影响力投资和社会金融的市场准入、退出、资格认证、交易规则做出制度性安排，从而制定相应的操作规范和标准。中国应当探索通过设立社会股票交易所，推动社会金融市场的建立、发展、完善并建立相应的治理体系。

中国应当吸收英美国家的先进经验，充分发挥后发优势，特别是利用和掌握第四次工业革命带来的新技术、新方法、新工具，包括人工智能、大数据、区块链、物联网、5G、云技术、虚拟现实、3D 打印、纳米技术、新材料、新能源和量子计算等（Schwab，2016）。如果能将第四次工业革命的技术和成果更快、更好地运用到社会金融领域，中国就可以在社会金融领域实现弯道超车，后来居上。

（二）加强社会金融领域的基础设施建设，培育社会价值链，打造充满活力的社会金融生态系统

"要致富，先修路"，要发展社会金融，就要先夯实基础设施。正如前文所述，基础设施包括政府性基础设施、行业性基础设施和智力性基础设施。在每个细分的基础设施领域，中国都应当建立起对标英美国家中各个玩家的机构和制度措施。例如，英国的全球影响力投资指导小组（GSG）、美国的全球影响力投资网络（GIIN）和美国影响力投资联盟是社会金融领域领先的行业性

基础设施（Han, Chen, and Toepler, 2020）。中国近些年成立的社会价值投资联盟（深圳）、中国社会企业与社会投资论坛以及中国影响力投资网络（CI-IN）就是很好的对标机构。中国还应当考虑建立社会金融领域的区域性行业联合型或平台型机构，对标诸如亚洲公益创投网络（AVPN）和欧洲公益创投协会（EVPA）等机构。

在孵化器、加速器、促进器、联合办公空间、行业服务平台、行业中介、行业认证与咨询、行业媒体、影响力研究与评估、政府支持政策、相关立法、区域机构和国际机构等各个方面，中国应当积极推出相应的对标机构和竞争对手，甚至"开辟新赛道"。

（三）加快社会金融领域政府的支持性政策和相关法律法规的出台

政府的支持性政策和相关法律法规，既是社会金融行业发展的基础设施，也是这一行业发展的重要推动力。中国政府的支持性政策可以在以下四个方面发挥作用。第一，支持社会金融领域机构的孵化、融资和治理，推动全国范围社会金融市场的建立和发展；第二，建立多元化社会金融的融资渠道，包括公共财政采购、政府补助、有偿购买、社会担保、影响力债券、创新基金资助，建立类似碳交易市场的社会金融交易市场，等等；第三，为社会金融设立特定的法律注册类别，提供财政奖励或税收减免以鼓励社会金融行业发展；第四，鼓励高等教育机构、研究机构、社会组织、智库和媒体加大对社会金融领域的人才培养、研究、咨询和舆论支持力度。

参考文献

韩君，2013，《英国社会企业的发展现状与认证标准》，载徐家良主编《中国第三部门研究》第6卷，上海交通大学出版社。

韩君，2017a，《影响力投资：十年简史（2007～2017）》，《中国发展简报》，http://www.chinadevelopmentbrief.org.cn/news-20594.html。

韩君，2017b，《授人以渔还是改造渔业？——社区基金会在英国的发展》，《中国社会组织》第12期。

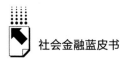
马广志、韩君，2020，《需要建立和完善社会组织价值链》，https://mp. weixin. qq. com/s/ C_mYGTh4cwrpkClCtkwT2g。

曾惠子、卢轲，2020，《可持续发展梦想照进现实：影响力投资共识、生态与中国道路》，社会价值投资联盟（深圳）。

张菁、韩君，2014，《英国独特的社企模式——社区利益公司》，《社会创业家》第 1/2 期。

Case, Jean. 2017. "Bringing the Last Decade of Impact Investing to Life: An Interactive Timeline. " Accessed August 11, 2021. https://casefoundation. org/blog/bringing-last-decade-impact-investing-life-interactive-timeline/.

Chan, Emily. 2011. "The L3C – 3 Years Later. " Nonprofit Law Blog. Accessed August 11, 2021. http://www. nonprofitlawblog. com/the – l3c – 3 – years-later.

Cohen, Ronald. 2014. "Impact Investment: The Invisible Heart of Markets: Harnessing the Power of Entrepreneurship, Innovation and Capital for Public Good. " G8 Social Impact Investment Taskforce. Accessed August 11, 2021. http://www. ietp. com/sites/default/files/Impact%20Investment%20Report%20FINAL. pdf.

David, Huw T. 2007. "Transnational Advocacy in the Eighteenth Century: Transatlantic Activism and the Anti-Slavery Movement. " *Global Networks* 7, 3: 367 – 382. Accessed August 11, 2021. http://onlinelibrary. wiley. com/doi/10. 1111/j. 1471 – 0374. 2007. 00174. x/abstract.

Deutsche Bank Climate Change Advisors. 2012. "Sustainable Investing: Establishing Long-Term Value and Performance. " Accessed August 11, 2021. https://www. db. com/cr/en/docs/Sustainable_Investing_2012. pdf.

Donovan, William. 2017. "The Origins of Socially Responsible Investing. " Accessed August 11, 2021. https://www. thebalance. com/a-short-history-of-so￥cially-responsible-investing – 3025578.

Ebrahimi, Helia. 2017. "Forget Capitalism-Profit Will Soon Be a Dirty Word, Sir Ronald Cohen Has Swapped Private Equity for Social Investment. " Accessed August 11, 2021. https://www. thetimes. co. uk/article/forget-capitalism-profit-will-soon-be-a-dirty-word-gfmhv9tk0.

Fahey, Richard. 2017. "Why We Joined the Principles for Responsible Investment. " Skoll Foundation. Accessed August 11, 2021. http://skoll. org/2017/11/09/174918.

Finkelman, Jeff, and Kate Huntington. 2017. "Impact Investing: History & Opportunity. " Athena Capital Advisors LLC. Accessed October 30, 2021. https://philanthropy-impact. org/sites/default/files/downloads/impact-investing-history-and-opportunity_1. pdf.

Grave, Isabelle de. 2014. "Sir Ronald's G8 Taskforce Plan to Unleash $1 Trillion in Social Impact Investment: Pioneers Post. " Accessed August 11, 2021. https://www. pioneerspost. com/news-views/20140915/ sir-ronalds-g8 – taskforce-plan-unleash – 1 – trillion-social-impact-investment.

Han, Jun. 2017. "Social Marketisation and Policy Influence of Third Sector Organisations: Evidence from the UK." *VOLUNTAS: International Journal of Voluntary and Nonprofit Organizations*, 28 (3): 1209 – 1225. Accessed August 11, 2021. https://link. springer. com/article/ 10. 1007/s11266 – 017 – 9853 – 1.

Han, Jun, Ji Ma, and Zhong Wang. 2018. "Social Value Chains: A New Organizational Framework for Studies on State-Society Relations in China." *Chinese Public Administration Review* 9 (1): 55 – 74. Accessed August 11, 2021. http://dx. doi. org/10. 22140/cpar. v9i1. 152.

Han, Jun, and Sonal Shah. 2020. "The Ecosystem of Scaling Social Impact: A New Theoretical Framework and Two Case Studies." *Journal of Social Entrepreneurship*, 11 (2): 215 – 239. Accessed August 11, 2021. DOI: 10. 1080/19420676. 2019. 1624273.

Han, Jun, Wendy Chen, and Stefan Toepler. 2020. "Social Finance for Nonprofits: Impact Investing, Social Impact Bonds, and Crowdfunding." The Routledge Companion to Nonprofit Management. Accessed August 11, 2021. https://www. taylorfrancis. com/books/e/ 9781315181011/chapters/10. 4324/9781315181011 – 39.

Hand, Dean, Hannah Dithrich, Sophia Sunderji, and Noshin Nova. 2020. "2020 Annual Impact Investor Survey, Global Impact Investing Network." Accessed August 11, 2021. https:// thegiin. org/research/publication/impinv-survey – 2020

Keohane, Georgia Levenson, and Saadia Madsbjerg. 2016. "The Innovative Finance Revolution: Private Capital for the Public Good." Foreign Affairs 95: 8 – 17. Accessed August 11, 2021. https://www. rockefellerfoundation. org/wp-content/uploads/FARockefellerFinalPDF_1. pdf .

Lumberg, James. 2020. "A History of Impact Investing." Investopedia. Accessed August 11, 2021. http://www. investopedia. com/news/history-impact-investing/#ixzz4xTHt2p00.

Mirchandani, Bhakti. 2018. "Voices from the Field: Social Impact Bonds and the Search for Ways to Finance Public Sector R&D." *Nonprofit Quarterly*. Accessed August 11, 2021. https:// nonprofitquarterly. org/voices-field-social-impact-bonds-search-ways-finance-public-sector-rd/.

Mudaliar, Abhilash, Aliana Pineiro, and Rachel Bass. 2016. "Impact Investing Trends: Evidence of a Growing Industry." The Global Impact Investing Network. Accessed August 11, 2021. https://thegiin. org/knowledge/publication/impact-investing-trends.

Mudaliar, Abhilash, Rachel Bass, Hannah Dithrich, and Noshin Nova. 2019. "2019 Annual Impact Investor Survey." The Global Impact Investing Network. Accessed August 11, 2021. https://thegiin. org/research/publication/impinv-survey – 2019.

Nicholls, Alex, Rob Paton, and Jed Emerson. 2015. *Social Finance*. New York: Oxford University Press.

O'Donohoe, Nick, Christina Leijonhufvud, and Yasemin Saltuk. 2010. "Impact Investments: An Emerging Asset Class." JP Morgan, The Rockefeller Foundation and Global Impact Investing Network. Accessed August 11, 2021. https://www. jpmorganchase. com/corporate/so-

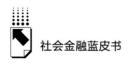

cialfinance/document/impact_investments_nov2010. pdf.

Schwab, Klaus. 2016. "The Fourth Industrial Revolution: What It Means, How to Respond. " World Economic Forum. Accessed August 11, 2021. https://www. weforum. org/agenda/2016/01/the-fourth-industrial-revolution-what-it-means-and-how-to-respond.

Shah, Sonal, and Kristina Costa. 2013. "Social Finance: A Primer, Understanding Innovation Funds, Impact Bonds, and Impact Investing. " Accessed August 11, 2021. https://www. americanprogress. org/issues/economy/reports/2013/11/05/78792/social-finance-a-primer.

The UK National Advisory Board on Impact Investing. 2017. "The Rise of Impact: Five Steps Towards an Inclusive and Sustainable Economy. " Accessed August 11, 2021. https://www. civilsociety. co. uk/uploads/assets/uploaded/ceb4ca42 – 31a1 – 4064 – afa0e5ed6c92b895. pdf.

Trelstad, Brian. 2016. "Impact Investing: A Brief History. " Capitalism & Society. Accessed August 11, 2021. https://ssrn. com/abstract = 2886088.

UNDP, 2021. "PRI: The Principles for Responsible Investment. " Accessed August 11, 2021. https://www. unpri. org/about.

University of Oxford and Arabesque Partners. 2015. "From the Stockholder to the Stake-Holder: How Sustainability Can Drive Financial Outperformance. " Accessed August 11, 2021. https://arabesque. com/research/From_the_stockholder_to_the_stakeholder_web. pdf.

Wilson, Karen, Filipe Silva, and Dominic Richardson. 2015. "Social Impact Investment: Building the Evidence Base. " OECD. Accessed August 11, 2021. https://www. oecd. org/publications/social-impact-investment – 9789264233430 – en. htm

Zhao, Meng and Jun Han. 2020. "Tensions and Risks of Social Enterprises' Scaling Strategies: The Case of Microfinance Institutions in China. " *Journal of Social Entrepreneurship* 11 (2): 134 – 154. . Accessed August 11, 2021. DOI: 10. 1080/19420676. 2019. 1604404.

Abstract

In order to solve the problem of inadequate and unbalanced development, the government and the market have paid more and more attention to social influence finance in recent years. Social impact finance is a dual-objective financial activity that pursues financial return and social value return at the same time. It includes inclusive finance, social impact investment, public finance, green finance and so on, and is increasingly becoming an organic part of the modern financial system. As the first blue book on the theme of social impact finance in China, this report aims to systematically review the development process and current situation of social impact finance in China, analyze existing problems and challenges, and analyze the future development trend, and put forward relevant thoughts and suggestions. The purpose is to build the social consensus, actively participate in and deeply explore the social influence of financial instruments adapted to the new stage of China's economic and social development.

This report is divided into six parts: general report, sub-reports, special topics, technology, local typical cases and foreign experiences. In the general report, the connotation and types of social influence finance are defined from the macro level, and its development and trends are analyzed. In the sub-report, the status quo, problems and trends of major forms of social impact finance in China, such as inclusive credit, inclusive insurance, social impact bonds, social impact investment funds, public welfare financial products and charitable trusts, are sorted out and analyzed respectively. In the part of special topics, it analyzes the Chinese residents' financial literacy and the importance of social work to improve it on the basis of a series of cases and looks into the role of social impact financing during fighting for Covid – 19 pandemic from both macro landscape and micro cases. In the technology part, the first part summarizes four main modes of creating social value by FinTech based on specific

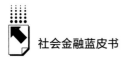
practical cases of Chinese FinTech-related enterprises and analyzes the challenges such as talent gap and suitability, algorithm-based risk and discrimination, and the rise of public welfare monopoly. In the case study part, it analyzes the new financial strategy and service system of China Construction Bank, and the aggregate trust and multi-party collaborative investment model for the asset preservation and increment of small and medium-sized charitable organizations. In the part of foreign experience, it reviews the historical background of the rise of social finance in the Western society, shows different types of investment methods and financial instruments.

In all, in recent years, under the continuous guidance and promotion of relevant national policies, social impact finance has been developed in banking, insurance, securities, funds, trust and other financial forms, making important contributions to poverty alleviation, community development, epidemic prevention, and people's livelihood services. At the same time, subject to many factors, there are still some problems and challenges in the development process of social influence finance in China, and it lags far behind the developed countries such as the United States and the United Kingdom. However, with the transformation of the main social contradiction and the promotion of the construction of common prosperity, there is a huge space for the development of social influence finance in China. The government will guide the flow of financial resources to the main areas and weak links that restrict the realization of common prosperity. How to realize common prosperity society will be a major theme challenging the financial industry. In the future, we should further improve the construction of social influence financial ecosystem and institutional infrastructure, strengthen the innovation of social influence financial products and service models, and provide strong financial support for promoting common prosperity.

Contents

I General Report

Abstract: Social impact finance is a dual objective financial activity that pursues financial value and societal value at the same time. In order to solve the problem of insufficient and unbalanced development, the government and the market have paid more and more attention to social impact finance, inclusive finance represented by microfinance and micro insurance has made great progress, social impact bonds have shown a unique development model, social impact investment funds have begun to explore, and the development of philanthropic finance such as wealth management products with charitable purposes, charitable trusts and charitable organization investment has achieved initial results. However, the development of China's social impact finance is also facing a series of challenges: the risk management and sustainable development of inclusive financial products still need to be strengthened, the cognition of investors and financial institutions on social impact finance still needs to be improved, a unified and recognized index system and data platform of social impact measurement and management have not been formed, and the ecosystem of social impact finance is still not perfect. In the future, c

Keywords: Social Impact Finance; Societal Value; Common Prosperity

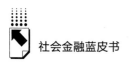

II Topical Reports

B.2 Current Situation, Challenges and Suggestions on the
Development of Inclusive Credit in China *Cheng Shiqiang* / 032

Abstract: Inclusive credit is a kind of credit service that adheres to the concept
of Inclusive Finance and is based on the principles of equality, inclusiveness and busi-
ness sustainability to provide credit services to all sectors of society, including small
and micro enterprises and vulnerable groups. The government strengthens the social
responsibility of banks through top-level design, making the banking industry fully
participate in the issuance of inclusive loans. The loan balance and the number of cus-
tomers of inclusive loans for small and micro enterprises continued to grow, and the
interest cost decreased steadily. Agriculture related inclusive loans have also increased
rapidly, credit services for rural market operators have significantly increased, and
credit resources are further inclined to farmers' households. Poverty alleviation microfi-
nance explores an effective credit fund supply mode under the background of targeted
poverty alleviation. The investment of poverty alleviation microfinance has been in-
creasing, providing credit support for more and more poor households. Public welfare
microfinance is also gradually exploring a localization model in line with China's na-
tional conditions. However, China's inclusive credit industry is also facing many
problems and challenges. It is necessary to strengthen supervision and improve the pol-
icy system and financial support mechanism.

Keywords: Inclusive Credit; Inclusive Loan for Small and Micro Enterprises;
Agriculture Related Inclusive Loan; Poverty Alleviation Microfinance; Public Wel-
fare Microfinance

B.3 Current Situation and Developing Direction of
China's Inclusive Insurance *Zhou Ling* / 053

Abstract: Inclusive insurance is one vital part of inclusive finance. Based on the definition of the concept of inclusive insurance in China, we category inclusive insurance as four main forms, including policy inclusive insurance, commercial inclusive insurance, charity insurance and mutual insurance. Following the description of the developing process and current situation, we analyze the problems and challenges faced by China's inclusive insurance. In the end, as to the future of the inclusive insurance, we put out our expectation and several suggestions.

Keywords: Inclusive Insurance; Commercial Insurance; Micro-insurance; Inclusive Finance

B.4 Report on the Development and Trend of Social Impact Bonds in China
Ai Yun, Yu Changjiang / 073

Abstract: Social impact bond is a financial model that takes "bond" as a financing tool and takes social problems solving into account with the goal of financial return. Throughout the world, social impact bonds can be divided into two main types: "government risk-taking" and "market risk-taking". In the former, the financial risk of social service project failure is taken by the government, which have been widely adopted in China. The latter risk is taken by social investors in the market and is characterized by paying for "success", which is mainly reflected in the innovative practice of European and American countries. Taking poverty alleviation bonds, rural revitalization bonds, and anti-epidemic bonds with Chinese characteristics as examples, the report finds that the government and state-owned enterprises are the main issuers of social impact bonds, and that the government-led governance model leads to challenges such as insufficient information disclosure, regulatory difficulties, and increased risk of government debt. The report argues that the future will continue to be dominated by government risk-taking social influence bonds, with increasing emphasis on the introduction of payment mechanisms for "success", and the rise of market risk-taking social impact bonds. The two types of bonds support each other, providing a strong guarantee to meet the needs of multi-tiered and multi-subject social services.

Keywords: Social Impact Bonds; Government Risk-taking; Market Risk-taking

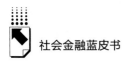

B.5　The Development Situation and Trends of China's Social

Abstract: Social impact investment fund is one of the most important subjects of social impact investment. With the rapid development of China's economy, the rising wealth of residents and the concern of social and environmental problems, China's social impact investment fund has sprouted adorable in China. At present, China's social impact investment ecosystem has been preliminarily built, the social impact assessment system has been gradually improved, and the number of social impact investment funds, investment projects and investment amount are growing rapidly. However, investors' low acceptance of social impact investment, lack of and recognition, lack of industry consensus on social impact investment evaluation tools and lack of professionals have limited the development of social impact investment funds in China. We should improve the relevant policy environment as soon as possible, accelerate the formation of consensus on social impact assessment tools, certify social impact investment managers, promote the construction of talent team, integrate multi-party resources, and accelerate the development of social impact investment funds in China.

Keywords: Social Impact Investment Fund; Evaluation Tool; Policy Environment; Talent Team

B.6　The Current Situation and Trend Analysis of Charitable

Abstract: Charitable wealth management products, which are launched by Chinese commercial banks, are distinctive financial instruments with social impact finance. Combining financial investment and public welfare, these products bring investment income to Chinese individual investors and show their support for philanthropy. Since charitable wealth management products first appeared in China in 2008, many commercial banks have issued different types and modes of charitable wealth management products one after another. Most of these products are issued nationwide, but major buyers are individual investors from first-tier cities. In addition, most products issued by commercial banks are independent and single products, which have not yet built a brand or reached a certain scale. However, a few banks have explored continuous issuance of charitable wealth management products, which has brought strong social influence. Though charitable wealth management products still face problems such as low public awareness and lack of policies and regulations, thanks to the rise of net worth transformation of wealth management products, ESG investment and carbon neutrality, relevant guidance and improvement in policies can be realized soon. Financial institutions will also actively promote innovation in charitable financial products to increase the fame and influence of charitable wealth management products in society.

Keywords: Charitable Wealth Management Product; Social Impact Finance; Public Finance

B.7　Development Current Situation and Trend Analysis

of China's Charitable Trust　　　　　　　　　*Liu Zhao* / 128

Abstract: The introduction of charitable trust system into China is relatively late. After The Trust Law of the People's Republic of China, The Charity Law of the People's Republic of China and The Management Measures of Charitable Trust were successively promulgated, the number of charitable trust filings in China has grown rapidly, with active different social entities' participation. Charitable trust generally presents a steady and positive development trend and play an important role in promoting the third distribution and helping the development of public welfare. However, the laws and regulations and supporting systems for charitable trust still need to be further improved, and the public's awareness of charitable trust also remains to be improved.

Key words: Charitable Trust; "Charity Law"; Charity

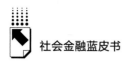
Ⅲ   Special Reports

B.8   The Situation and Prospective of Improving Risidents' Financial
Literacy by Financial Social Work   *Fang Shu*, *Chen Yan* / 145

Abstract: As an emerging cross-field of social work and financial services, financial social work has important practical significance for the development of social impact finance. The analysis of this report found that my country's financial and social work still has problems such as insufficient professional talents, limited professional development, and imperfect service system. The improvement of residents' financial literacy also has development obstacles such as unclear government functions, insufficient public attention, and imperfect implementation structures. Accordingly, this report believes that it is necessary to systematically promote the construction of financial and social work service capacity, encourage multiple entities to participate in residents' financial literacy improvement projects, establish and improve the system and mechanism of financial social work participation, and help improve the overall financial literacy level of residents.

Keywords: Financial Social Work; Risidents'Financial Literacy; Financial Education

B.9   Containing Covid-19 Pandemic with Social Impact Financing:
Model Cases and Emerging Patterns
Wang Xiuxiao, *Duan Lingtong* / 161

Abstract: In order to contain the Covid −19 pandemic, regulating agencies of Chinese finance sector issued a series of policies in the first place, enabling the market to hatch an emerging niche of social impact financing, which take into account both short-term market profits as well as long-term social values. This report first looks into the role of social impact financing during the fight for Covid −19 pandemic from both macro landscape and micro cases, then summarizes a number of typical modes and patterns that emerged, finally concludes with the problems, limits and the prospects of social impact financing in containing possible outbreak of future major public health crisis.

Keywords: Covid −19 Pandemic; Public Health Crisis; Social Impact Financing; Typical Modes

Ⅳ   Technical Reports

B. 10   The Patterns and Trends of Financial Technology

Creating Social Value   *Zhang Shuqin*, *Cao Weiqi* / 175

Abstract: The rapid development of financial technology provides new pathsfor the social value creation. This report is based on the practice of Chinese financial technology related enterprise, focus on four main financial technology to create social value patterns: cross-border data integration, the build of public welfare scene, the reconstruction of public trust and the mining of public welfare willing. The application of financial technology in the public interest field has also brought new challenges to the public interest field, which requires the coordinated development of multiple subjects and more observation from all agent of society.

Keywords: Financial Technology; Social Value; Public Benefit Activities

B. 11   The Development Situation of Information Accessibility

within the FinTech Field in China   *Yang Hua* / 188

Abstract: In the information era, innovation brought by the integration of ICTs and financial products, services and platforms has greatly facilitated the financial life of most people, but it has also created a new digital divide. On multiple levels of analysis for the current status and prominent issues of information accessibility in FinTech, it puts forward development proposals to realize the E-inclusion of finance. Furthermore, we call for creating a barrier-free financial environment to respond to the needs of more groups while promoting the development of FinTech, especially the efforts of the gov-

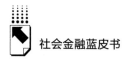
ernment, enterprises, social organizations, individuals and other social entities.

Keywords: FinTech; Information Accessibility; Digital Divide; Digital Inclusive Finance

V　Case Reports

B.12　Solving Social Pain Points with New Finance: The Practice of
Social Impact Finance of China Construction Bank

Zeng Yalin, Chen Pengfei / 198

Abstract: As the core hub of capital allocation and resource integration, bank can play an unprecedentedly important role in solving social pain points with the help of science and technology. Under the guidance of the "New Finance" concept proposed by the Chairman Tian Guoli, China Construction Bank combines the core advantages its core superiority with social responsibility to place the role of the bank in the scene of solving various social issues, which have jumped out of the traditional financial framework. This dual goal-driven "New Finance" concept and practice, which integrates business model into social services and seeks an all-win result in sustainable development of society, environment and economy, is a significant manifestation of the development of social impact finance in China.

Keywords: Bank Social Responsibility; New Finance; Sustainable Development; Social Impact Finance

B.13　Innovative Models for Preserving and Increasing the
Value of Charitable Organizations' Assets　*Wang Xiaowei* / 210

Abstract: The promulgation of "Interim Measures for the Administration of Investment Activities in Maintaining and Increasing the Asset Value of Charitable Organizations" provides institutional guarantee for charitable organizations to maintain and increase their asset value legally and compliantly. As an advanced demonstration area in China, Guangdong-Hong Kong-Macao Greater Bay Area made innovative attempts in this field in 2018 and 2020 respectively. Many charitable organizations joined together to cooperate with trust institutions in the form of "collective trust", and also introduced cooperation with third-party evaluation agencies and guarantee institutions. The multi-party collaborative investment model of "cooperation for protection" has certain reference significance for charitable organizations to further maintain and increase their asset value.

Keywords: Charitable Organizations; Maintenance and Appreciation of Assets Value; Trust Investment; Multi-party Coordination

Ⅵ Foreign Report

B. 14   The Emergence of Social Finance and its Development
in the United Kingdom and United States

Han Jun, *Wu Yifei* / 218

Abstract: This report first reviews the historical background of the emergence of social finance in Western societies, and presents different types of investment methods and financial instruments. Then, it sorted out the different policy measures, industry institutions, best practices, and typical tools (such as social impact bonds) in the UK and the US. At the same time, this report discusses the institutional infrastructure of social finance, including governmental infrastructure, industrial infrastructure, and intellectual infrastructure, as well as some challenges facing social finance. Finally, based on the review on development of social finance, this report provides three recommendations promoting the development of social finance in China.

Keywords: Social Finance; United Kingdom; United States; Impact Investment

皮 书

智库报告的主要形式
同一主题智库报告的聚合

❈ 皮书定义 ❈

皮书是对中国与世界发展状况和热点问题进行年度监测，以专业的角度、专家的视野和实证研究方法，针对某一领域或区域现状与发展态势展开分析和预测，具备前沿性、原创性、实证性、连续性、时效性等特点的公开出版物，由一系列权威研究报告组成。

❈ 皮书作者 ❈

皮书系列报告作者以国内外一流研究机构、知名高校等重点智库的研究人员为主，多为相关领域一流专家学者，他们的观点代表了当下学界对中国与世界的现实和未来最高水平的解读与分析。截至 2021 年，皮书研创机构有近千家，报告作者累计超过 7 万人。

❈ 皮书荣誉 ❈

皮书系列已成为社会科学文献出版社的著名图书品牌和中国社会科学院的知名学术品牌。2016 年皮书系列正式列入"十三五"国家重点出版规划项目；2013~2021 年，重点皮书列入中国社会科学院承担的国家哲学社会科学创新工程项目。

中国皮书网

（网址：www.pishu.cn）

发布皮书研创资讯，传播皮书精彩内容
引领皮书出版潮流，打造皮书服务平台

栏目设置

◆ **关于皮书**

何谓皮书、皮书分类、皮书大事记、
皮书荣誉、皮书出版第一人、皮书编辑部

◆ **最新资讯**

通知公告、新闻动态、媒体聚焦、
网站专题、视频直播、下载专区

◆ **皮书研创**

皮书规范、皮书选题、皮书出版、
皮书研究、研创团队

◆ **皮书评奖评价**

指标体系、皮书评价、皮书评奖

◆ **皮书研究院理事会**

理事会章程、理事单位、个人理事、高级
研究员、理事会秘书处、入会指南

◆ **互动专区**

皮书说、社科数托邦、皮书微博、留言板

所获荣誉

◆ 2008 年、2011 年、2014 年，中国皮书
网均在全国新闻出版业网站荣誉评选中
获得"最具商业价值网站"称号；
◆ 2012 年，获得"出版业网站百强"称号。

网库合一

2014 年，中国皮书网与皮书数据库端口
合一，实现资源共享。

中国皮书网

权威报告·一手数据·特色资源

皮书数据库
ANNUAL REPORT(YEARBOOK)
DATABASE

分析解读当下中国发展变迁的高端智库平台

所获荣誉

- 2019年，入围国家新闻出版署数字出版精品遴选推荐计划项目
- 2016年，入选"'十三五'国家重点电子出版物出版规划骨干工程"
- 2015年，荣获"搜索中国正能量 点赞2015""创新中国科技创新奖"
- 2013年，荣获"中国出版政府奖·网络出版物奖"提名奖
- 连续多年荣获中国数字出版博览会"数字出版·优秀品牌"奖

成为会员

通过网址www.pishu.com.cn访问皮书数据库网站或下载皮书数据库APP，进行手机号码验证或邮箱验证即可成为皮书数据库会员。

会员福利

- 已注册用户购书后可免费获赠100元皮书数据库充值卡。刮开充值卡涂层获取充值密码，登录并进入"会员中心"—"在线充值"—"充值卡充值"，充值成功即可购买和查看数据库内容。
- 会员福利最终解释权归社会科学文献出版社所有。

社会科学文献出版社 皮书系列
SOCIAL SCIENCES ACADEMIC PRESS (CHINA)
卡号：344455273811
密码：

数据库服务热线：400-008-6695
数据库服务QQ：2475522410
数据库服务邮箱：database@ssap.cn
图书销售热线：010-59367070/7028
图书服务QQ：1265056568
图书服务邮箱：duzhe@ssap.cn

基本子库 SUB DATABASE

中国社会发展数据库（下设 12 个子库）

整合国内外中国社会发展研究成果，汇聚独家统计数据、深度分析报告，涉及社会、人口、政治、教育、法律等 12 个领域，为了解中国社会发展动态、跟踪社会核心热点、分析社会发展趋势提供一站式资源搜索和数据服务。

中国经济发展数据库（下设 12 个子库）

围绕国内外中国经济发展主题研究报告、学术资讯、基础数据等资料构建，内容涵盖宏观经济、农业经济、工业经济、产业经济等 12 个重点经济领域，为实时掌控经济运行态势、把握经济发展规律、洞察经济形势、进行经济决策提供参考和依据。

中国行业发展数据库（下设 17 个子库）

以中国国民经济行业分类为依据，覆盖金融业、旅游、医疗卫生、交通运输、能源矿产等 100 多个行业，跟踪分析国民经济相关行业市场运行状况和政策导向，汇集行业发展前沿资讯，为投资、从业及各种经济决策提供理论基础和实践指导。

中国区域发展数据库（下设 6 个子库）

对中国特定区域内的经济、社会、文化等领域现状与发展情况进行深度分析和预测，研究层级至县及县以下行政区，涉及省份、区域经济体、城市、农村等不同维度，为地方经济社会宏观态势研究、发展经验研究、案例分析提供数据服务。

中国文化传媒数据库（下设 18 个子库）

汇聚文化传媒领域专家观点、热点资讯，梳理国内外中国文化发展相关学术研究成果、一手统计数据，涵盖文化产业、新闻传播、电影娱乐、文学艺术、群众文化等 18 个重点研究领域。为文化传媒研究提供相关数据、研究报告和综合分析服务。

世界经济与国际关系数据库（下设 6 个子库）

立足"皮书系列"世界经济、国际关系相关学术资源，整合世界经济、国际政治、世界文化与科技、全球性问题、国际组织与国际法、区域研究 6 大领域研究成果，为世界经济与国际关系研究提供全方位数据分析，为决策和形势研判提供参考。

法律声明